深圳大学马克思主义学院学术著作出版基金资助出版

新时代
乡村治理体系构建研究

王微 ○ 著

XINSHIDAI XIANGCUN ZHILI TIXI GOUJIAN YANJIU

中国社会科学出版社

图书在版编目（CIP）数据

新时代乡村治理体系构建研究／王微著 .—北京：
中国社会科学出版社，2023.9
ISBN 978-7-5227-2436-2

Ⅰ.①新… Ⅱ.①王… Ⅲ.①农村—群众自治—研究—中国 Ⅳ.①D638

中国国家版本馆 CIP 数据核字（2023）第 154447 号

出 版 人	赵剑英
责任编辑	朱华彬
责任校对	谢 静
责任印制	张雪娇

出　　版	中国社会科学出版社
社　　址	北京鼓楼西大街甲 158 号
邮　　编	100720
网　　址	http://www.csspw.cn
发 行 部	010-84083685
门 市 部	010-84029450
经　　销	新华书店及其他书店

印　　刷	北京君升印刷有限公司
装　　订	廊坊市广阳区广增装订厂
版　　次	2023 年 9 月第 1 版
印　　次	2023 年 9 月第 1 次印刷

开　　本	710×1000　1/16
印　　张	13
字　　数	205 千字
定　　价	88.00 元

凡购买中国社会科学出版社图书，如有质量问题请与本社营销中心联系调换
电话：010-84083683
版权所有　侵权必究

前　言

乡村治理是国家治理的基石，也是国家治理体系的重要组成部分。运行良好的乡村治理体系对我国新时代实施乡村振兴发展战略、推动国家治理现代化具有重要意义。随着新时代社会主要矛盾的转变，乡村在经济、政治、文化和社会等诸多方面都发生了巨大而深刻的变化，使得乡村治理也面临着一系列新问题、新挑战。党的十九大提出了"健全自治、法治、德治相结合的乡村治理体系"目标。党的二十大进一步提出"健全共建共治共享的社会治理制度，提升社会治理效能"。在构建乡村治理体系的新时代，集合自治、德治、法治三种治理方式，从而形成共建共治共享的乡村治理格局，仍需要结合乡村现实，特别是对国家全面实施乡村振兴战略的进一步深入探讨。本书以国家治理体系和治理能力现代化为宏观分析框架，研究"三治"融合的新时代乡村治理体系，旨在构建具有现实针对性和可行性的乡村治理体系新模式框架，并提出具体的实践路径，以丰富关于乡村治理的研究、促进新时代乡村治理的发展。具体内容如下。

第一章导论。根据问题意识的引导，在收集、回顾和梳理已有相关文献的基础上，提出本书研究的重点。具体包括研究背景、研究意义、国内外研究现状、研究思路、研究方法以及研究的创新点。

第二章新时代乡村治理体系构建的理论基础与现实依据。新时代乡村治理体系以中国特色社会主义制度和国家治理体系为理论基础，以解决乡村治理中的现实问题为目标。通过对新时代乡村治理体系依托的基础进行梳理，对乡村治理中存在的问题进行剖析，从而厘清新时代乡村治理体系构建的理论基础和现实依据。

第三章改革开放以来乡村治理体系的演变趋势及成就。新时代乡村治理体系是对新时期乡村治理的历史总结和创新发展。改革开放以来乡村治理体系经历了初始阶段、法治化和规范化建设阶段、主体能力建设阶段、"三治"新体系探索阶段。通过深入剖析乡村治理体系建设中呈现出来的历史特点以及取得的成就，揭示乡村治理体系演进的历史逻辑和发展趋势。

第四章新时代乡村治理体系构建的基本要素及逻辑结构。以党的领导、人民当家作主和依法治国有机结合为根本要求；以党的基层组织、村民自治组织、党的政策和国家法律法规为基本要素；以共建共治共享为实现目标，分析自治、德治、法治相结合的逻辑结构和三治融合的联动机制，构建新时代乡村治理体系的基本框架。

第五章新时代乡村治理体系构建面临的困境及成因。面对乡村社会转型，乡村治理环境的深刻变化，要实现乡村治理体系和治理能力现代化，仍然面临着一系列治理困境。造成这些困境的原因主要集中在主体结构、国家制度、精神文化等多个方面，只有针对性地解决这些问题，才能使乡村治理体系由理论变为实际地发挥治理效能。

第六章新时代乡村治理体系构建的实现路径。针对现实中存在的问题，提出自治、德治、法治的实现路径和具体实行措施。通过完善自治制度，将多元主体有效参与纳入法治化轨道。强化法治保障，增强法治观念和制度性供给。弘扬德治，与自治、法治刚柔相济，共同引领乡村新风尚。从而，"三治融合"走向共建、共治、共享的乡村善治新格局。

总之，构建现代乡村治理体系是新时代我国乡村社会的主要目标。在坚持基本制度与重要制度相结合、顶层设计与基层实践相衔接，总结历史与未来、改革与创新、问题与目标相统一的多重维度下，通过自治、法治和德治相融合的有效实践路径，构建起具有中国乡村特点的、充分彰显社会主义制度优势的新时代乡村治理体系，为全面推进乡村振兴，最终实现全体农民共同富裕注入强大的动力支撑和制度支持。

目　　录

第一章　导论 ………………………………………………………… (1)
　一　研究背景与意义 ……………………………………………… (1)
　　（一）回应乡村治理体系构建的时代需要 ……………………… (2)
　　（二）深化中国基层治理现代化研究的理论需要 ……………… (3)
　　（三）探索乡村治理体系有效路径的现实需要 ………………… (3)
　二　国内外研究现状 ……………………………………………… (4)
　　（一）国内研究状况综述 ………………………………………… (4)
　　（二）国外研究状况综述 ……………………………………… (14)
　三　研究思路与研究方法 ………………………………………… (17)
　　（一）研究思路 ………………………………………………… (17)
　　（二）研究方法 ………………………………………………… (18)
　四　研究的创新点 ………………………………………………… (18)

第二章　新时代乡村治理体系构建的理论基础与现实依据 ……… (20)
　一　核心概念及分析框架 ………………………………………… (20)
　　（一）治理 ……………………………………………………… (21)
　　（二）乡村治理 ………………………………………………… (22)
　　（三）国家治理分析框架下的乡村治理体系 ………………… (23)
　二　新时代乡村治理体系构建的理论基础 ……………………… (26)
　　（一）马克思主义经典作家的国家与社会关系理论 ………… (26)
　　（二）中国共产党的基层治理理论 …………………………… (28)
　　（三）中华传统政治文化中蕴含的乡村治理基因 …………… (32)
　　（四）现代治理理论的借鉴 …………………………………… (35)

三　新时代乡村治理体系构建的现实依据…………………………(37)
　　（一）新时代乡村社会矛盾转化的迫切需要…………………(37)
　　（二）基层社会民主政治建设的制度化要求…………………(39)
　　（三）基层社会治理体系现代化的内在要求…………………(40)
　　（四）乡村振兴战略的实施步骤………………………………(42)

第三章　改革开放以来乡村治理体系的演变趋势及成就…………(45)
　一　乡村治理体系的历史演进……………………………………(45)
　　（一）乡村治理体系的初始阶段（1978—1988年）…………(45)
　　（二）乡村治理体系法治化、规范化的发展阶段
　　　　　（1988—2006年）………………………………………(48)
　　（三）乡村治理主体能力的建设阶段（2006—2012年）……(49)
　　（四）乡村"三治结合"新体系的探索阶段
　　　　　（2012年至今）…………………………………………(51)
　二　乡村治理体系的发展趋势……………………………………(53)
　　（一）在治理方式上由"管制型"向"服务型"转变…………(53)
　　（二）在治理主体上从一元向多元转变………………………(55)
　　（三）在制度上从路径依赖向不断创新转变…………………(56)
　三　乡村治理体系实施取得的成就………………………………(58)
　　（一）国家治理体系与乡村治理体系有机结合………………(58)
　　（二）新型农村社区治理机制不断推进………………………(61)
　　（三）精准扶贫体系日益完善…………………………………(62)
　　（四）乡村振兴发展战略稳步实施……………………………(64)

第四章　新时代乡村治理体系构建的基本要素及逻辑结构………(66)
　一　新时代乡村治理体系构建的基本要素及目标………………(66)
　　（一）党的基层组织……………………………………………(67)
　　（二）党的政策和国家法律法规………………………………(70)
　　（三）以广大村民为主体的自治组织…………………………(72)
　　（四）共建共治共享的目标……………………………………(75)
　二　新时代乡村治理体系构建的逻辑结构………………………(78)

（一）以自治为基，健全乡村治理体系的核心内容…………（79）
　　（二）以法治为本，健全乡村治理体系的重要保障…………（80）
　　（三）以德治为先，健全乡村治理体系的精神引领…………（81）
　　（四）理顺自治、法治、德治三者之间的内在关系……………（84）
　三　新时代乡村治理体系的运行机制………………………………（87）
　　（一）顶层设计与基层实践中的双向互动机制………………（88）
　　（二）三治融合的内在联动机制…………………………………（93）
　　（三）多元主体的协同参与机制…………………………………（96）

第五章　新时代乡村治理体系构建面临的困境及成因…………（99）
　一　新时代乡村治理环境的复杂性与多样性………………………（99）
　　（一）乡村治理现实环境的复杂性……………………………（100）
　　（二）乡村治理现实环境的多样性……………………………（103）
　二　新时代乡村治理体系构建面临的困境…………………………（106）
　　（一）乡村多元主体发育不成熟………………………………（106）
　　（二）乡村自治机制不健全……………………………………（109）
　　（三）乡村法治规范不到位……………………………………（111）
　　（四）乡村道德文化引领作用不强……………………………（115）
　三　新时代乡村治理体系构建困境生成的原因……………………（117）
　　（一）乡村多元治理格局尚未建立……………………………（118）
　　（二）乡村自治有效制度供给不足……………………………（120）
　　（三）乡村法治保障机制相对缺乏……………………………（122）
　　（四）乡村精神文化建设相对薄弱……………………………（125）

第六章　新时代乡村治理体系构建的实践路径…………………（128）
　一　多元主体共同参与的乡村自治…………………………………（128）
　　（一）加强与完善基层党组织建设……………………………（128）
　　（二）培育充满活力的民间自治组织…………………………（132）
　　（三）创建多方参与的协调协商机制…………………………（136）
　　（四）提高现代农民的民主意识和自治能力…………………（139）
　　（五）尊重广大农民的首创精神………………………………（141）

二 权利保障与权力制约的乡村法治 (143)
（一）推进政府涉农法律法规实施 (143)
（二）增强基层广大干部和群众的法治观念 (146)
（三）构建农村法律公共服务体系 (148)
（四）健全乡村法治化监督和保障体系 (150)

三 传统与现代文明相结合的乡村德治 (153)
（一）传承提升农村优秀传统文化 (153)
（二）强化乡村思想道德与公共文化建设 (156)
（三）注重社会主义核心价值观的宣传 (160)
（四）发挥习俗和村规民约的独特治理功能 (162)
（五）建立村民认同的乡村"精神共同体" (164)
（六）充分调动"新乡贤"的人才支撑作用 (166)

四 共建、共治、共享的乡村善治新格局 (169)
（一）政府、市场、社会多元协同的乡村共建平台 (169)
（二）依靠群众化解基层矛盾的乡村共治机制 (172)
（三）发展成果惠及人民的乡村共享分配制度 (175)
（四）"三治融合"的乡村善治新篇章 (178)

结 语 (184)

参考文献 (186)

第一章

导　　论

"郡县制，则天下安"，中华民族有着悠久的农耕文明，从古到今乡村社会的治理都占有极其重要的地位，并与国家的发展稳定息息相关。当前，我国正处于新时代的历史起点上，对乡村社会有效治理提出了更高的要求。科学认识新的历史方位和乡村社会的矛盾变化，着力构建自治、法治、德治相融合的乡村治理体系，是一个富有现实意义的重要命题。

一　研究背景与意义

伴随着改革开放40多年的发展，中国经济社会经历了巨大而深刻的转变，现代化进程不断推进。在2018年6月中央外事工作会议上，习近平总书记指出："当前，我国处于近代以来最好的发展时期，世界处于百年未有之大变局，两者同步交织、相互激荡。"[①] 大变局既是对当今时代形势的重要判断，也是对我国社会结构变化、治理难度不断增大的清醒认识。十八届三中全会明确提出推进国家治理体系和治理能力现代化的总目标，表明我们党通过对我国改革开放和社会主义现代化建设实践经验的总结有了新的认识，对马克思国家治理理论有了新的发展。也充分说明坚持和完善中国特色社会主义制度，推进国家治理体系和治理能力现代化，是新时代全党的一项重要战略任务。为实现这一总体目标，需要尽快补齐短板。党的十九大提出了"健全自治、法治、德治相结合的

---

① 《习近平谈治国理政》第3卷，外文出版社2020年版，第428页。

乡村治理体系"目标。党的十九届六中全会《中共中央关于党的百年奋斗重大成就和历史经验的决议》进一步提出："新时代我国社会主要矛盾是人民日益增长的美好生活需要和不平衡不充分的发展之间的矛盾，必须坚持以人民为中心的发展思想，发展全过程人民民主，推动人的全面发展、全体人民共同富裕取得更为明显的实质性进展。"[①] 我国发展不平衡不充分问题突出体现在乡村。乡村治理体系作为国家治理体系的重要组成部分，乡村治理水平更是关乎国家长治久安的重大政治问题。乡村作为最基本的治理单位，其治理的好坏将决定着未来乡村社会的转型发展方向，也体现着国家治理现代化的整体水平。同时，解决乡村问题也是解决我国经济发展过程中发展不平衡不充分的关键，构成国家经济基础和上层建筑的重要根基，并成为实现国家治理体系和治理能力现代化的重要组成部分。因此，研究中国乡村社会，寻求新时代构建乡村治理体系的突破口，对于进一步提升乡村治理水平，有着重要的理论价值和现实意义。

（一）回应乡村治理体系构建的时代需要

在新时代背景下，中国长久以来自上而下式的社会结构面临着前所未有的冲击。同时，拥有着数亿农民的农村在时代的巨变中也出现了许多新问题。并成为农村转型发展的制约因素，是实现"两个一百年"必须面对的重大课题。党的十九大做出中国社会主要矛盾发生历史性转变的重大判断，即从人民日益增长的物质文化需要同落后的社会生产之间的矛盾，转变为人民日益增长的美好生活需要和不平衡不充分的发展之间的矛盾，并以此为前提对中国的政治、经济、文化、社会和生态文明建设做出新的部署。同时，针对实施振兴乡村战略的目标中，提出了"加强农村基层基础工作，健全自治、法治、德治相结合的乡村治理体系"[②]。此后，习近平多次强调，创新乡村治理体系，走乡村善治之路。如何依据基层治理的特点和规律，构建自治、法治、德治结合的乡村治

[①] 《中共中央关于党的百年奋斗重大成就和历史经验的决议》，人民出版社2021年版，第24页。

[②] 《习近平谈治国理政》第3卷，外文出版社2020年版，第25页。

理体系，特别是如何将乡村治理有机、有效地嵌入国家治理体系，进而提升国家治理体系和治理能力现代化水平，是新时代实现基层治理现代化、实现乡村振兴对学术界、理论界提出的时代要求。

（二）深化中国基层治理现代化研究的理论需要

随着我国基层群众自治制度的确立，国内外学界掀起了一股治理理论研究的热潮。总体上看这些研究较为关注西方治理理论观点，从马克思主义国家治理理论出发，进而探讨中国国家治理理论的研究范式较少。马克思主义经典作家虽然没有对"国家治理"概念做出明晰的阐释，但其"国家与社会"关系学说、资本主义国家批判及群众史观等理论中都蕴含着丰富的国家治理思想。[①] 在推进国家治理体系现代化的过程中，准确把握马克思主义国家治理理论，实则是深化中国特色基层治理现代化理论的思想前提。特别是在十八届三中全会提出"完善与发展中国特色社会主义制度，推进国家治理体系和治理能力现代化"的深化改革总目标下，着力探索和推进"中国之治"的伟大探索。乡村治理作为国家治理的根基之一，是实现国家治理体系和治理能力现代化总目标的重要理论保证和制度支撑。立足中国乡村治理实际，总结改革开放40多年来中国乡村治理的历史逻辑和发展趋势，提炼中国乡村治理的理论体系和话语方式，是建构中国特色社会主义哲学社会科学的内在要求。

（三）探索乡村治理体系有效路径的现实需要

一直以来，"中国共产党人致力于探索中国特色社会主义道路的历史过程，实际上就是探索社会主义中国治国理政与政府治理现代化的发展过程，是在马克思主义指导下，探索国家治理理论逻辑和实践步骤的艰辛过程"[②]。在全面建设社会主义现代化国家，开启实现第二个百年奋斗目标的新征程中，最艰巨最繁重的任务依然在乡村。党的十八大以来，党中央始终坚持把解决"三农"问题作为全党工作的重中之重，特别是

---

① 李晓乐：《马克思主义经典作家国家治理思想及其当代价值》，《内蒙古社会科学》（汉文版）2017年第4期。

② 王浦劬：《国家治理现代化理论与策论》，人民出版社2016年版，第5页。

2020年脱贫攻坚战取得胜利后，我国历史性地解决了绝对贫困问题，开启全面推进乡村振兴时期。当前，乡村振兴面临的突出问题表现在人口大量外流，传统乡村结构解体，旧的治理体系失效，新的体系尚未建立，加上新型城镇化、信息化快速发展叠加形成对乡村的冲击，使得乡村社会许多地方管理无序或无效现象得不到治理。要实现乡村振兴，必须加强乡村治理体系建设，其中治理有效是基础。但是，如何构建乡村治理体系并实现治理有效的路径还需要在实践中进行探索和总结。目前学术界对于乡村治理的研究大多以国家基层制度分析、基层治理理论解读为主，对于乡村治理"三治融合"体系实践经验的总结和实现路径的分析还有待深入挖掘。新的治理体系构建面临各种瓶颈问题。在探寻新的治理模式的过程中，有的乡村陷入僵局、有的乡村走出不同的治理路径，形成了有效的治理经验。通过选取乡村实践中的经典案例，特别是东南沿海部分发达地区的先行案例进行剖析，具体而细致地考察当前乡村治理体系构建存在的困境和原因，总结部分先行地区有效治理的经验，在大历史的梳理和小案例的呈现之间寻找乡村治理发展方向，提出适应新时代乡村振兴要求的"融合"型治理体系和实践路径，是乡村治理体系研究中亟待解决的现实问题。

二 国内外研究现状

随着新时代的来临，我国乡村正在不断发生着深刻的变化，乡村社会面临转型，如何实现乡村治理体系和治理能力的现代化，再次成为国内外学者重点关注的议题之一。

（一）国内研究状况综述

乡村治理研究一直是理论界和学术界研究的核心和焦点。对于乡村社会的持续探索，也取得了一定数量的成果，并引起了政治学、管理学、社会学、经济学、法学和历史学的持续关注。可以预见，在未来的很长一段时间里其仍将是学界和政界关注的热点问题。

乡村治理研究的发展历程，大体可以分为三个阶段：第一个阶段为乡村治理研究的初始阶段。在20世纪30年代，乡村建设运动兴起，以梁漱溟的乡建派和晏阳初的中华平民教育会派为主要代表,重点从传统文化道德和教育方面开展乡村建设。其在理论和实践过程中都留下了丰富的思想体系,虽然最终由于自身和时代的局限,乡建运动并未取得成功,但对于今天的乡村治理体系建设仍然有一定的启迪和借鉴作用。第二个阶段起始于20世纪70年代末80年代初,以中央向地方放权为标志的制度改革为地方政府带来了经营自主权。地方政府利用中央下放给予的政治权力改进了有利于本地区的经济体制,直至建立了家庭联产承包责任制,瓦解了原有的人民公社制度,取而代之的是新的"乡政村治"乡村治理结构,并成为改革开放以来学术研究的重点,同时也成为乡村治理改革的由来。自从1998年,由华中师范大学最早提出"乡村治理"的概念以来,学界对这一领域展开了广泛研究,从村民自治的实践到理论构建,再到理论指导下的乡村治理研究,不断发展乡村治理体系研究,这期间积累了大量的理论成果,乡村治理也逐渐成为一门显学。第三个阶段,党的十八届三中全会提出推进国家治理体系和治理能力现代化,作为全面深化改革的总目标。党的十九大报告进一步提出:"加强农村基层基础工作,健全自治、法治、德治相结合的乡村治理体系。"2018年中央一号文件《中共中央国务院关于实施乡村振兴战略的意见》明确提出实施乡村振兴发展战略。这之后,2019—2022年的中央一号文件不断对乡村治理做出全面系统的要求。同时,在2022年《中共中央国务院关于做好2022年全面推进乡村振兴重点工作的意见》的一号文件中,更是对乡村治理重点工作进行了部署,作为乡村发展的方向性文件,不断为新时代乡村振兴提供重要遵循,也使得乡村治理成为近年来研究的热点。

以上三个发展阶段,学术界主要探究了乡村治理的概念内涵、运行机制、发展模式、实践路径,分析了乡村治理存在的问题及原因,并取得了一些有价值的成果。

1. 乡村治理研究的成果呈现

从学界对于乡村治理的研究成果来看,数量众多的期刊论文为乡村治理研究深入发展奠定了重要基础。新世纪以来,国内学界迅速掀起了一股治理理论研究的热潮。基于中国知网(CNKI)搜索指数和论文的发表数量来看,从2017年开始,乡村治理研究成果发文量呈现显著上升趋势（见图1-1）。这一现象显示，自党的十九大以来，学者对于乡村治理的理论与实践问题的研究均保持了较高的热度。

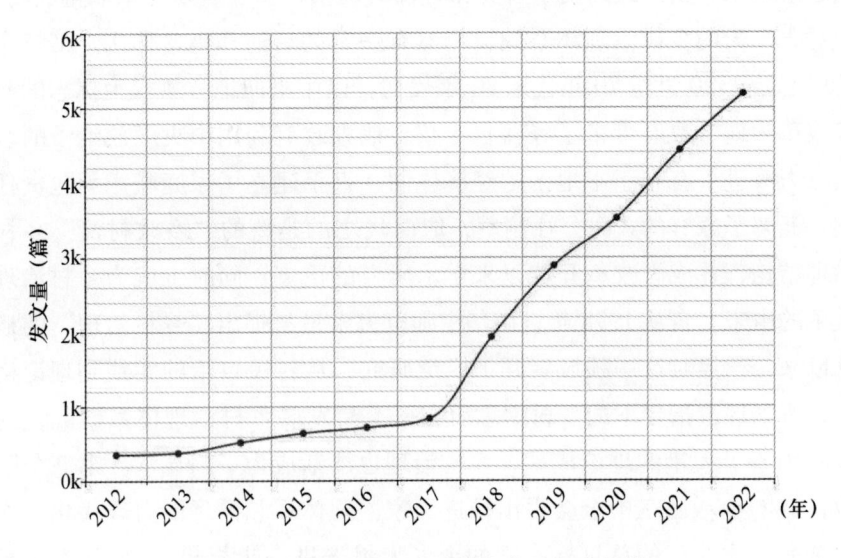

图1-1 乡村治理研究成果发文量年度趋势

为进一步对乡村治理相关的文献进行科学计量评估，通过中文社会科学引文索引（CSSCI）进行搜索，设定2012—2022年为区间，以"乡村治理"为关键词检索，得到论文类文献663篇。以"村民自治"为关键词检索，得到180篇。在同一数据库中，以"乡村建设"为关键词进行搜索，得到306篇。通过梳理比较2012—2022年每年的发文数量，显而易见，以"乡村治理""乡村建设"为关键词的发文量整体呈上升趋势，并在2021年和2022年分别达到高峰，相反，以"村民自治"为关键词的发文数量则总体呈下降趋势（见表1-1）。从村民自治、乡村建设实践到理论构建，再到理论指导下的再实践。这些问题的探究是学者们对村民自治研究领域的拓展和升级，研究主题不断深化，研究视角逐步从宏观层面转向乡村社会发展中的区域性策略，以及关键性领域的突出问题。相比较而言，从中国知网数以千计的文献来看，能够代表学术水平的核心期刊成果则相对少了很多。

通过数据分析可以发现，尽管当前学术界对于乡村治理问题研究的热度较高，但在中文社会科学引文索引（CSSCI）中统计的论文数量发现，关于"乡村治理""村民自治""乡村建设"三大主题研究论文的总数并不多，而知网相关文献的数量则十分庞大。另外，在以乡村治理、乡村治理研究、乡村治理体系为主要主题的学位论文统计中，可以发现，博士论文数量占比也异常低（见表1-2）。这在一定程度上说明学术界对于乡村治理的研究仍需要进一步提升。

表1-1　2012—2022年CSSCI数据库乡村治理研究主题的相关学术论文年度分布　　　单位：篇

年份	2012	2013	2014	2015	2016	2017	2018	2019	2020	2021	2022
村民自治	22	17	21	15	29	19	18	16	15	6	2
乡村治理	21	21	35	36	49	43	54	90	111	118	85
乡村建设	9	16	25	12	30	26	38	32	26	53	39

表1-2　2012—2022年CSSCI数据库乡村治理研究主题的相关博士论文年度分布　　　单位：篇

年份	2012	2013	2014	2015	2016	2017	2018	2019	2020	2021	2022
数量	3	0	2	4	1	4	4	8	6	3	2

进一步收集和分析近十年来自中文社会科学引文索引（CSSCI）的文献，其中，从学科分布上看（见表1-3），乡村治理研究主题的相关文献主要集中在政治学、管理学、社会学、经济学、历史学和法学。同时，从相关文献期刊分布（见表1-4）来看，整体比较分散，《华中师范大学学报》（人文社会科学版）和农村类的相关期刊关注该问题较多。马克思主义研究的核心期刊《马克思主义与现实》只有4篇关于乡村治理研究的文章。而作为中国学科划分体系中最重要的一级学科——马克思主义理论无论是在国家治理还是乡村治理的研究方面所占的研究比例都非常低，相比于政治学，马克思主义理论学科对国家治理以及乡村治理的探索显得相对薄弱。显然，"这种状况远远不能适应中国共产党领导人民进行的治国理政和全面深化改革伟大实践对马克思主义理论指导的需求，远远不相匹配马克思主义作为我国立党立国的根本指导思想的地位，

远远不能满足中国人民在推进国家治理现代化创造性伟大实践中推进，马克思主义国家治理理论创新发展的需要"[1]。因此，深刻理解马克思主义国家治理理论，探索中国共产党领导下的国家治理现代化进程，能够为推进乡村治理体系现代化提供重要思想成果。

表1-3　CSSCI数据库乡村治理研究主题的相关文献学科分布　　单位：篇

学科分布	管理学	哲学	历史学	经济学	政治学	法学	社会学	马克思主义
数量	170	6	18	86	178	19	146	1

表1-4　CSSCI数据库乡村治理研究主题的相关文献期刊分布　　单位：篇

期刊分布	华中师范大学学报（人文社会科学版）	人民论坛	中国行政管理	探索	农村经济问题	中国农村观察	社会主义研究	政治学研究	马克思主义与现实	中国社会科学
数量	25	23	17	16	14	11	11	5	4	2

2. 乡村治理研究的学术进路

学者们主要针对乡村治理这一议题本身展开集中的讨论和探究，由于备受关注，在乡村治理建设的每一不同阶段都有大量成果涌现，由此也形成了不同的研究主题。

第一，村民自治研究。追溯我国乡村治理研究的源头，从1988年颁布《村民委员会组织法》到村民自治制度被确立，大量研究聚焦村民自治。代表人物有徐勇、于建嵘、贺雪峰、白钢等人。徐勇认为，村民自治是我国基层民主制度的一次创新，其不同于民族区域自治以及特别行政区域自治，是一种全体村民作为自治主体的真正意义上的村民自治。[2] 徐勇在《中国农村村民自治》一书中进一步深入分析了村民自治的制度体系、组织形式、活动内容、运行模式、内在机制等方面的内容。[3] 于建

---

[1] 王浦劬：《国家治理现代化理论与策论》，人民出版社2016年版，第8页。
[2] 徐勇：《村民自治：中国宪政制度的创新》，《中共党史研究》2003年第1期。
[3] 徐勇：《中国农村村民自治》，生活·读书·新知三联书店2018年版。

嵘认为村民自治的价值主要体现在民主意识的启发以及权利意识的促进两个方面。① 在村民自治运行的过程中,存在村级党组织弱化导致社会治理能力和治理信任缺失,基层民主虚置使村民自治运行不畅等现实困境。② 显然村民自治并没有完全缓解基层治理中遇到的难题,需要从多个角度考虑村民自治的研究。一种认为"加快改进村民自治立法工作的进程,将为实现建立社会主义法治国家的宏伟目标打下良好基础"③。另一种认为,要从两个不同的进路考虑:一是从外部来关注村民自治的民主方面,尤其关注村民自治制度;二是从内部来关注村民自治的治理方面,尤其关注这种治理制度解决当前农村实际问题的能力。④ 同时,对于村民自治研究还存在着两种对立的观点。一种观点认为,村民自治是中国基层民主的一种重要实现形式,通过调动农民的积极性和主动性,可以为基层民主制度建设奠定牢固的基础。⑤ 表明了村民自治作为一项国家的法律制度,可以通过法治保障实施。另一种观点则认为,村民自治作为一种具有中国特色的区域性社会自治,其权责与功能有限,没有强制性权力,只能说服教育,实行德治,在《村民委员会组织法》中也明确了这一点:"村民委员会是村民自我管理、自我教育、自我服务的基层群众性自治组织。"缺乏"手段"的村民自治只能"以德治村"了。⑥ 以上研究说明早期村民自治的理论探讨实际上已经出现某些实质性的转变,大量学者不再只专注于村民选举及其程序方面的研究,而是从治理的多角度研究村民自治,并逐步走向乡村德治和法治的研究视角。

第二,乡村建设研究。乡村建设问题一直是我国社会发展过程中的核心议题,无论是中华人民共和国成立前中国共产党在革命根据地进行的土地改革与乡村建设运动、中华人民共和国成立以来以农民合作化与

---

① 于建嵘:《村民自治:价值和困境——兼论〈中华人民共和国村民委员会组织法〉的修改》,《学习与探索》2010年第4期。
② 杨春娟:《村庄空心化背景下乡村治理困境及破解对策——以河北为分析个案》,《河北学刊》2016年第6期。
③ 白钢:《中国村民自治法制建设平议》,《中国社会科学》1998年第3期。
④ 贺雪峰:《论民主化村级治理的村庄基础》,《社会学研究》2002年第2期。
⑤ 徐勇:《中国农村村民自治》,生活·读书·新知三联书店2018年版,第6页。
⑥ 彭大鹏:《村民自治已经没有意义了吗》,《理论与改革》2011年第1期。

组织化为核心的人民公社运动，还是21世纪以来相继开展的社会主义新农村建设、美丽乡村建设、乡村振兴以及农村贫困地区的扶贫攻坚运动，乡村建设都是国家社会建设的基础性工程，由此被赋予更多的政治实践与社会意义。① 关于乡村建设研究，众多学者给予了解读与探究。总体上看，从三种维度着手：一种是以温铁军为首的北京学者于2005年成立的乡村建设中心，尝试沿着梁漱溟、晏阳初的足迹从实践出发，兴起新乡村建设运动，以整合全国各地的乡村建设力量。一种是华中科技大学以贺雪峰教授为首的研究团队，从理论上提出乡村建设的四种类型：一是为农民在农村生产生活保底的乡村建设；二是由地方政府打造的新农村建设示范点；三是满足城市中产阶级乡愁的乡村建设；四是借城市中产阶级乡愁来赚钱的乡村建设。② 一种是从现实层面，结合党和国家相关政策给农村带来的影响进行具体剖析，并提出了一些看法和完善对策。新农村建设是取消农业税后，在农村基层治理面临财政和结构困境时，发现仅有村民选举是不够的，由于资源和优势有所不同，从发展县域经济的角度来调整目前的农村治理结构。并提出新的治理模式应该是"强县政、精乡镇、村合作"③。同时，一部分学者提出，新农村建设不仅要注重物质层面的建设，更要在加强乡村文化建设的同时提高广大农民精神层面的收益。④ 而美丽乡村建设，则是通过理论分析和实例比较分析，尤其多以东南沿海等发达地区为例，提出美丽乡村建设的基本思路和途径，在一定程度上使得新农村建设相关研究不断丰富。党的十九大提出实施乡村振兴发展战略以来，作为新时代"三农"问题的重大战略，引起了政府与学界的广泛关注。通过文献梳理发现，目前研究多从乡村振兴战略的内涵、推进乡村振兴面临的困境以及实施乡村振兴战略的路径等问题展开研究，已经取得了丰硕的研究成果。今后还要继续加强乡村振兴

---

① 马良灿：《乡土重建的社会组织基础——论梁漱溟乡村建设理论与实践的社会学转向》，《社会科学战线》2018年第5期。

② 贺雪峰：《谁的乡村建设——乡村振兴战略的实施前提》，《探索与争鸣》2017年第12期。

③ 郑风田、李明：《新农村建设视角下中国基层县乡村治理结构》，《中国人民大学学报》2006年第5期。

④ 申端锋：《新农村建设若干问题研究》，《农业经济问题》2006年第2期。

与脱贫攻坚联动问题、革命老区和深度贫困地区等重点区域以及人口较少民族与"回流边民"等特殊群体的研究。① 关于新时代数字技术对于乡村建设方面的崭新视角，学者们提出，数字乡村建设通过构建"物理世界"和"数字世界"孪生的虚拟空间，催生、激活和放大各种功能效应，为农业生产、农村流通、社会治理、生活形态、文化观念等应用场景赋能。② 概言之，学界普遍认为数字化转型是未来方向，能够为国家形成新型治理体系和提升治理能力发挥重要作用。王春光提出，"未来，乡村的产业形态、社会形态和文化形态都会发生明显变化，乡村建设将融合城乡、现代与传统乃至后现代化要素，形成新的乡村形态"③。因此可见，随着时代的发展变化，学者们对乡村建设的探讨一直在继续，并能够在乡村建设中逐步强化乡村治理问题的基础支撑。

第三，乡村治理研究。随着推进国家治理体系和治理能力现代化总目标的逐步落实，现实对新时代乡村治理提出了更高的要求。学者们从单个的"村庄"扩展至"乡村"，并将对"自治"问题的关注转向更为切实可行的"治理"问题，以"村治"为核心话语的研究逐步转向以"乡村治理"为主导话语的研究，学者们进行了大量的研究，取得了一些可供参考的成果。下面分别从乡村治理主体、治理机制、治理困境、治理实践路径展开分析。

一是关于治理主体。一种观点在制度上聚焦于两委关系和乡村关系，在主体发挥作用的模式上可分为乡镇主导行政型、村庄主导自治型和乡村治理无序型三类，并提出多中心治理是乡村治理的未来走向。④ 另一种观点把治理主体划分为三个层次，即国家层面包括政府、村两委和村民代表大会等；社会层面包括乡村各类民间组织；个人层面包括广大农民和乡贤精英代表。⑤ 二是关于治理机制。一种是在考虑一个地区的制度设

---

① 子志月、高欣言：《我国乡村振兴战略研究的回顾与展望》，《云南行政学院学报》2020年第2期。
② 王胜、余娜、付锐：《数字乡村建设：作用机理，现实挑战与实施策略》，《改革》2021年第4期。
③ 王春光：《乡村建设与多元共享利益共同体的建构》，《学术前沿》2022年第15期。
④ 张艳娥：《关于乡村治理主体几个相关问题的分析》，《农村经济》2010年第1期。
⑤ 殷民娥：《多元与协同：构建新型乡村治理主体关系的路径选择》，《江淮论坛》2016年第6期。

计时，首先考虑本地的社会资源因素：从当地政府权力的影响力、传统社会资源保留状况、经济状况、区位和区域文化等方面。[①] 一种是针对转型期如何创新乡村治理机制提出见解，一方面是乡村社会内部机制的创新，包括治理主体和手段；另一方面则是以外部制度供给的创新作为保障。[②] 三是关于治理困境。近些年，随着城镇化和社会结构的转型，农村人口加速外流，产生了村庄人口空心化导致乡村治理主体缺失；村庄经济衰败弱化了乡村治理的基础；村级党组织弱化导致社会治理能力和治理信任缺失；基层民主虚置使村民自治运行不畅等现实困境。[③] 同时。在实践中，转型中的乡村社会面对传统文化衰落，自治能力不强，法治意识淡薄，道德水平滑坡等困境，如何搭建起政府与民众之间的桥梁，有效促进民众参与乡村治理的积极性是当下急需解决的问题。四是关于治理实践路径。一方面是关于乡贤治村，通过乡贤提高自治水平、推进乡村法治、引领乡村德治，乡贤通过道德规范、传统习惯、民间规约等规范来调整乡村生活的方方面面，不断探寻乡贤引领乡村振兴的践行路径。[④] 一方面是关于乡村治理的法治化实践路径。在纵向上，树立村级组织推进乡村治理法治化的示范作用，发挥民间组织参与乡村治理法治化的支柱作用，促进新乡贤助推乡村治理法治化的独特作用，激活村民参与乡村治理法治化的能动作用；在横向上，构建多元主体协同治理乡村的新格局。[⑤] 从目前的治理趋势分析，发挥乡贤精英等能人治村的正面效应，以德治引领，促使自治和法治不断提升显得尤为重要。这是在遵循国家治理大框架下实现乡村治理的根本所在。

第四，乡村治理体系研究。自治的实现需要法治作为基础，但由于法治本身存在着不足和缺陷，在法治够不到的地方需要用德治进行补充。有人认为，"立足乡村发展和村民的现实需要，回溯传统社会的德治传

---

① 彭智勇、王文龙：《新农村建设中的乡村治理机制探析》，《理论探讨》2006年第4期。
② 甘庭宇：《转型时期的乡村治理机制问题》，《农村经济》2014年第11期。
③ 杨春娟：《村庄空心化背景下乡村治理困境及破解对策——以河北为分析个案》，《河北学刊》2016年第6期。
④ 于语和、白婧：《乡村振兴视域下乡贤治村的实践路径》，《原生态民族文化学刊》2019年第5期。
⑤ 覃晚萍、王世奇：《新时代多元主体推进乡村治理法治化路径探讨》，《广西民族大学学报》（哲学社会科学版）2019年第3期。

统，激活并超越性借鉴中国古代思想精华，乡村德治才能真正为盘活村民自治提供契机和动力"①。有人则认为，德治只是乡村治理体系建设的辅助工具。法律作为道德的最低底线，道德在调节社会关系的对象范围上比法律更为宽泛。法律仅仅是立法机关将部分道德上升为以国家强制力作为保障的行为准则，并以制度化形式呈现出来罢了。②党的十八届四中全会提出，坚持依法治国和以德治国相结合。习近平总书记提出的基于"德法共治"的国家治理使乡村治理体系逐步进入法治化、规范化发展阶段。有的学者提出法治与德治协同的方案：一方面主张法律的重要性高于道德，从道德向法律协同发力；另一方面主张道德的重要性高于法律，从法律向道德协同发力。③而从信用视域对德治和法治进行分析的研究，主要从"法治分散""德治集中"与"规制强化"三种制度逻辑，建构和解释社会信用体系建设的整体视角。④

随着乡村自治日益嵌入法治和德治的治理框架之中，基层社会管理转变为基层社会治理，治理理念由"治民"转为"民治"，由单一乡村治理方式转为三治组合型治理方式的条件已经成熟。⑤关于"三治"的探索最先始于浙江桐乡的高桥镇，并被写进十九大报告，迅速在全国产生影响。2013年，桐乡率先推出"法治为要、德治为基、自治为本"的"三治"建设，旨在建立德治、自治、法治体系，从而健全"党委领导、政府负责、社会协同、公众参与、法治保障"的社会治理新格局。从现有文献来看，学界对于乡村治理体系实践经验的探索，已经取得了一定的成果。其一，关于浙江省桐乡市"三治合一"模式的个案。一种观点从"三治合一"模式分析要提升我国乡镇社会治理实践和治理绩效，就必须在发挥基层政府引导力的前提下，构建多层次的乡镇社会治理体系，进

---

① 于语和、雷园园：《村民自治视域下的乡村德治论纲》，《山东大学学报》（哲学社会科学版）2020年第1期。

② 何阳、孙萍：《"三治合一"乡村治理体系建设的逻辑理路》，《西南民族大学学报》（人文社会科学版）2018年第6期。

③ 阿克顿：《自由的历史》，王天成、林猛、罗会钧译，贵州人民出版社2001年版。

④ 戴昕：《理解社会信用体系建设的整体视角 法治分散、德治集中与规制强化》，《中外法学》2019年第6期。

⑤ 张明皓：《新时代"三治融合"乡村治理体系的理论逻辑与实践机制》，《西北农林科技大学学报》（社会科学版）2019年第5期。

一步推进乡镇社会治理机制的完善；① 另一种观点则认为该模式需要进一步通过守住法律底线、提升德治层次、提升自治层级等途径发展和完善。② 其二，关于其他省份的"三治"模式。有的学者从信用体系建设角度对山东省某地 L 村"三治"的治理案例进行研究，提出在管制、规范和认知制度逻辑框架下实现法治为本、德治为引、自治为基的"三治"融合。③ 上述成果从实践经验层面对"三治结合"乡村治理体系创新进行了个案研究。但总体而言，现有成果样本的数量偏少，且研究范围有限。其三，"三治"作为一个体系，三者之间的关系也是研究的基本问题。《乡村振兴战略规划（2018—2022 年）》中明确表示"坚持自治为基、法治为本、德治为先"④。据此，多数学者将"三治"视为一个三位一体的统一整体，认为三者之间相互促进、相辅相成。主要存在两种观点：一种是三者平行并列，紧密联系，从建设中国特色社会主义的乡村治理道路的视角出发，指出"自治是实行社会主义民主的基本要求，法治是建设社会主义现代化的基本要求，德治是传承中国传统文化的基本要求，将三者有机结合起来"⑤；另一种强调一体两翼，并提出"自治是主要内容，法治是保障，德治是辅助，三者关系并非平行并列，而是一体两翼"⑥。由此可以得出的结论是，对乡村自治、德治和法治融合的研究应该是构建乡村治理体系中的关键。当前对于"三治"研究的政治框架已经形成，还需要进一步深化"三治融合"乡村治理体系的理论研究和实践探索。

（二）国外研究状况综述

关于国外学者对我国乡村治理问题的研究，主要从理论和实践两个

---

① 胡洪彬：《乡镇社会治理中的"混合模式"：突破与局限——来自浙江桐乡的"三治合一"案例》，《浙江社会科学》2017 年第 12 期。

② 卢海燕：《论发展和完善地方治理体系——浙江省德清县"三治一体"的经验及其改进路径》，《中国行政管理》2017 年第 5 期。

③ 李华：《城乡社区治理中法治、德治、自治"三治"融合的制度分析》，《领导科学》2019 年第 8 期。

④ 《乡村振兴战略规划（2018—2022 年）》，人民出版社 2018 年版，第 70 页。

⑤ 龙文军：《构建自治、法治、德治相结合的乡村治理体系》，《农村工作通讯》2017 年第 22 期。

⑥ 何阳、孙萍：《"三治合一"乡村治理体系建设的逻辑理路》，《西南民族大学学报》（人文社会科学版）2018 年第 6 期。

层面进行梳理，这些研究为进一步构建乡村治理体系找到能够适用的现实可能，并提供一些有价值的参考。

1. 对中国传统乡村治理问题的研究

国外学者对中国古代乡村治理进行了一定的探讨，并在乡村社会关系、宗族、士绅模式等方面进行了较为详尽的分析。一是关于村庄社会关系、宗族方面的研究。其中韦伯认为，中国古代的乡村作为村落式的居民点，自己履行乡村自治的职责，国家对村庄的治理十分有限。因为"除了本身就十分厉害的宗族势力外，它还要面对乡村本身有组织的自治"[①]；另一代表学者杜赞奇从"大众文化"的角度，提出了"权力的文化网络"等概念，并较为详细地论证了晚清社会中帝国政权、绅士以及其他社会阶层的相互关系，并将这种对文化及合法性的分析置于权力赖以生存的组织为基础；[②] 黄宗智则认为中国传统村庄大部分是一种自给自足的经济单位，工作和居住的纽带关系又常和宗族关系交织而互相强化，从这个角度来看，村庄是一个闭塞的，或许也是紧密的共同体。[③] 二是对士绅治理模式方面的研究。费正清是最早提出"士绅社会"这一概念的代表人物。国外学者对这一治理主体的探讨，形成了士绅模式，并以此进一步分析乡村社会结构。科大卫指出，士绅作为一个阶层，要在乡村社会治理中起作用，必须被乡民内在化为乡村社会文化的认同主体，这样才能做到"皇权不下县，治理靠乡绅的治理模式"[④]。由士绅和宗族主导的乡村社会，也可以作为研究乡村自治的基础。

通过上述分析可以发现，在研究时段上，国外学者主要对传统中国乡村社会政治、经济、文化等方面的分析较多，因此可以将这一阶段概括为传统乡村自治研究。

2. 对中国当代乡村治理问题的研究

改革开放后，特别是随着家庭联产承包责任制和村民自治的实施，西

---

① ［德］马克斯·韦伯：《儒教与道教》，王容芬译，商务印书馆1999年版，第145页。
② ［美］杜赞奇：《文化、权力与国家：1900—1942年的华北农村》，王福明译，江苏人民出版社2010年版，第1页。
③ ［美］黄宗智：《华北的小农经济和社会变迁》，中华书局2000年版，第5页。
④ 科大卫：《皇帝与祖宗：华南的国家与宗族》，卜永坚译，江苏人民出版社2009年版，第180—181页。

方学者除继续关注传统中国农村社会外，对当代中国乡村治理问题的研究也逐渐增多。一是深入乡村实际的研究。20世纪80年代以来，大陆开始向海外学者开放。弗里曼、毕克伟和塞尔登等作为第一批到中国农村进行田野调查的美国学者，先后18次访问河北省饶阳县五公村，旨在考察中国革命的起因以及国家对乡村社会的改造状况。① 同一时期，萧凤霞在新会县环城公社进行调查，在《华南的代理人与受害者》中呈现出20世纪中国乡村社区权力结构的变迁史。② 1992年，陈佩华、安戈、赵文词三位作者在对陈村进行二次考察后，出版《当代中国农村历沧桑：毛邓体制下的陈村》一书，对联产承包后陈村发生的变化进行追踪研究，展示了中国现代农村生活的全貌。二是国家与乡村社会运行的分析。从国家治理的视角出发，国外学者分别从中国国家不同的领域和角度进行研究，为我国进一步研究国家治理框架下的乡村治理提供重要参考。比较有代表性的著作有美国李侃如的《治理中国：从革命到改革》，主要从中国社会变革、政府管理体系、经济发展，以及中国社会目前所面临的挑战等四个角度进行分析。③ 这些研究为我们进一步考察乡村社会和乡村发展状况提供了许多相关性结论和方法上的启示，但仍有进一步需要研究解决的问题。在研究方法上比较多地从政治学、社会学等学科视角进行研究，较少地运用马克思主义理论的分析方法；在研究时段上，国外学者主要对古代传统乡村社会以及改革开放前后的中国农村社会进行分析，关注当下的研究较少。

综上所述，乡村治理研究无论是在研究数量、研究范围、研究领域等方面都取得了一定的成果。这些成果为我们进一步研究奠定了理论基础，提供了较好的分析视角，为我们进一步考察乡村社会和乡村发展状况提供了许多相关性结论和方法上的启示。但总体上看，已有的研究成果多侧重"村民自治""乡村建设"和"乡村治理"的研究，以乡村治理体系为研究视角的成果多数以个案研究为主，因而，仍需要结合乡村新时代、新要求、新任务和新情况进一步深入研究。一是把握改革开放以来乡村治理体系的

---

① Edward Friedman, Paul G. Pickowicz and Mark Selden, *Chinese Village, Socialist State*, New Haven: Yale University Press, 1991.
② Helen F. Siu, *Agens and Victims in South China*, New Haven: Yale University Press, 1989.
③ Kenneth Lieberthal, *Governing China: From Revolution Through reform*, New York: W. W. Norton, 2014.

演进逻辑，厘清构建新时代乡村治理体系的历史基础和发展趋势。二是依据坚持和完善中国特色社会主义制度、实现国家治理体系和治理能力现代化的总体部署，探索构建自治、法治、德治融合互嵌、有机联动的新时代乡村治理体系。三是深入研究新时代乡村治理的现实环境、治理机制、实践困境，进而提出有针对性和现实可行性的实践路径。因而，本书选择研究我国新时代乡村治理体系，旨在上述方面有所突破，以促进我国乡村治理理论的研究，并力求为乡村振兴战略提供有益探索。

三 研究思路与研究方法

（一）研究思路

本研究以马克思主义国家治理理论为指导，在国家治理体系和治理能力现代化框架下，对我国改革开放以来乡村治理体系的历史演进、相关经验和现实成就进行总结，对当前我国乡村治理出现的困境和生成原因进行剖析，进而提出新时代乡村治理体系构建的整体框架、运行模式和落实这一体系的具体实践路径。本书遵循明确理论概念—提出理论框架—困境分析—实践路径的整体逻辑思路。

首先，在分析国内外乡村治理的相关概念、理论基础与现实依据的基础上，提出国家治理分析框架下的乡村治理体系，详细梳理乡村治理体系的历史发展脉络、发展趋势和取得的成就，总结经验，提供借鉴。同时，面向新时代我国乡村正处于治理转型与变革的关键时期，不同的路向选择不仅关系到乡村社会的发展，而且关系到国家的和谐稳定。其次，引入事实要素，提出构建乡村治理的体系框架，分别从自治、法治、德治三个方面，剖析实现乡村治理体系的逻辑结构和运行状态，以及三者之间的纵向与横向的联动机制。分析为构建乡村治理体系面临的困境和挑战，并在此基础上对困境生成的根源给予剖析，目的在于通过展示深层次的矛盾，以期寻求乡村治理体系建设问题的解决出路。最后，进一步提出和完善党组织领导下的乡村治理理论体系的实践框架，以及指导乡村治理实践的政策建议，从而形成对已有理论的有益补充。

（二）研究方法

1. 文献分析法。通过涉猎和阅读大量国内外文献，对乡村治理目前已有学者观点、研究领域、研究层次进行整体把握，寻找现有的理论研究视角、分析方法，对区域乡村结构经典模式、经典理论进行总结，为本书研究做基础理论铺垫，以归纳、演绎、总结其中规律，通过对文献的研究形成对乡村治理体系研究的科学认识方法，并发现现有研究的优势与不足，以"站在巨人的肩膀上"去寻找本研究理论创新与解决现实问题的突破口。并应研究需要，搜集大量的统计数据，用于定量分析。

2. 比较研究法。本书将我国国家治理与西方治理进行比较分析，通过对比得出"中国之治"的理论优势和特色。并能够将乡村治理体系历史演进过程中各个阶段的制度发展进行对比，从而凸显治理体系变迁中的历史逻辑，以及由实践—理论—再实践的交替对比过程。

3. 定性研究方法。采用定性研究方法主要是基于如下考虑：定性研究是研究对象之间系统的互动，综合运用多角化技术对社会现象或社会问题进行广泛深入探索的一种研究活动。它非常适合研究乡村治理相关主体如何影响乡村治理体系、制度结构优化等，可以深刻理解乡村治理体系演化并探究其背后隐含的复杂的关系。在定性研究的工具上，本书选取案例研究法。

本书的案例选取逻辑不同于一般意义上的案例抽样，并不是从可能的大量案例抽样框中随机选取合理的案例实体进行研究，而是注重案例的引领性、前瞻性、典型性。案例研究适合本书解释主体行动背后的"为什么"的问题。选取少量先发地区作为参考，为后发地区提供借鉴。虽然这些案例数量上够充足，但对于我们准确把握乡村治理创新的具体实践和需求，以及相关理论的进一步深化也具有一定的借鉴价值。

四 研究的创新点

1. 将新时代乡村治理体系的构建置于改革开放以来乡村治理的历史逻辑和发展趋势中进行考察。中国共产党对我国乡村治理路径的探索不是孤立于乡村历史发展的逻辑之外，而是从新时代社会矛盾变化和社会转型出发，面对新情况、新问题解决农民从经济到政治的递次需求出发，在实现我国乡村治理发展的现代变迁的过程中，将广大乡村和农民带入国家治理现代化的轨道。在这个过程中，本书也系统阐述了新时代下我国乡村治理体系的理性选择和实践价值。

2. 提出"三治融合"的治理体系和实现对策。在坚持以基层党组织为核心的领导下，提出新时代实现乡村善治所需要的治理体系。这样的治理体系应包含自治、德治、法治三个方面的维度，在结构上实现基础制度、基本制度和具体制度的系统性和一致性，在内容上实现治理主体（共建：以广大村民为主体）、治理过程（共治：依法协同治理）和治理结果（共享：公平分配发展成果）的有效融合，选择"三治融合"体系与乡村善治有效结合的路径，是对"三治融合"体系的升格，从而开拓走向乡村善治新格局的重要途径。

3. 丰富"中国之治"的理论体系和话语体系。从中国近现代史的角度研究乡村的历史演进并进行经验总结；从"中国之治"的角度阐释乡村治理的中国特点和内生制度；从马克思主义国家与社会关系理论和中国国家治理体系现代化的双重理论视域，把握乡村治理体系构建的理论支撑和实践支持，丰富马克思主义理论相关学科在乡村治理体系研究中的话语形式。

第 二 章

新时代乡村治理体系构建的理论基础与现实依据

随着国家治理现代化的提出，乡村治理成为研究国家与乡村问题的重要概念。在此基础上提出的国家治理分析框架下的乡村治理体系，是一个符合新时代历史方位的理论与实践命题。在乡村治理体系发展的历史过程中，马克思主义国家与社会关系理论、中国共产党的基层治理理论、中国传统政治文化中蕴含的乡村治理思想以及现代治理理论等共同构成了新时代乡村治理体系构建的理论基础。当前，基于新时代乡村社会矛盾转化的时代背景，面对基层社会民主建设的制度化需求，面对国家治理体系和治理能力的现代化过程中基层社会治理体系的新要求，以及面临探索乡村振兴发展战略实施步骤的现实依据下，我国乡村治理体系发展进入了一个崭新的历史阶段。

一 核心概念及分析框架

从概念意义上看，治理概念的缘起与发展，以及在中国语境下的探索形成了区别于西方治理概念的内涵。有学者指出，应避免简单地认为"治理"的概念只是西方当代政治理论和管理理论的专利。[①] 因此，在本书中，"治理"强调的是多元主体以协同共治的方式处理复杂的公共问题和利益关系。而乡村治理是从农村基层社会角度来审视"治理"的内涵，

---

① 王浦劬：《全面准确深入把握全国深化改革的总目标》，《中国高校社会科学》2014年第1期。

主要致力于解决乡村公共事务。在研究国家治理体系现代化框架下的乡村治理体系，通常是指在中国共产党的领导下运用现代治理体系分析治理主体和治理结构，形成自治、法治、德治的融合框架。

（一）治理

"治理"最早出现在古希腊语中，从"掌舵、领航"等词衍生而来，意为"控制、操纵"，"统治—管理—治理"体现了处理社会公共事务的方式变化。最早"统治"和"治理"之间没有明确区分，经常混淆使用。20世纪80年代末期，世界银行第一次提到了"治理危机"的概念，以对非洲混乱情况进行描述，这赋予了"治理"新的含义，并得到了学界的关注和重视。1995年，全球治理委员会对治理的定义进行了重新阐述，将其解释为"各种公共的或私人的管理力量共同作用下的总和"，它是协调不同利益关系并且保证合作行为持续进行的过程。[1] 这个定义提出之后，得到了社会各界的广泛认可。根据全球治理委员会给出的定义，治理是以最大化公共利益为目标，协调不同主体、部门以及个人之间的关系，相互帮助、相互合作的行动过程。总的来看，关于西方治理理论，比较有代表性的人物詹姆斯 N. 罗西瑙（James N. Rosenau），在其代表作《没有政府的治理》一书中，运用治理和善治理论分析政治问题，并成为国际政治问题的开山力作。书中给出了"治理"概念的定义，即"治理就是在没有强权力的情况下，各相关行动者克服分歧、达成共识，以实现某一个目标"，统治是依靠正式权力，而治理则依赖基于共同目标的协商与共识。[2] 另一产生广泛影响的治理理论流派是诺贝尔经济学奖得主埃莉诺·奥斯特罗姆（Elinor Ostrom）与文森特·奥斯特罗姆（Vincent Ostrom）夫妇在其著作《公共事务的治理之道》一书中提出的"多中心理论"。该理论认为，复杂的公共事务不应由单一的中央政府或市场力量来管理，而应该建立在多个自治中心的基础上进行治理。在这种多中心的治理模式中，不同的自治中心可以是政府、市场、社区或民间组织等。

---

[1] 陈明明：《转型危机与国家治理》，上海人民出版社2011年版，第42页。

[2] James N. Rosenau, *Governance Without Government*, Cambridge: Cambridge University Press, 1992.

这些自治中心在不同的层面上相互作用，协商、合作或竞争，以共同管理公共事务。总的来说，多中心理论为我们提供了一种新的视角来思考公共事务的治理问题，也为解决复杂公共事务提供了一个新的思路。

中国学者在引入西方治理理论的基础上，针对中国语境提出不同观点，进一步丰富治理理论。自20世纪80年代开始，国内学者开始研究"治理"这个主题。俞可平作为国内最早研究治理理论的学者，也对"治理"的内涵进行了解释，他认为治理一词的基本含义是"在一个既定的范围内运用权威维持秩序满足公众的需要"，"治理的目的是在各种不同的制度关系中运用权力去引导、控制和规范公民的各种活动以最大限度地增进公共利益"[1]。同时，治理还是在管理一国经济和社会资源中运用公共权力的方式。[2] 从相对中性的角度看，治理是运用权力配置社会资源和协调利益关系，以达到某种公共目的的管理活动。从这里可以看出，学者们在不断的探讨下，使得"治理"具有更加丰富的内涵，例如"多元权威""协商合作""共治共享""公共利益"等概念突出。综合以上看法，我们可以得出"治理"是围绕国家、社会与个人多元主体之间的关系展开的，以维持公共秩序和实现公共利益共享为最终目标，重点关注公共权力及其相关主体有效参与和协调实现的过程。

（二）乡村治理

乡村治理是从农村基层社会角度来审视"治理"的内涵，主要致力于解决农村公共事务方面的问题。乡村治理是一个内涵丰富的概念，1998年徐勇首次提出乡村治理的概念后，学者们进行了广泛而深入的研究。有学者从基层公共产品供给出发，对乡村治理的内涵进行了阐述，将其理解为"以基层政府为主体、其他乡村治理组织和机构合作为乡村社会提供公共产品和服务的过程"[3]。从这里可以看出，乡村治理主要目的是最大化农村公共服务产出和效益。另有学者分析了乡村治理方式和过程，并指出："乡村治理是多元治理主体通过建立合作关系，通过协

---

[1] 俞可平：《治理和善治引论》，《马克思主义与现实》1999年第5期。
[2] 徐勇：《GOVERNANCE：治理的阐释》，《政治学研究》1997年第1期。
[3] 党国英、卢宪英：《新中国乡村治理研究回顾与评论》，《理论探讨》2019年第5期。

商、博弈、谈判等方式来解决利益冲突,以达到一种更加合理的治理秩序。"① 从这个定义来看,可以将"乡村治理"与传统行政管理有效区分开来。根据以上学者的观点,本书认为,乡村治理是指发挥村委会、党组织、社会团体、农民等多元治理主体,通过采取谈判、协商、沟通和协作等方式,有效化解乡村发展过程中遇到的各种问题,不断提高乡村治理效率,促进乡村社会福利共享的善治过程。

综合上述分析,从以下五个方面来阐述乡村治理的内涵:一是乡村治理要坚持可持续发展理念,以推动农村、农业、农民协调发展为目的,切实维护和保障广大农民的合法权益。二是乡村治理主体多元化,包括基层党委、基层政府、村委会、社会团体以及村民等,同时还包括农业合作社、产业基金会、农业协会、红白理事会等社会团体,除此之外,村办企业、乡镇企业等也会参与乡村治理。三是乡村治理方式日益多样化,特别是通过开展合作、协商、谈判、互助等方式,有效化解乡村公共事务管理过程中遇到的各种问题和矛盾。四是乡村治理对象包括十分广泛的内容,例如经济、政治、文化、教育、卫生、环境等多个农村公共管理领域。五是乡村治理主要目的是建立多元化的现代基层社会治理体系,推动公共权力有序运转,提高社会资源配置效率,推动乡村社会公共事业健康发展。

(三) 国家治理分析框架下的乡村治理体系

在中国的传统文化中虽然没有西方意义上的国家治理概念,但国家治理基于中国国情长久以来则被解释为"治国理政"的含义。中国共产党人对国家治理的理解通常是指在中国共产党领导下的人民当家作主和依法治国。因此,十八届三中全会提出了全面深化改革的总目标,"推进治理体系和治理能力现代化"。国家治理体系和国家治理能力现代化规定了国家治理的主体和任务。本书从这一整体上来全面理解"国家治理",进而正确把握国家治理分析框架下乡村治理体系的研究向度。

中国共产党人执政以来,对于如何治理一个社会主义的全新社会,

---

① 张新文、张国磊:《社会主要矛盾转化、乡村治理转型与乡村振兴》,《西北农林科技大学学报》(社会科学版) 2018 年第 3 期。

并无先例可循。对于国家治理的理解认为,"中国共产党人的国家治理,既在本质上区别于中国传统统治者的治理国家,又在价值取向和政治主张上区别于西方的治理理论及其主张。它遵循的是马克思主义国家理论逻辑,即国家的职能由政治统治与政治管理有机组成。社会主义国家的国家治理,本质上既是政治统治之'治'与政治管理之'理'的有机结合,也是政治管理之'治'与"理"的有机结合"[①]。在实践中,中国共产党人逐步明确国家治理的总体方略是党的领导、人民当家作主和依法治国有机结合。具体来说,"国家治理体系"和"治理能力"就是"制度"与"人"的关系。"要治理一个国家,特别是我们这样一个历史悠久并正在成为世界性大国的国家,必须有完备的制度体系。"[②] 习近平总书记具体提出:"国家治理体系和治理能力是一个国家制度和制度执行能力的集中体现。国家治理体系是在党领导下管理国家的制度体系,包括经济、政治、文化、社会、生态文明和党的建设等各领域体制机制、法律法规安排,也就是一整套紧密相连、相互协调的国家制度;国家治理能力则是运用国家制度管理社会各方面事务的能力,包括改革发展稳定、内政外交国防、治党治国治军等各个方面。国家治理体系和治理能力是一个有机整体,相辅相成,有了好的国家治理体系才能提高治理能力,提高国家治理能力才能充分发挥国家治理体系的效能。"[③] 从国家层面看,乡村是国家治理的基本单位,是影响我国经济社会发展和国家治理现代化的重要环节。乡村治理体系能否得以有效实施不仅关系到村民的切身利益和前途命运,也关系到我国能否顺利全面建成小康社会,能否实现国家治理体系和治理能力现代化。乡村治理体系作为一个系统,需要解决谁来治理,怎么治理的问题。因此,国家治理现代化是一个体系,需要在党的领导下"统筹兼顾、协同推进",其中包括多元主体的协同。

从国家治理框架来看乡村治理体系构建,需要从以下几个维度来探究:第一个维度是治理主体。从现行的乡村治理的主体来看,直接主体

[①] 王浦劬:《国家治理、政府治理和社会治理的含义及其相互关系》,《国家行政学院学报》2014 年第 3 期。

[②] 徐勇、吕楠:《热话题与冷思考——关于国家治理体系和治理能力现代化的对话》,《当代世界与社会主义》2014 年第 1 期。

[③] 习近平:《切实把思想统一到党的十八届三中全会精神上来》,《求是》2014 年第 1 期。

包括党的基层组织、村民自治组织、市场主体、各类组织和普通村民等；间接主体是国家治理主体，即国家政府与中国共产党。第二个维度是主体结构。基于学术界对乡村问题广泛使用国家与社会分析框架的思考，把国家和乡村看作一个整体，乡村治理体系的构建，主要结合国家治理下的乡村治理体系分析框架，是对国家与社会治理分析框架的进一步延伸。把乡村治理体系看作国家治理体系中的一个子系统，从国家、社会、个人三个层面来谈乡村治理体系的协同构建。强化国家顶层设计，基层党组织不断激发社会活力，引导村民积极参与，优化治理主体机构。第三个维度是现代治理体系。如图 2-1 所示，大椭圆代表国家与社会，中间的三角为行政官僚体系，小的椭圆形图案代表市场，棱形为非营利组织，折叠形则为民间联系国际社会的纽带，角圆形为城市政府。地方政府按公司化或现代财团法人的方式运行，灵活高效，易于监督，也在为民服务方面富有创新能力。乡村治理体系中的各类主体运用公共权力立足乡村社会现实问题，遵循乡村社会发展规律，着力构建系统化、规范化、科学化的新时代乡村治理体系，就是要将治理主体、治理内容、治理形式有机统一，使自治、法治和德治三者相互补充、相互促进、相得益彰。

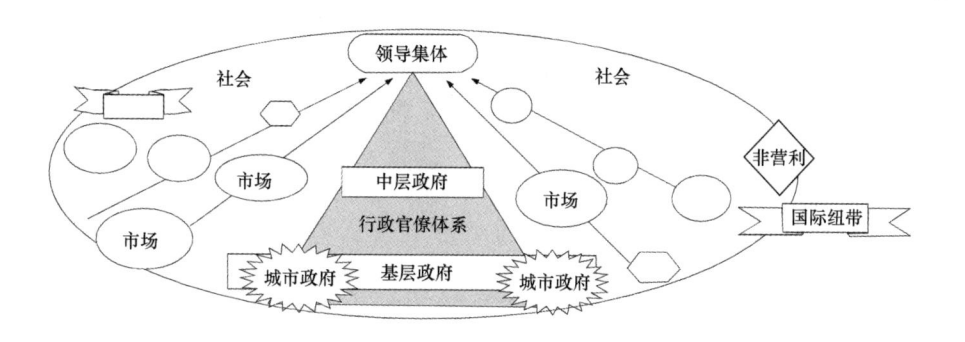

图 2-1　现代治理体系[①]

[①] 蓝志勇、魏明：《现代国家治理体系：顶层设计、实践经验与复杂性》，《公共管理学报》2014 年第 1 期。

二 新时代乡村治理体系构建的理论基础

在当前我国乡村社会发展过程中,马克思主义经典作家的国家与社会关系理论为我国乡村治理体系研究提供了理论先导,中国共产党人关于党的基层治理理论的探索为乡村社会发展之路奠定了坚实的基础,同时可以从传统中国政治文化蕴含的乡村治理思想中汲取优秀基因,而现代治理理论可以为乡村治理体系构建带来一定的经验借鉴。

(一)马克思主义经典作家的国家与社会关系理论

对于国家与社会的关系,马克思主义经典作家进行了总结和概括,深入阐述了两者之间的关系,从历史唯物主义角度出发,系统论证了社会是国家产生的基础,社会决定了国家的发展方向和形态,以及两者之间如何相互作用的关系。国家与社会关系理论很好地契合了国家治理框架下的乡村治理体系研究,为我们更好地认识和理解本书的主体分析框架提供理论指导。

恩格斯指出:"国家是社会在一定发展阶段上的产物。"[1] 同时,马克思、恩格斯认为,国家并不是从来就有的,国家产生于社会,社会的经济基础决定着政治上层建筑,社会是国家存在的基础和保障。国家是政治上层建筑的核心,一切共同的规章制度,都以国家为中介并获得自己的政治形式。而法作为一种规章制度,无非是统治阶级意志的体现。国家是交往关系发展到一定阶段产生的,是分工和私有制的产物。国家作为阶级的统治工具,马克思、恩格斯认为,作为观念上层建筑的意识形态,实际上是统治阶级的思想体系。"统治阶级的思想在每一时代都是占统治地位的思想。"[2] 因为,统治阶级是社会上占统治地位的物质力量,支配着精神生产资料,这就决定它必然同时也是社会上占统治地位的精神力量,支配着物质生产资料,说到底,"占统治地位的思想不过是占统治地位的物质关系在观念上的表现,不过是以思想的形式表现出来的占

---

[1] 《马克思恩格斯选集》第4卷,人民出版社2012年版,第186页。
[2] 《马克思恩格斯选集》第1卷,人民出版社2012年版,第178页。

统治地位的物质关系"①。同时，马克思、恩格斯进一步指出"物质劳动和精神劳动的最大的一次分工，就是城市和乡村的分离。城乡之间的对立是随着野蛮向文明的过渡、部落制度向国家的过渡、地域局限性向民族的过渡而开始的，它贯穿着文明的全部历史直到现在"②。国家以"代表全部社会"的方式出现，并承担起"缓解社会矛盾，将矛盾控制在秩序内的"的责任，还承担着推动社会向前发展的重要使命。

另外，"随着阶级的消失，国家也不可避免地要消失"③。社会生产力发展到一定水平后，社会阶级随之消失，"在生产者自由平等的联合体的基础上按新方式来组织生产的社会，将把全部国家机器放在它应该去的地方"④。这样，"国家政权干预社会关系的方式也发生了变化，逐渐被各个领域生产过程的领导所取代。国家没有被废除，它是自动消亡和瓦解的"⑤。根据这个关系特点，国家出现之后其与社会的关系主要有四种形态，分别是强国家—弱社会、弱国家—强社会、弱国家—弱社会、强国家—强社会。

从当前我国现实国情来看，乡村社会正处于"强国家—弱社会"的关系阶段，国家权力正在陆续下放到乡村基层，对乡村社会进行直接的干预，而乡村社会自身治理能力相对较弱，无法承担发展现代乡村社会的任务。因此，必须建立国家政权组织，利用国家力量来弥补乡村社会自治的不足，不断培育乡村自治力量。根据社会发展规律，"乡镇政府与村级组织的关系的建构是国家制度建设和国家现代化的基础性制度建设"⑥。这意味着国家和乡村社会之间并不存在绝对的分隔，它们之间有一些矛盾的关系，但是从整体上来看，它们是相互补充和相互促进的关系。这种关系表明了国家和乡村社会是密不可分的，而不是对立的。同时，这也表明国家和乡村社会之间的互动关系是一个相互作用的过程，国家和乡村社会之间的互动会不断地推动社会的发展和进步。只有正确

---

① 《马克思恩格斯选集》第1卷，人民出版社2012年版，第178页。
② 《马克思恩格斯选集》第1卷，人民出版社2012年版，第184页。
③ 《马克思恩格斯选集》第4卷，人民出版社2012年版，第190页。
④ 《马克思恩格斯选集》第4卷，人民出版社2012年版，第190页。
⑤ ［美］布朗：《比较政治学读本》，北京大学出版社2003年版，第15页。
⑥ 郭正林：《中国农村权力结构》，中国社会科学出版社2005年版，第153页。

处理好国家权力与乡村社会的关系，才能够不断培育社会力量和国家力量，不断增强乡村社会自治能力，大力提升村民自治水平。随着国家力量与乡村社会力量不断增强，双方之间的关系更加趋向于平等、协调、合作与互利，不断推动国家与乡村社会协调有序发展，最终实现国家与乡村社会关系向"强国家—强社会"关系转变。

（二）中国共产党的基层治理理论

中国共产党从建党初始就十分重视对基层治理理论与实践的探索，经过历史的积淀，逐步形成了一套较为完备的思想理论体系。

以毛泽东同志为主要代表的第一代领导集体对基层治理理论展开了深入的探讨，并形成了丰富的理论成果。中国共产党高度重视基层群众的主体地位，毛泽东在 1933 年召开的中央革命根据地南部 17 县经济建设大会上所作的报告中指出，经济建设运动的开展，需要有很大数量的工作干部。从土地斗争、经济斗争、革命战争中锻炼出来的群众，涌现出了无数的干部，这些干部应该站在面前。[①] 由此可见，中国共产党在革命时期就非常重视将农民转化为治理主体，并通过调动广大农民的积极性，参与到乡村的经济建设中来，最终发展成为乡村治理的主体力量。毛泽东在《湖南农民运动考察报告》中关于农村阶级的论述："这个贫农大群众，合共占乡村人口百分之七十，乃是农民协会的中坚，打倒封建势力的先锋，成就那多年未曾成就的革命大业的元勋。没有贫农阶级（照绅士的话说，没有"痞子"），决不能造成现时乡村的革命状态，决不能打倒土豪劣绅，完成民主革命。贫农，因为最革命，所以他们取得了农会的领导权。"[②] 这在一定程度上强化了农民的主体地位，赋予了农民应有的权力。其中，关于人民主权思想，毛泽东认为，中国共产党是工人阶级政党，无产阶级的先锋队，人民是国家的主人，维护和实现人民利益是治理国家的现实要求。在新中国成立前，在广大农村的农民人口几乎占到了总人口的 90% 以上，这部分群体就是创造历史的主体，是推动历史车轮发展的动力。中国共产党从土地革命时期，就逐步探索符合广大

[①] 《毛泽东选集》第 1 卷，人民出版社 1991 年版，第 125 页。
[②] 《毛泽东选集》第 1 卷，人民出版社 1991 年版，第 21 页。

农民需求的乡村治理体系,"经过在根据地的不断探索、试错、改进,始终围绕着更有效、更彻底地改造乡村权力结构、实现农民当家作主的逻辑展开,形成了政治、经济、文化递次推进、多措并施的治理模式"①。这是中国共产党在早期乡村地区治理中形成的一种治理模式。其核心是改造乡村权力结构,实现农民当家作主,通过政治、经济、文化递次推进、多措并施的方式来实现对乡村地区的有效治理。这体现了中国共产党在实践中探索治理方式的勇气和智慧。同时,中国共产党在早期乡村治理体系的探索中,充分发挥了组织和领导力量,在干部选拔、政策制定和利益协调等各方面都发挥了重要作用,进而推动了乡村社会的发展和农民利益的实现。

改革开放以来,以邓小平同志为核心的第二代领导集体在实践中,形成了一系列丰富的治理理论和制度体系,深化了党和国家领导制度改革、加快民主建设、法治建设、促进社会公平正义、健全基层治理体系、保障人民权益等理论体系,为我们建立现代治理体系提供了一定的理论指导和参考。在改革开放初期,邓小平提出坚持以经济建设为中心不动摇,通过发展经济,从而提高广大人民的生活水平。在乡村治理方面提出,坚持实事求是的原则,不断激发广大农民的创造热情,推动农村生产力发展。在经济领域大胆地进行尝试,全国上下对安徽包产到户展开了激烈的讨论。改革开放之后,全国乡村实行的家庭联产承包责任制,成为乡村经济体制变革的一大创举,极大释放了农民的生产潜力,农民的温饱问题得以基本解决,生活水平明显提升。在基层民主建设方面,邓小平曾指出:"党的十一届三中全会以后决定进行农村改革,给农民自主权,给基层自主权,这样一下子就把农民的积极性调动起来了,把基层的积极性调动起来了,面貌就改变了。"② 1987年7月,邓小平在会见意大利共产党领导人约蒂和赞盖里时高度肯定了村民自治,他提出:"把权力下放给基层和人民,在农村就是下放给农民,这是最大的民主。"③

---

① 李术峰:《"政党统合型"乡村治理体系研究——以新中国成立初期农村变迁为视角(1949—1956)》,博士学位论文,北京大学,2019年,第38页。
② 《邓小平文选》第3卷,人民出版社1993年版,第238页。
③ 《邓小平文选》第3卷,人民出版社1993年版,第252页。

邓小平坚持人民的主体地位，尊重基层群众的首创精神。从肯定小岗村的做法，到农村家庭联产承包责任制广泛推行，不断让人民享有权利。邓小平对于基层民主建设的论述，为进一步促进国家治理体系和治理能力现代化，具有重要指导意义。

之后，中国共产党进一步发展基层治理思想。1998年，江泽民在安徽考察时指出："扩大农村基层民主，保证农民直接行使民主权利，是社会主义民主在农村最广泛的实践，也是充分发挥农民积极性、促进农村两个文明建设、确保农村长治久安的一件带根本性的大事。"[①] 这段话主要强调了在社会主义国家中，扩大农村基层民主，保障农民直接行使民主权利的重要性和必要性。江泽民进一步指出在加强物质文明的同时，更要注重精神文明，并提出"坚持什么样的文化方向，推动建设什么样的文化，是一个政党在思想上精神上的一面旗帜"[②]。因此，注重加强乡村文化建设可以为广大农民提供更多的精神食粮，也可以增强农民对党和国家的认同感，凝聚起广泛的乡村共识。胡锦涛进一步提出，"在城乡社区治理、基层公共事务和公共事业中实行群众自我管理、自我服务、自我教育、自我监督，是人民依法直接行使民主权利的重要方式"[③]。同时，对于行使民主权利的方式，他提出"要健全基层党组织领导的充满活力的基层群众自治机制，扩大有序参与、推进信息公开、加强议事协商、强化权力监督为重点，拓宽范围和途径，丰富内容和形式，保障人民享有更多更切实的民主"[④]。另外，胡锦涛还提出各地要加强经验总结和概括，在农村实行"四议两公开"制度，不断提高农村民主自治水平，切实维护和保障广大农民民主权利。胡锦涛时期正处于"三农"问题凸显阶段。在这个时期，农村问题成为突出的社会问题，因此每年中央的一号文件都聚焦于"三农"问题。胡锦涛强调各地要加强经验总结和概括，实施"四议两公开"制度，以不断提高农村民主自治水平，并切实维护和保障广大农民的民主权利。他提出的科学发展观的核心方法是统

[①] 《江泽民文选》第2卷，人民出版社2006年版，第214—215页。
[②] 《江泽民文选》第3卷，人民出版社2006年版，第277页。
[③] 《胡锦涛文选》第2卷，人民出版社2016年版，第636页。
[④] 《胡锦涛文选》第3卷，人民出版社2016年版，第634页。

筹兼顾，这为解决乡村治理中城乡发展二元化问题提供了具体途径，即实行城乡一体化发展。在此基础上，进一步加快建设社会主义新农村，推进构建和谐乡村等基本方略。

2012年，从党的十八大至今，以习近平同志为核心的党中央进一步深化和发展了国家治理和乡村治理理论的内容，积极探索党治国理政的新思想。习近平总书记指出："一个国家选择什么样的治理体系，是由这个国家的历史传承、文化传统、经济社会发展水平决定的，是由这个国家的人民决定的。我国今天的国家治理体系，是在我国历史传承、文化传统、经济社会发展的基础上长期发展、渐进改进、内生性演化的结果。"[①] 面对新时期社会转型和矛盾变化，推进国家治理体系和治理能力现代化的总目标。首先，需要大力推进乡村治理现代化建设，是稳固执政党地位，提高乡村治理水平的必然途径。我们要清醒认识到，当前我国基层治理能力仍然不足，必须发挥制度优势，坚定目标和信心，以负责的态度推动各项改革工作发展，不断提高乡村现代治理水平和能力。其次，习近平总书记提出了"德法共治"的国家治理思想。党的十八大以来，关于德治与法治相结合进行国家治理的理念和观点的重要表述，正是习近平所提出的"法律是成文的道德，道德是内心的法律"，以及"法律有效实施有赖于道德支撑，道德践行也离不开法律约束"[②]。由成文道德所建构的法律体系是满足人们意愿、保护人们利益和自愿遵守的善法。这为进一步理顺乡村治理中的德治和法治关系的研究提供了重要的理论基础。最后，需要提高广大村民的综合素质。人是法治对象，也是法治主体。因此，强调建立现代治理能力的关键所在，即推动人的素质发展。要实现这一目标，必须提高广大群众的文化水平和法治素养，并注重加强基层领导干部的法律素养和治理能力。同时，还要强化责任意识和创新意识，坚持法治思维，并充分运用马列主义理论和方法指导工作。此外，还需要密切联系群众，深入基层一线，切实提高基层治理能力和治理水平。自党的十九大以来，中国相继提出了一系列的乡村振兴战略，包括建立自治、德治、法治相结合的乡村治理体系，决胜小康必

---

① 《习近平谈治国理政》第1卷，外文出版社2018年版，第105页。
② 《习近平谈治国理政》第2卷，外文出版社2018年版，第133页。

须打赢乡村脱贫攻坚战，精准扶贫、精准脱贫等理念。这些新理念和战略成为新时代下乡村治理急需破解的重要课题。在实践中，我们需要加强对乡村治理体系的建设和完善，强化基层党组织的领导作用，发挥社会力量的作用，加强对农村经济、社会、文化、生态等方面的综合治理，打造宜居、宜业、宜游、宜养的美丽乡村。

（三）中华传统政治文化中蕴含的乡村治理基因

中国传统文化有着悠久的历史和深厚的内涵。它包含了中华民族在漫长的发展过程中所创造和积累的各种思想和文化成果，反映了中华民族的精神追求。其中，最核心的内容已经成为中华民族最基本的文化基因，对中华民族的精神和文化传承起着至关重要的作用。由此可见，在中华优秀传统文化的传承中同样包含着丰富的政治文化和乡村治理思想。

一是"和而不同"与多元共存、共生、共治的思想。"和而不同"高度概括和总结了多元一体、多元共存、共生、共治的理念。常言道："以他平他谓之和，故能丰长而物归之；若以同裨同，尽乃弃矣。"这个古训的意思是将不同事物有机整合起来并形成平衡关系，各种各样事物聚集在一起共生共长，这就是和的思想。只有这样，天下万物才能够繁荣昌盛，共同发展；如果只是寻求单一的发展模式，必然会导致万物消亡。这是一种古朴、正确的社会发展观。将"和"与"同"等同起来，主观认同但是又排斥，这是人性的缺陷，也是阻碍人类社会和谐发展的重要障碍。在汉语中，"和"具有多种理解和含义。一是指呼应。《说文解字》中这样解释："和，相应也。"就是一唱一和的意思。二是指思想、感情和观点的趋同。三是指协调一致。根据现代汉语的理解，"和"是指不同元素结成的相互依存、相互制约、相互共存的和谐关系。其关键意思是指多种力量共存，不相同的东西能够和谐共存，互利共生。我国儒家思想文化影响深远，在处理个人与集体关系时，儒家主要坚持集体主义思想。这里提倡"仁者，爱人"，仁者就是充满慈爱之心，满怀爱意的人。《礼记·王制》中有这样的表述："力不若牛，走不若马，而牛马为用，何也？曰：人能群，彼不能群也。"① 从这里可以看出，能群是人的社会属性，是与其他动物的本质区别所在，是因为人具有群居性。儒家强调的是"众""群"的社会关系，认为个体与社会是相互依存的关系，是社会的一分子，但并不是整齐划一的状态。不同的个体要和谐共处，要在家庭、族群、社群中生存下去。中国社会并不强调个人主义，但也不是完全推崇极端集体主义。费孝通在《乡土中国》中，对这个问题进行了深入系统的阐述，对中国人公私观念错位的原因进行了深入分析，认为"私"是本源，"公"是最急缺的东西。② 1892年，美国传教士明恩德在其报告《中国人的特性》中，给出了一个尖锐的评价：中国人向来以私为重，公德心严重缺失。严复认为，中国社会秩序是以孝为基础，西方社会则强调大公。梁启超认为，国民最为急缺的，乃功德也。

中国的政治文化在发展过程中带有明显的传统文化烙印。当下乡村治理中，在治理目标一致的情况下，各地区体现出"和而不同"的多元共治理念。这体现出随着时代的变迁，我国的国情基础不断变化，"和而不同"与多元共存、共生、共治的思想得以持续，并被赋予新的生命力。

二是"天下为公，选贤与能"的政治思想。孙中山平生最喜欢给人题写的内容"天下为公"出于《礼记·礼运》，孔子与他的弟子们谈到理想中的社会时说的："大道之行也，天下为公，选贤与能，讲信修睦。"这段话的大意是：大道通达的年代，天下是民众共有的。选举贤能的人，把领袖的位置传给他，人们讲信用重和睦。"天下为公"是一个重要的儒家理念，它强调天下应该属于全体人民而不是单一统治者或特权阶层，每个人都有平等的权利和机会。这个概念既是一个社会理想，也是儒家确立政治公平思想的一个理论前提。"贤能"在古代告老还乡之后大多成为乡贤。明代在确定乡贤时不仅会考虑功德，是否为官也是一个重要的考量因素，除了财富和德性，功名、地位也成为传统乡绅的重要特质。上述政治思想对于现代社会仍然是比较理想的治理状态。孙中山作为20世纪中国社会变迁过程中革命的先行者、现代化的推动者，从对传统社

---

① 章可：《〈礼记·王制〉的地位升降与晚清今古文之争》，《复旦学报》（社会科学版）2011年第2期。

② 费孝通：《乡土中国》，人民出版社2015年版，第14页。

会的认识中提出"天下为公"思想,对于重构社会秩序具有很强的推动作用。近代社会以来,随着工商业分工日益明显,家庭之外的社会组织类型日益多样化,社会治理问题需要覆盖更加广泛的范围。孙中山认为,"建设地方自治,促进民权发达。以一县为自治单位,县之下再分为乡村区域,而统于县"①。孙中山主张建设地方自治,以此来促进民权的发展。具体来说,他建议以县为自治单位,县下再分为乡村区域,同时这些地方自治单位都应该受到上级政府的统一管理和指导。地方自治可以让人民更直接地参与政治、管理社会事务,从而提高国家的民主水平。同时,他也认为地方自治可以帮助解决地方之间的纷争和冲突,从而维护国家的统一和稳定。孙中山提出的建设地方自治,促进民权发达的观点,实质上是一种具有强烈现代化意识的政治主张。他认为地方自治可以增加人民对政治和社会事务的参与度,从而推进政治的民主化和社会的现代化进程。孙中山认为,社会事业并非个人所能胜任,例如工农商等,每个人都有自己的特长和特点,据此选择适合自己的职业,这就是社会分工。在社会分工日益精细化基础上,中国社会开始朝着多元化和多样化方向发展。孙中山认为,英美等国的社会革命是工人起义,与资本家作斗争,导致社会生产停滞,商铺停顿,社会秩序陷入混乱之中。孙中山支持推动社会革命,但是不鼓励用暴力的手段进行社会革命,以免引发社会混乱。并提出中国社会革命不是推翻资产阶级,资本家也不是社会革命的阻力,社会革命同样可以温和地推进。采取这种革命方式,关键是要维护国民的切身利益,并且能够保障民生。

"天下为公,选贤与能"的观念,为新时代乡村治理中新乡贤制度建设提供了思想源泉。"天下为公"思想倡导的共治共享,为中国社会治理提供了一定的理论支持。同时,在乡村治理中对于新乡贤的需要,包含了对于古代传统乡贤文化的传承,但因时代的变化,需要进行重塑。

三是从民本社会到民权社会。"民为邦本,本固邦宁。"民本思想是我国重要的传统政治思想。一直以来,官民关系都是影响社会和谐的重要因素。因此,中国古代文献中关于官民关系、民本、民权的论述内容非常多,可见其重要性。西周以来,中国古代政治社会思想主题是"民

---

① 黄彦:《孙文选集》(上册),广东人民出版社2006年版,第56页。

学",包含的核心价值也是民本。另有,孔子提出的庶民、富民、教民的仁政思想;孟子提出的"民为贵,社稷次之,君为轻"的政治秩序思想;荀子进一步提出的"天之生民,非为君也;天之立君,以为民也"等立君为民的权力观①。到近代社会,民本思想日益分化和多样化。甲午战争后,维新派将民权视为改造社会的理论依据。梁启超认为,"民自爱其身也。故民权兴则国权立,民权灭则国权亡。故言爱国必自民权始"②。此外,孙中山提出,"如果人民有充分的民权,由人民自由使用,人民必有分寸,使用民权的时候一定可以做许多好事,令国家的事业充分进步"③。中国的思想家、政治家对中国社会问题的关注,逐渐从民本到民权的演变,具有十分重要的现实意义。它体现了对民生的关注和重视,从基本的物质资料消费需求到日常生活需要的满足,再发展到权益保护、公民主体尊重等方面。

总体而言,我国传统民本思想主要集中在国家、君主与民众的关系上面,体现了国家与民众、君主(施政者)与民众之间建立了密切的关系,并提倡君主与民众建立良好的互动关系,这有利于构建和谐社会,也能够保持国泰民安。虽然中国传统民本思想脱胎于封建社会,有很强的历史性,不仅具有历史意义,同时也包含了一些可供挖掘的现实意义,并为我们认识中国农村基层社会治理问题的历史与未来提供本源性思考。

(四)现代治理理论的借鉴

早在20世纪70—80年代,西方国家与思想界就举行了一场轰轰烈烈的新公共管理运动,如"重塑政府"以及"公共部门再造"等。这场变革运动的基础理论就是西方公共管理界率先提出的治理理念和善治理念。

在罗茨(R-Rhodes)看来,治理"是一种新的管理社会的方式"④。

---

① 佚名:《中国古代的民本思想——李洪峰谈古代廉政思想之一》,《思想政治工作研究》2014年第8期。
② 丁伟志、陈崧:《中国近代文化思潮》(上卷),社会科学文献出版社2010年版,第245页。
③ 孙中山:《三民主义》,九州出版社2011年版,第105页。
④ [英]罗伯特·罗茨:《新的治理》,载俞可平《治理与善治》,社会科学文献出版社2000年版,第86—87页。

关于治理的四大特点：治理是一个过程，并非一套规则或一种活动；治理的基础是协调，而非控制；治理同时牵涉到私人机构与公共机构；治理是不间断的互动，而非正式体制。善治（good governance）是治理实现的终极目标，是促进公共利益最大化实现的一种社会管理过程，是对政府与公民共同治理公共生活的一种反映，说明国家治理职能和公民自治职能能够友好互动、科学衔接，使二者达到最佳状态。善治是由10个要素共同构成，它们分别是合法性、有效性、法治、公正、透明、廉洁、责任性、稳定、回应性以及参与等。治理与善治的诞生，意味着人类政治生活将迎来显著的变化，也就是由统治向治理方向发展，由善政向善治方向发展，由治理一元向多元共治的方向转变。其中，以奥斯特罗姆（Ostrom）教授夫妇为代表的印第安纳学派（制度分析学派）提出的"多中心治理理论"，强调治理主体的多元。多中心治理对于构建我国政府、社会、个人三方共同参与的"多元共治"的乡村治理模式具有借鉴意义。引申到当前中国乡村治理也同样具有十分重要的启示意义。其经典著作《公共事务的治理之道：集体行动制度的演进》中提出了公共池塘资源的新治理之道，即在市场和国家之外的第三只手——自筹资金的合约实施博弈，也就是占用公共池塘资源的人们共同的自主治理的方法[1]。

　　西方基层治理理论源远流长。例如，托克维尔在《论美国民主》一书中多次提到乡镇精神，在这些乡镇中，作为自己乡镇的居民，各自任命自己的官员，积极参与本乡镇中的一切公共事务。"他们关心自己的乡镇，因为他们参加乡镇的管理；他们热爱自己的乡镇，因为他们不能不珍惜自己的命运。"[2] 如果是涉及全体公民利益的事务，则采取召开公民大会讨论。乡镇是独立而强大的，人们一直自己管理乡镇的事务，使得人们时时感觉到与乡镇息息相关。这种自治的乡镇精神无形中增强了人们的自治能力，使得人们崇尚自由，为美国的民主社会制度奠定了坚实

---

[1] Elinor Ostrom, *Governing the Commons: The Evolution of Institutions for Collective Action*, Cambridge: Cambridge University Press, 1990.

[2] ［法］阿历克西·托克维尔：《论美国的民主》（上卷），董国良译，商务印书馆2004年版，第76页。

的基础。费孝通先生谈道:"我们要认识美国。不在他外表的耸天高楼,而是在他们早年的乡村里。"① 因此,可以说乡镇精神是美国人民民主精神的集中体现。民情培育了民主与自由的发展,促进了乡镇精神与乡镇制度之间的良性互动。

现代治理理论中有很多较为完善的理论值得我们吸收和借鉴,但两者在本质上还是有许多差别。无论从制度基础还是社会基础上,中国的国家治理都有着中国特质。当代中国的国家治理理论是在马克思主义国家理论的基础上,结合中国具体实际形成的具有中国特色的国家治理理论。中国共产党历来重视对传统文化的批判继承,我国乡村社会与市场经济不断发展的过程中,乡村治理必须打破传统的政府一元治理格局,转变为由基层政府和乡村自治组织共同治理,打造一种由基层政府与村民共同治理的体制,改变单一的乡村治理主体造成的治理困境,使乡村治理的总体绩效和水平得以显著改善。尤其是改革开放以来在我国乡村自治的探索上,已经取得了一定的成绩。所以,对于国外的现代基层治理理论可以辩证地吸收和借鉴。在吸收借鉴域外治理理论和实践的同时,也必须坚持发展中国特色的乡村治理体系,保持我国乡村治理体系的特点。

三 新时代乡村治理体系构建的现实依据

乡村治理体系的产生和发展植根于我国乡村社会从传统到现代的转型之中,其发展演进的历史与我国基本国情等密切相关。构建新时代乡村治理制度体系是基于当前乡村发展面临的形势,同时,面对新时代乡村社会矛盾转化、基层社会民主政治制度化建设、基层社会治理体系现代化要求、乡村振兴战略实施需要等综合因素,共同构成了新时代乡村治理体系实施的现实依据。

(一) 新时代乡村社会矛盾转化的迫切需要

党的十九大明确指出,我国社会主要矛盾发生了深刻调整和变化,

---

① 费孝通:《美国与美国人》,生活·读书·新知三联书店1985年版,第16页。

那就是人民日益增长的美好生活需要和不平衡不充分的发展之间的矛盾。进入新时代，中国特色社会主义迎来了一系列新的发展机遇和挑战，但发展不平衡不充分问题依然十分突出，这是当前我们急需解决的问题。农民、农村、农业发展好坏快慢，直接关系到我国全面建成小康社会目标的实现，也决定了在新的社会发展时期能否有效化解遇到的各种新情况、新问题和新挑战。

一方面，我国社会主要矛盾不再是人民群众日益增长的物质文化需求与落后生产力的矛盾，而是转为人民日益增长的美好生活需要和不平衡不充分的发展之间的矛盾，这意味着人民群众的需求正在不断提高，在未来很长一段时期内，人民群众对美好生活的向往，还会根据经济社会的发展以及政治、文化和社会制度的发展不断发生变化，较过去表现得更加突出和强烈。

另一方面，城乡二元结构问题十分突出，这对人民对美好生活的向往形成了巨大的阻力。特别是农村地区发展失衡问题十分突出，当前城乡发展差距主要表现在，农村居民的需求没有得到有效满足，乡村治理体系还有很多需要改进和完善之处。随着城镇化发展速度的不断加快，乡村建设呈现出焕然一新的面貌，同时一些新情况、新问题也涌现出来。城乡经济的统筹发展，要求乡村治理体系建设也要适应新时代经济发展速度。

城乡之间协同发展是解决"三农"问题的根本途径。如何进一步实现城乡经济的统筹发展，是在新的历史条件下对我党提出的一个崭新命题，在新的经济发展条件下，如何带领广大人民探索出一条新的路子，使得基层党组织更好地适应经济社会的发展变化，是党需要解决的现实问题。在城乡经济的发展过程中，城乡之间的生产方式、生活方式等方方面面都发生了深刻的变化，利益关系也呈现多样化的发展趋势，努力构建城乡统筹的一体化新格局，就是要打破长期以来城乡"二元结构"。对于现实中出现的矛盾问题和突出问题要予以解决，通过不断破解矛盾，努力推动新农村建设的向前发展，从而提高美丽乡村建设的整体水平，是今后推进城乡协同发展和新型城镇化道路的必由之路。

因此，当前我们必须大力推进"三治融合"发展，大力推动乡村振兴，坚持从人民群众根本利益出发，认真对待广大农民群众面临着的各种民生问题，提出行之有效的解决措施，才能够有效化解新时期乡村主要矛盾。建立"三治融合"的乡村治理体系，这是化解乡村社会主要矛盾的有效手段，只有坚持这个导向和原则，才能够找到正确的化解乡村发展不平衡问题的途径，才能实实在在地增强广大农民群众的安全感和幸福感。建立"三治融合"的现代乡村治理架构，才能统筹解决乡村发展过程中遇到的问题和挑战，打破城乡二元结构，推动乡村社会治理发展，通过建立现代乡村治理体系和机制，优化乡村环境，改善乡村居住条件，切实化解当前乡村面临着的各种问题，才能重构乡村社会秩序，让村民过上幸福美好的生活，促进乡村社会健康有序发展。

（二）基层社会民主政治建设的制度化要求

乡村基层民主政治建设关系到社会主义民主政治建设的长足发展。加快乡村基层民主政治建设，"健全在基层治理中坚持和加强党的领导的有关制度"[①]。其内容包括以下三点。一是建立健全以基层党委、基层政府、村民代表大会、村委会、村民代表为主体的现代基层社会治理体系。基层党委和村委会是基层社会治理的核心，要加强党的组织建设，完善组织结构和工作机制，提高党组织的凝聚力和战斗力。同时，要加强村民自治组织的建设，完善自治组织的组织结构和工作机制，提高自治组织的代表性和公信力。二是建立覆盖民主选举、民主决策、民主管理、民主监督四位一体的现代基层社会民主自治体系。三是以规范农村工作、干部群众行为和管理办法为主要内容，建立农村事务管理协调机制。近年来，乡村基层民主政治建设快速发展，取得了举世瞩目的发展成果，大大提升了乡村社会治理水平和民主政治水平，并逐渐形成了多元化的乡村社会民主自治格局。乡村基层民主政治建设在快速发展的过程中，也遇到了一些新的情况和新的挑战，尤其是乡村治理职责、权限尚未理顺，乡村基层政府治理体系与村民自治协调机制不健全的情况下，乡村基层民主政治建设无法持续推进。

因此，当前进一步理顺乡村基层政府与乡村自治组织之间的合作关

---

① 《中共中央国务院关于加强基层治理体系和治理能力现代化建设的意见》，人民出版社2021年版，第3页。

系，可以极大地推动基层民主政治建设。这要求我们尽快明确基层党委、基层政府、村民自治性组织、普通村民之间的治理责任和边界，建立一套完善的基层社会治理体系，奠定其在乡村自治体系中的权威地位，进一步理顺乡村基层各治理主体之间的职责关系，确保分工明确、运转顺畅、有条不紊的基层社会治理体系，不断增强社会和国家力量，有效促进二者之间均衡协调发展，从而推动乡村基层民主政治建设不断完善。

（三）基层社会治理体系现代化的内在要求

党的十八届三中全会《中共中央关于全面深化改革若干重大问题的决定》首次提出"社会治理"概念。党的十九大报告进一步提出"加强社区治理体系建设，推动社会治理重心向基层下移，发挥社会组织作用，实现政府治理和社会调节、居民自治良性互动"[①]。党的十九届四中全会审议通过的《中共中央关于坚持和完善中国特色社会主义制度、推进国家治理体系和治理能力现代化若干重大问题的决定》，明确强调"构建基层社会治理新格局"。党的十八大以来，不断丰富的基层社会治理思想，为推进基层社会治理现代化提供了根本性的理论指导，成为我国进入新时代基层社会治理发展的内在要求。

一方面，是基层社会治理中政府职能转变的迫切需要。目前，随着乡村基层社会不同治理主体的出现和发展，乡村基层社会不同治理主体之间的互动关系日益频繁和密切，基层政府作为国家治理的主体，其角色功能在新的治理环境下出现了较大的变化和调整。乡村社会现代治理体系的构建，需要进一步明确转变政府的治理职责，与村民之间形成良好的治理关系。随着乡村基层政府治理功能和角色的变化，基层社会对于公共服务的自治能力也在不断增强，逐渐承接和吸收更多基层政府下放的治理功能和责任，能够为公众提供更多优质的公共服务。在乡村基层政府与村民自治性组织进行治理功能转移和合作的过程中，需要逐渐理顺政府组织与社会自治组织之间的职责、权限关系，并且不断加强二

[①] 习近平：《决胜全面建成小康社会 夺取新时代中国特色社会主义伟大胜利——在中国共产党第十九次全国代表大会上的报告》，人民出版社2017年版，第39页。

者之间的联系与互动①。总体而言，乡村基层政府与村民自治组织之间的治理边界和关系的确定，不仅促进了乡村基层政府与其他组织的合作与沟通，同时也为进一步完善基层社会治理体系现代化的功能和定位提供基础。其中来自上级政府的部分经济职能、社会管理职能也正在逐渐下沉到基层一线，由乡村社会性自治组织开始承担部分公共服务管理功能，这可以看出农村基层政府治理角色正在发生深刻调整和变化，从过去需要的全能型治理政府向现在的合作型政府转变。

另一方面，是基层社会治理发展中村民利益诉求多元多样的需求。随着农业经济发展水平不断提高，乡村基层社会治理村民主体也在朝着多元化发展，基层政府、村民自治以及经济合作社等治理主体共存，乡村基层社会治理架构发生了深刻的变化，从过去的一元化主体朝着多元主体共存转变，多元主体产生多元多样化的诉求。为协调各方，平衡各利益主体，迫切需要完善乡村治理体系。以解决乡村实际问题为出发点，以村民需求为目标导向，以基层党组织为核心，不断调整和完善治理体制和机制，推动治理重心下移。同时，习近平总书记强调，"我们要实现好、维护好、发展好最广大人民根本利益，紧紧抓住人民最关心最直接最现实的利益问题"②。习近平总书记在上述讲话中强调了以人民为中心的发展思想，这是中国共产党一贯的执政理念。它的核心是要坚持人民主体地位，以人民的需求和利益为出发点和落脚点，推动经济社会发展、政治文化建设和生态文明建设，不断提高人民的生活水平和获得感，实现好、维护好、发展好最广大人民的根本利益。此外，他还强调了人民主体地位的重要性，强调要顺应人民群众的需求和向往，不断提高人民的生活水平和获得感。他强调发展是为了人民，发展依靠人民，发展成果由人民共享，这意味着中国共产党一直致力于推动人民的全面发展，不断改善人民的生活状况，并让人民分享发展成果，使人民能够共同享受国家发展的红利。这一思想体现了中国共产党始终坚持为人民服务的

---

① 徐晓全：《新型社会组织参与乡村治理的机制与实践》，《中国特色社会主义研究》2014年第4期。

② 习近平：《高举中国特色社会主义伟大旗帜 为全面建设社会主义现代化国家而团结奋斗——在中国共产党第二十次全国代表大会上的报告》，人民出版社2022年版，第46页。

宗旨，也是中国未来发展的指导思想。

目前，我国城镇化发展进程已经取得了很大的成功，但乡村地区的发展仍然面临着很大的问题和挑战，包括基础设施建设不足、人口外流、资源环境矛盾等。这些问题导致了乡村地区的经济发展、社会保障、公共服务等方面存在着明显的不平衡。为了解决这些问题，中国政府一直在积极推进乡村振兴战略，加大对乡村地区的投入，加强基础设施建设，推动农业现代化，完善农村公共服务体系，加强生态文明建设，提高农民的生产和生活水平。同时，还鼓励各方面力量积极参与到乡村振兴事业中来，推动形成全社会共同参与、共建共享的良好局面。结合不同地区实际，理顺自治、法治、德治相融合的现代治理体系。最终，走向共建共治共享的乡村善治新格局。

（四）乡村振兴战略的实施步骤

党的十九大提出实施乡村振兴战略，在编制的《乡村振兴战略规划（2018—2022年）》中强调："按照产业兴旺、生态宜居、乡风文明、治理有效、生活富裕的总要求，对实施乡村振兴战略作出阶段性谋划。"[①]在实施乡村振兴战略中，治理有效是基础。伴随着新时代的变迁，原有治理体系难以适应新的时代要求，急需建立健全新的体系，从而加快乡村振兴的关键实施步骤。

一方面，完善乡村治理体系是乡村振兴实施的关键所在。打造现代乡村治理体系，是新时代促进农村经济社会向前发展的关键环节。随着2020年全面建成小康社会、实现了第一个百年奋斗目标，在开启全面建设社会主义现代化国家的新征程上，继续向第二个百年奋斗目标奋进之际，如何改善基层治理结构，调整治理机制，优化基层治理体系，以解决"三农"问题，推动农村社会可持续发展，成为重要的理论议题。在《中共中央国务院关于实施乡村振兴战略的意见》中强调，"必须夯实基层基础作为固本之策，建立健全党委领导、政府负责、社会协同、公众参与、法治保障的现代乡村社会治理机制，坚持自治、法治、德治相结

---

① 《乡村振兴战略规划（2018—2022年）》，人民出版社2018年版，第2页。

合,确保乡村社会充满活力、和谐有序"①。针对乡村振兴战略而出台的发展规则认为"到2020年,乡村振兴取得重要进展,制度框架和政策体系基本形成",此外"应加大以党组织为主的农村基层组织,不断优化乡村治理体系","乡村振兴在2035年将获得实质性进展,并不断优化乡村治理体系"②。这些关于乡村治理的有关规定有效促进乡村振兴战略关键部分的实施,与其形成一个规范统一的制度体系和运行机制。

完善乡村治理体系是乡村振兴战略的重要内容,是实现乡村振兴和全面建设社会主义现代化国家的关键所在。在未来的发展中,通过稳步推进乡村治理体系建设,创新乡村治理方式和机制,凝聚各方力量,共同推动乡村地区的发展和进步。

另一方面,有效治理是夯实乡村振兴根基的着力点。乡村振兴离不开有序的社会秩序,而有序的秩序则依靠有效治理来维持。有效治理是指党和国家针对农村工作出台的各项路线、政策方针、有关的规章制度等落到实处。有效治理对于推动乡村发展、保护环境、促进社会和谐等方面具有重要意义。

乡村治理是通过国家政治权力在农村基层社会中充分实施各项政策方针或制度的一个过程。但在实践过程中,由于各项制度或政策日渐消解或流失,乡村有效治理并未真正实现,这很大程度上归因于传统落后的基层治理观念、不科学的治理结构以及单一的治理模式,这些因素极大地限制了乡村社会的发展。在乡村治理过程中,有效治理是至关重要的。只有建立起有序的管理体系,才能保障乡村发展的稳定性和可持续性。有效治理包括政府、社会组织和农民等各方的共同参与,通过加强基层治理,建设现代化的乡村治理体系,完善公共服务和基础设施建设,提高农村治理水平和效能,进而推动乡村振兴。此外,"有效治理"不被统一的模式、方式、结构或者手段所制约,而是基于特定价值采取多元化实施模式,增强治理模式、治理手段以及治理结构的灵活性。所以,构建并优化基层治理机制,实现国家治理与社会治理的统一,使政府与执行的矛盾关系得以有效实现,使政策实施或体制执行更加灵活有效。

---

① 《中共中央国务院关于实施乡村振兴战略的意见》,人民出版社2018年版,第19页。
② 《中共中央国务院关于实施乡村振兴战略的意见》,人民出版社2018年版,第6页。

因此，构建并优化乡村治理体系，是保障乡村振兴工作能够顺利进行的关键，也是化解"三农"问题的有效手段。为了构建并优化乡村治理体系，政府将通过加强乡村基层党组织建设和农村干部队伍建设，完善乡村治理体系各级组织的职责和权责，强化村民自治的主体地位，建立健全村务监督机制，推进政府职能转变和简政放权。这些措施将有助于提高决策和管理水平，推动乡村治理体系现代化，为乡村振兴提供有力保障。

对新时代乡村治理体系建设的理论基础与现实依据的梳理，为本书的研究奠定了扎实的理论基础。总体而言，随着改革开放步伐的加快和社会转型进程的推进，中国的农村社会正处于人口加速流动、生产生活方式急剧变革的过程中，乡村社会结构、农民思想意识和法治、德治要素等诸多方面都随之发生变化。不断变化的新形势不仅对当前乡村治理提出了更高的要求，同时也为完善乡村治理体系带来了许多前所未有的挑战。

第三章

改革开放以来乡村治理体系的演变趋势及成就

改革开放至今,我国乡村治理已经走过了40多年的发展历程。乡村治理体系也经历了初始阶段、法治化和规范化建设阶段、多元主体能力的建设阶段、三治结合新体系的探索阶段。因此,在新时代,构建新的乡村治理体系,有必要对改革开放以来乡村治理体系的变迁进行系统性回顾和梳理,剖析乡村治理体系演进的历史特点,探索具有中国特色的乡村治理体系和治理模式的发展趋势,用以阐明新时代乡村治理体系构建的基础和前提。

一 乡村治理体系的历史演进

回顾我国乡村治理体系演进的历程,从"政社合一"到村民自治再到自治、法治、德治相结合的乡村治理体系,是我国乡村治理体系实践探索的不断深化。从治理体系建设的历史视角来看,改革开放以来,乡村治理体系不断变化的实践表明,在我国40多年的改革开放进程中,广大乡村结合实际逐渐探索出一条具有中国特色的乡村治理之路。

(一)乡村治理体系的初始阶段(1978—1988年)

随着人民公社体制解体,"政社合一"的乡村治理模式也逐步退出了农村历史舞台。家庭联产承包责任制在农村开始实行,但与之相配套的乡村治理体系并未确立,导致农村社会出现了短暂的

"治理真空"①。乡村社会急需建立新的治理秩序，用以维护乡村社会的有序运转。这也成为当时亟待解决的问题。

1. 经济倒逼下的农村经济体制改革（1978—1982年）

1958年之后，人民公社体制的逐步形成，使得高度集中的计划经济暴露出不少问题，并严重阻碍经济的发展，造成农村生产力低下等诸多不利影响。在经济倒逼下，改革开放后，我国乡村治理改革势在必行。由于当时我国特殊的国情，并没有现成经验和模式可供参考。因此，乡村治理体系尚处于摸索阶段。

1978年底，十一届三中全会的召开，标志着改革开放的开启。我国的改革开放发端于农村，并率先在农村取得突破。1978年12月，安徽省凤阳县小岗村18户村民以极大的勇气和敢为天下先的精神，在一纸分田到户的"契约"上按下手印，在生产实践中实行农业"大包干"。这一转变极大地激发了广大农民参与生产的积极性，从而解决了农民首要的温饱问题。小岗村的创举打开了农村经济体制改革的突破口。在经济政策方面，邓小平认为"允许一部分地区、一部分企业、一部分工人农民，由于辛勤努力成绩大而收入先多一些，生活先好起来。一部分人生活先好起来，就必然产生极大的示范力量，影响左邻右舍，带动其他地区、其他单位的人们向他们学习。这样，就会使整个国民经济不断地波浪式地向前发展，使全国人民都比较快地富裕起来"②。1979年，党的十一届四中全会通过了《中共中央关于加快农业发展若干问题的决定》，允许在一定范围内实行"包产到户"。到1983年以后，家庭联产承包责任制迅速在全国农村得到普遍推广，农业生产力快速发展。邓小平1983年在北京科学技术政策讨论会上曾提出，关于进一步提出打破"大锅饭"的政策不会改变，"工业有工业的特点，农业有农业的特点，具体经验不能搬用，但基本原则是搞责任制，这点是肯定的"③。家庭联产承包责任制是广大农民以其特有的首创精神挖掘出的有益成果，充分体现了广大农民

---

① 李华胤：《我国乡村治理的变迁与经验探析》，《毛泽东邓小平理论研究》2019年第5期。
② 《邓小平文选》第2卷，人民出版社1993年版，第152页。
③ 《邓小平文选》第3卷，人民出版社1993年版，第29页。

在实践中的创造性，使得农村经济体制改革取得初步成功，迫使原有的人民公社为体制解体。人民公社制度的瓦解为土地承包责任制的建立提供了契机，在此前提下，乡村治理不断向前发展，使得村民自治开始萌生。

全国第一个村委会在 1980 年产生于广西宜县（现宜州区）屏南乡合寨村。由于地处三县交界，常常有外县或外村的人到合寨村进行偷盗和砍伐山林等活动。为了解决这一现象，村里的村民开会商议成立村委会来开展本屯的治安工作。于是，合寨村村民自发选举产生了全国第一个村民委员会与村民委员会主任，并共同制定了村规民约，率先踏出了村民自治实践的第一步，解决当时面临的治理困境，并取得了一定的治理效果。合寨村的探索作为一个典型代表，使得以村民自治为基础的乡村治理体系成为其制度实施的主要形式，为乡村治理体系的发展提供框架和基础。在这一时期全国还涌现出了一系列的有益探索经验，不同地方还出现了"村委会""议事会""村管会"或"治安领导小组"等名称不同但职能相近的各种组织形式[1]。从而填补了乡村治理真空。所以，这一阶段乡村治理体系激活了村民自治的内生动力，呈现内生型的特征，并在一定程度上为巩固农村基层民主制度的发展发挥了积极的组织功能。

2. 村民自治制度的探索阶段（1982—1988 年）

1980 年广西诞生了第一个村民委员会，到 1982 年《宪法》中载入了村民委员会法条，标志着村民自治拥有了坚实的法律依据和制度保障，村民自治变成一种制度化的民主形式，依据法律赋予的民主权利，实实在在地体现了我国人民当家作主的基本内涵。到了 1982 年底，全国很多地方出现了类似村民委员会的组织管理机构。村民自治逐渐成为中国农村改革的重要内容之一。

中共中央从 1982 年至 1986 年每年发布的中央一号文件中，持续涉及"三农"问题，并作出具体部署。在 1983 年 1 月发布的中央一号文件《当前农村经济政策的若干问题》中，从理论上说明了家庭联产承包责任制是在党的领导下中国农民的伟大创造，是马克思主义农业合作化理论在我国实践中的新发展。同年 10 月，《关于实行政社分开、建立乡政府

---

[1] 宋洪远：《大国根基——中国农村改革 40 年》，广东经济出版社 2018 年版，第 237 页。

的通知》的下发宣告了人民公社制度下"政社合一"模式的正式解体,"乡政村治"模式正式走上我国乡村治理的历史舞台①。1987年11月,颁布《中华人民共和国村民委员会组织法(试行)》,村民自治随之在全国范围内推行,并不断取得成效。其中明确规定,村民委员会根据村民居住状况,人口多少,按照便于群众自治的原则建立。《中华人民共和国村民委员会组织法》的颁布试行,标志着"乡政村治"体制的形成,乡村治理的制度化建设体系的确立。为了能够迅速改变人民公社体制下留下的"治理真空"问题,全国大多数的乡村开始在原来人民公社的基础上设立乡镇,原生产大队和生产小队分别设立村民委员会和村民小组。从1982年到1988年《村民委员会组织法(试行)》实施,村民自治制度在全国范围内不断拓展,并涌现出不同的做法。尤其对于经济发展起到了积极的推动作用。据此,从"政社合一"到"政社分设"的乡村治理体系已经形成,乡政村治的核心在于坚持国家统一领导的同时,重视农民群众的参与,体现了国家与社会的分权原则②。这充分说明在形成乡村治理体系中,政府仍然具有主导地位,在分权的过程中更加注重农民群众的参与和自治制度的形成。通过这些措施,国家旨在建立一种基层民主决策和自治的机制,充分发挥农民群众的主体作用,促进乡村社会治理的现代化的推进。

(二)乡村治理体系法治化、规范化的发展阶段(1988—2006年)

1990年,民政部颁布的《关于在全国农村开展村民自治示范活动的通知》,对农村地区如何开展村民自治的典型示范和具体的示范标准做了具体规定,为各地区有组织、有步骤地开展村民自治提供了重要的借鉴经验。1991年,通过的《中共中央关于进一步加强农业和农村工作的决定》中,对于村委会行使的职能做了规定。到1994年,《全国农村村民自治示范活动指导纲要(试行)》首次提出建立民主选举、民主决策、民主管理、民主监督等四项民主制度。制度的不断完善,体现了农村民主

---

① 蒋永穆、王丽萍、祝林林:《新中国70年乡村治理:变迁、主线及方向》,《求是学刊》2019年第5期。

② 徐勇:《中国农村村民自治》,生活·读书·新知三联书店2018年版,第27页。

建设逐步走向规范化。到了1995年底,"全国29个省、自治区和直辖市确立了村民自治示范县,示范乡镇达到了3917个,村民自治的示范村数量达到了82266个"①,村民自治的示范工作在全国逐步展开。1998年,为了进一步保障村民自治的有效实施,《中华人民共和国村民委员会组织法》颁布,主要提出"村民委员会是村民自我管理、自我教育、自我服务的基层群众性自治组织,实行民主选举、民主决策、民主管理、民主监督"②,由此,乡村治理的制度化建设进一步完善,党和政府不断通过具体化和规范化的政策加以巩固,也为乡村治理的法治化建设确定了基本框架。自2004年起,中央一号文件持续关注"三农",根据统筹城乡的实践和时代需要,确立了"工业反哺农业、城市支持农村和多予少取放活"的发展战略,并开始不断着眼于农村的经济、政治、文化建设。2005年10月,中国共产党十六届五中全会对乡村治理提出推进社会主义新农村建设。此后,乡村治理体系进入多元化建设时期,同时,在社会主义新农村建设背景下,国家大量资源被整合流向农村,乡村治理组织相对单一的结构,已经不能够满足日趋多样的需求。因此,原有的乡村治理组织结构已经不能够满足日益多样化的需求,需要进行改革和创新。

在这一时期,村民自治法治体系初步完善,自治示范逐步展开,并提出"四个民主"的制度框架,且通过来自基层的实践探索不断完善乡村治理体系和乡村治理能力的现代化要求。在乡村治理体系的法治化建设中,村民自治法治体系的完善起到了重要作用。通过村民自治的实践和探索,不断完善和规范自治的范围和方式,从而逐步建立了一套适合我国国情的村民自治法治体系。这套体系既保障了村民的合法权益,又规范了基层社会治理的行为,为乡村治理体系的发展提供了坚实的法律基础。法治化建设是乡村治理从自我探索到制度形成,并最终通过法治化建设有效纳入国家治理体系的必然过程。

(三)乡村治理主体能力的建设阶段(2006—2012年)

2005年12月,第十届全国人大常委会第十九次会议表决决定,自

---

① 辛鑫:《村民自治演进问题研究》,吉林人民出版社2015年版,第75页。
② 《中华人民共和国村民委员会组织法》,人民出版社2010年版,第2页。

2006年1月1日起废止《中华人民共和国农业税条例》。终结了中国从古到今延续了两千多年的农业税。自此乡村治理进入后税费时代的深化发展阶段，随着广大农民民主意识的增强，民主参与的主体也在不断扩大，村民主体能力能否得到提升，是否能够保证有效参与，关系到乡村基层社会的稳定。因此，乡村治理主体能力的建设在这一阶段得到了很大程度上的拓展和提升。

2006年《关于推进社会主义新农村建设的若干意见》中提出："加强农村民主政治建设，完善建设社会主义新农村的乡村治理机制，健全村党组织领导的充满活力的村民自治机制，进一步完善村务公开和民主议事制度，让农民群众真正享有知情权、参与权、管理权、监督权。"① 通过相关制度的完善，保障村民主体的有序参与。2007年12月，中共中央国务院《关于切实加强农业基础建设进一步促进农业发展农民增收的若干意见》再次明确提出："健全基层党组织领导的、充满活力的基层群众自治制度。进一步规范和完善民主选举，依法保障农民群众的推选权、直接提名权、投票权、罢免权。"② 不断保障农村参与选举的基本途径。党的十六大以来，国家关于"三农"工作，做出了一系列战略部署。2008年10月，党的十七届三中全会审议通过了《中共中央关于推进农村改革发展若干重大问题的决定》，提出"健全农村民主管理制度。坚持党的领导、人民当家作主、依法治国有机统一，发展农村基层民主，以扩大有序参与、推进信息公开、健全议事协商、强化权力监督为重点，加强基层政权建设，扩大村民自治范围，保障农民享有更多更切实的民主权利"③。以上文件的出台，为乡村治理的改革和发展提供了重要的政策指导和法律保障。其中，有关健全乡村民主管理制度、加强基层民主建设和村民自治范围的扩大等方面的要求，明确了乡村治理的目标和方向，为实现乡村治理现代化提供了制度保障。此外，这些文件的出台还为乡

---

① 丁国文等：《中共中央国务院关于推进社会主义新农村建设的若干意见干部读本》，中国农业出版社2006年版，第188—190页。
② 《中共中央国务院关于切实加强农业基础建设进一步促进农业发展农民增收的若干意见》，载《十七大以来重要文献选编》（上），中央文献出版社2009年版，第149页。
③ 《中共中央关于推进农村改革发展若干重大问题的决定》，载《十七大以来重要文献选编》（上），中央文献出版社2009年版，第678页。

村治理主体实践提供了具体的指导。

农民作为乡村治理的主体，发挥着至关重要的作用。一直以来，党和国家十分重视"三农"问题，尤其是农民的主体性问题。一是针对村民主体的参与能力。在广度上，扩大参与主体的范围，不断培育和发展农村社会组织，能够在乡村治理中发挥积极作用；在深度上，多元主体间建立起协同互动的发展机制，通过农民自身力量，有效实现乡村社会的运转，在实现自我治理的过程中进一步推动国家治理体系的建设。二是可以通过调动村民的主体性，通过进一步激发内生动力，降低治理的成本，从而在实践探索中不断提高治理主体能力、完善制度和理论体系。三是通过加强农民权益保障，确保农民在治理中的合法权益得到保障和实现，促进乡村治理的长期稳定发展。四是鼓励农民创新创业，推动乡村经济发展，提高农民的生活水平和社会地位，从而激发乡村治理主体的积极性和创造性。五是加强农民教育和培训，提高他们的知识水平和综合素质，进一步发挥他们在乡村治理中的能力。综上所述，农民作为乡村治理的主体，在推进我国乡村治理体系的建设中具有不可替代的作用和地位。

（四）乡村"三治结合"新体系的探索阶段（2012年至今）

随着我国新型城镇化发展速度的加快，大量农村人口外流，大部分外出的农民工不愿回乡务农，造成农业后继乏人等问题，也造成了农村治理主体性的缺失。面临"空心化"和"老龄化"的农村，造成了乡村治理主体呈现"无人选"和"选人难"的状况，治理能力不足的问题也日趋严重。针对上述问题，在2013年，中央经济工作会议上，习近平总书记指出："要解决好'谁来种地'问题，培养造就新型农民队伍，确保农业后继有人；要以解决好地怎么种为导向，加快构建新型农业经营体系。"[①] 这一论断本质上对于乡村新型治理体系建设提出了新的要求，为现代农业发展指明了方向。重点在于培育新型农民在农村生产中的生产经营能力和面对市场的营销推广能力等。同时，面临着乡村经济社会巨大变迁，乡村主体利益的诉求也变得日趋多元，对于多元有效的乡村治

---

① 习近平：《饭碗要端在自己手里》，央视网，https：//news.cntv.cn/2015/08/25/ARTI1440480842924222.shtml，2015年8月25日。

理体系的要求也越来越高。

党的十八大以来，中国特色社会主义新时代，这意味着乡村治理迈入了新时代。在新时代需要建立乡村治理新体系，从"服从"和"服务"两个层面去理解新时代乡村治理体系的构建。首先，从乡村治理体系构建的适应性来讲，新时代的乡村治理体系的构建是要服从并服务于国家经济和政治的发展，并与经济建设和政治建设的发展相适应、相结合。其次，从乡村治理体系构建的任务来讲，进行新时代乡村治理体系构建，需要解决新时代所面临的社会主要矛盾。面向新时代，我国的主要矛盾是人民日益增长的美好生活需要和不平衡不充分的发展之间的矛盾，如何解决城乡发展不平衡和乡村制度难以有效实现、组织体系不完善与多元主体利益复杂化、农村基层党的建设存在薄弱环节，乡村治理体系和治理能力亟须强化等问题，成为乡村治理进入新时代急需解决的重要问题。

2016年中央一号文件将"法治"与"自治"相结合，明确提出"依法开展村民自治时间，探索村党组织领导的村民自治有效实现形式"[①]。可以发现伴随着村民自治的不断深化改革，为进一步探索"三治结合"的治理体系提供了坚实的基础。"三治结合"的核心在于能否实现自治，自治实现的基础在于能否发挥广大村民的主体作用。浙江桐乡率先发起对于"三治结合"乡村治理体系的创新实践，并在2017年被正式写进十九大报告中，成为转型时期促进乡村振兴、推动城乡融合、解决乡村治理难题的重要实践探索。党的十九大明确提出："加强农村基层基础工作，健全自治、法治、德治相结合的乡村治理体系。"[②] 2018年中央一号文件《中共中央国务院关于实施乡村振兴战略的意见》和《乡村振兴战略规划（2018—2022年）》分别阐明了实施乡村振兴战略的指导思想、目标任务和基本原则，作出了乡村振兴的战略部署。村民自治是中国农民的伟大创举，乡村法治是现代文明的基本标志，乡村德治是中国乡村社会的历

[①] 《中共中央、国务院关于落实发展新理念加快农业现代化实现全面小康目标的若干意见》，载《十八大以来重要文献选编》（下），中央文献出版社2018年版，第122页。

[②] 习近平：《决胜全面建成小康社会 夺取新时代中国特色社会主义伟大胜利——在中国共产党第十九次全国代表大会上的报告》，人民出版社2017年版，第39页。

史传统，新时代乡村治理既要接纳现代文明，又要尊重农民选择，还要实现具有现代价值的传统乡村治理资源的现代性转化，三者结合是实现乡村治理有效的必然要求。① 由此可见，自治、法治、德治相结合的乡村治理命题的提出，并不是一蹴而就的，是具有一定的历史渊源和实践作为基础的。

通过以上分析，可以发现随着新时代概念的提出，面向新时代，实现自治、法治、德治相结合的乡村治理新体系的思路逐渐清晰。将乡村治理新体系构建纳入国家治理体系和治理能力现代化的框架中，从理论和实践层面进一步构建"三治融合"的新体系是当前急需进一步探索的重要制度命题。

二　乡村治理体系的发展趋势

随着乡村社会的变迁，我国乡村治理体系建设在治理方式、治理主体、实施路径和治理内容等方面都发生了深刻的变化，并呈现出一定的规律和发展趋势。

（一）在治理方式上由"管制型"向"服务型"转变

由于传统的"管制型"政府在乡村社会发展中暴露出各种弊端，已经不能适应当今乡村经济社会的发展变化，因此，构建一个逐步从"管制型"到"服务型"转变的政府已经成为乡村社会发展的必然趋势。

1. 顺应时代发展趋势，转变政府职能

随着世界经济全球化的快速推进，对我国经济社会及政府的管理方式产生了重大的影响。正如世界银行发展报告所说的那样："在世界各地，政府正成为人们注目的中心。全球经济具有深远意义的发展使我们再次思考关于政府的一些基本问题：它的作用应该是什么，它能做什么和不能做什么，以及如何做好这些事情。"② 早在20世纪70年代，英国、

---

① 马池春、马华：《中国乡村治理四十年变迁与经验》，《理论与改革》2018年第6期。
② 《1997年世界发展报告：变革世界中的政府》，中国财政经济出版社1997年版，第1页。

美国、新西兰等西方发达国家进行的改造政府绩效的新公共管理运动，为中国服务型政府的建设带来了许多重要的启示。我国政府职能受传统管理理念的影响、现行的管理体制中仍有许多不健全的制约因素。传统的管制型政府，使得各级管理者高高在上，权力相对集中。这种状况极易导致效率低下、滋生官僚主义等各种问题，也使基层治理的改革面临诸多阻力。要改变这种状况，需要在转变政府职能上下功夫。管制型政府自身如果不能适应不断变革的经济社会发展需要，面对新的时代变革，就会显现出政府能力的不足，也会给传统的管制型政府带来一定的危机。因此，建设服务型政府就成为政府改革的必然选择。在党的十八大报告中明确提出："创新行政管理方式，提高政府公信力和执行力，推进政府绩效管理。"① 党的十九大报告中则进一步提出新时代中国特色社会主义思想，强调推进治理能力现代化，必须"转变政府职能，深化简政放权，创新监管方式，增强政府公信力和执行力，建设人民满意的服务型政府"②。服务型政府是相对于过去大包大揽、行政指令式为主要手段的管制型政府而提出的。服务型政府更加注重以民生为中心，以市场为导向，以效率和效能为目标，实现政府与市场、政府与社会、政府与公民之间的有效互动和协作。服务型政府是以政府转变职能，提升公共服务质量为目标。服务型政府的出现是现代治理理念和制度变革的必然结果，也是国家治理体系和治理能力现代化的必然要求。

2. 不断加强政治体制改革的必然要求

服务型政府的产生在一定程度上是为了解决传统管制型政府存在的弊端。十一届三中全会以来，我国进行经济体制改革的同时，也逐渐开展了一系列的政治体制改革，意在通过我国政治管理体制的改革，不断推进中国特色社会主义道路的实践探索。从管制型政府向服务型政府的转变具有重大的实践意义，一方面，我国作为一个农业大国，农业人口占绝大多数，而乡镇政府作为国家行政机构中数量最多和最基层的单位，

---

① 胡锦涛：《坚定不移沿着中国特色社会主义道路前进　为全面建成小康社会而奋斗——在中国共产党第十八次全国代表大会上的报告》，人民出版社2012年版，第28页。

② 习近平：《决胜全面建成小康社会　夺取新时代中国特色社会主义伟大胜利——在中国共产党第十九次全国代表大会上的报告》，人民出版社2017年版，第39页。

是与广大农民联系最紧密的单位。因此，服务型乡镇政府建设的进程一定程度上关系到行政管理体制改革的成败。另一方面，有效的政治体制改革，可以更好地发挥基层政府的作用。特别是税费改革之后，乡镇政府急需理顺政府和社会之间的关系，政府与社会多元主体的协同治理是国家治理现代化的发展方向。地方政府在协调日趋多元化的乡村利益关系时需要积极转变政府职能，成为更有效率的政府。在农村税费改革以前，乡镇政府的绝大多数工作投入在农业税收的征收上，是典型意义上的汲取型政府，税费改革以后，乡镇政府主要依靠的是上级财政支付，使得乡镇政府的行为模式从过去的向下"催粮派款"转变为向上"要钱""跑钱"。① 乡镇政府从"无限行政"向"有限行政"转变，政府积极转变职能，逐渐放低了社会组织进入公共服务领域的门槛，我国的社会组织进入了一个快速发展的阶段。这一点在谯城模式②的"为民服务全程代理制度"上无疑为良好体现。可见后税费时代乡镇政府如何保持与农民的联系，关键在于提高治理能力和治理水平，树立服务理念，保证服务的高质和高效，才能更好地发挥基层政府的作用。

（二）在治理主体上从一元向多元转变

传统的乡村治理是在政府一元主体主导下进行的，随着乡村治理体系建设的不断推进，治理主体也发生了相应的变化，从一元向多元多层次转变，形成了以政府为主导，市场、社会组织和农民多元力量参与的治理格局。

在人民公社时期，乡村治理的突出特点是政社合一，人民公社组织将多种功能集于一身，每一位村民都要在公社组织内接受统一劳动和统一分配。乡村的公社干部和党政组织则把握着乡村社会的党政和财权，范围涉及乡村社会的各个领域，并全部实行统一管理，在乡村社会治理中形成处于绝对优势地位的"一元"主体。改革开放之后，家庭联产承

---

① 马俊军：《服务型政府视野下的乡村公共服务体系构建》，《农村经济》2011年第3期。
② 安徽省农村综合改革独具特色的"为民服务全程代理制度"模式，建立"设施齐全、功能完善、制度规范、服务高效"的三级为民服务全程代理体系，实现服务项目明细化、代理流程规范化、全程监控智能化、项目全覆盖，服务无盲区。

包责任制的推行，极大地调动了广大农民的积极性，并最终导致人民公社制解体。一方面，虽然家庭联产承包责任制取代了人民公社制，但是乡镇政府仍然处于治理主体地位；另一方面，一些地方的基层，农民自发地创立各种组织进行管理。伴随着市场化的推进，一元主体开始向多元主体转变，各类社会力量开始参与到乡村治理的过程中来，其中包括社会组织、民间自治组织、返乡精英、农民等。随着经济社会的变迁，信息传播速度的加快，新生代的农民群众不同于以往习惯于基层组织的"一元"治理主体大包大揽，相比过去所受教育和外出打工等经历的增加，逐渐增强了自身的权利意识。乡村利益主体开始多元化，利益诉求开始多样化，出现了通过"多元"治理主体之间相互协作的治理模式。因此，未来乡村的治理结构应当是包括政府、市场、社会组织与广大农民群众在内的多元主体的协同共治。

治理主体从一元到多元共治下的乡村治理体系构建意味着一种新的治理方式的探索。我们应该看到社会转型期在中国广大农村地区矛盾多元、利益多元、思想多元，我们的治理主体也应该是多元的。[①] 在现有的制度框架下，实现乡村社会的有序发展，需要我们处理好各主体之间的治理关系。

（三）在制度上从路径依赖向不断创新转变

早期，由于乡村社会治理理念相对滞后，农村对于法治权利的意识也相对淡薄，所以在制度变革中的路径依赖比较严重。税费改革之后，随着我国基层政府工作职能的变化，基层政府对于制度创新的推广越来越重视，因此许多地区在制度上逐步从路径依赖走向不断创新。

在制度增长理论框架中，政治制度的变化可以改变法定政治权力的分配，但是产生了对事实政治权力的投资激励，这种事实政治权力部分地，甚至完全地抵消了法定权力的变化。[②] 因此，实际政治权力掌握者会

[①] 李晓：《法治中国进程中的乡村治理问题研究》，博士学位论文，中共中央党校，2017年，第87页。

[②] Daron Acemoglu and James A. Robinson, "Persistence of Power, Elites, and Institutions", *The American Economic Review*, Vol. 98, No. 1, March 2008, pp. 267–293.

不断强化既有制度，产生制度的路径依赖。当前农村基层治理实践过程中，有不少影响乡村发展的治理问题是由于农村建设中旧的发展战略、土地制度、农村社保体制等方面形成的路径依赖。而农村基层互动治理所面临的制度依赖困境，也必须通过国家的有效制度供给来消解。从基层村民自治制度的创新路径而言，最开始村民自治产生于家庭联产承包责任制的出现，此后人民公社逐渐解体。

在我国农村地区非正式制度较为普遍，而国家的正式制度供给则相对不足，村民自治也是来源于村民自发的形式，进行自我管理的需要。在1980年，广西宜州合寨村成立了我国第一个村民委员会。但村委会建立之初主要是为了维护农村社会的基本治安、保护集体财产和公共设施等方面，并没有把功能定位在发展民主上。农民通过自发的方式对自身进行管理，最终获得国家的认可，并将村民自治制度变成成文的正式制度。但是，由于自身仍存在着许多问题，这一制度在以往的非正式和国家下发的正式制度之间磨合仍需要一个过程，不可能一蹴而就。特别是在早期人民公社政社合一体制下，人们长时间习惯于来自乡镇政府的一元领导，并不会因为正式制度的到来而立刻发生改变。因此，村民仍然习惯于依赖乡镇政府的管理，并没有马上形成民主意识。在正式制度与非正式制度依然并存的情况下，路径依赖现象十分严重，并会持续相当长的一段时间。所以，乡村治理体系的规范急需通过各地制度的再创新来打破既有的路径依赖现象的存在。

到了20世纪90年代，随着广大村民民主意识的不断增强，全国各地涌现了许多创新案例，东部沿海地区广泛兴起的地方政府创新尤为活跃。这中间，无论是创新实践的原创性、持续性还是创新案例的丰富性，浙江都堪称全国地方政府创新实践最为活跃、最具代表性的地区之一。[①] 同时，浙江的创新实践总体上呈现出一种自发性和内生性的特点。但在改革开放之前，浙江仍是一个自然资源匮乏，工业基础薄弱，国有经济力量不足的传统农业省份。改革开放以来，浙江在资源相对匮乏的情况下，充分调动人民群众的积极性和创造性，靠着"敢为天下先"的实干精神，

---

① 何显明：《治理民主：中国民主成长的可能方式》，中国社会科学出版社2014年版，第195页。

经济迅速崛起,创造了"浙江奇迹"。浙江在处理很多社会矛盾的过程中,坚持以人民为中心的理念,充分尊重人民群众的主体利益,不断促进村级集体经济收入增长、村民可支配收入增加。农民在乡村治理的建设中能够获得收益,便脱离以往过于依赖政府的情况,农民自身的创造性和自主性也得到提升。通过浙江案例可以发现,这种基于本地状况倒逼情境下产生的创新实践,可以有效地实现治理目标,并能够促进经济的发展。这种局部创新获得成功后进行扩散的方式,可以有效地节约治理的成本,并为我国在制度上从路径依赖向不断创新转变的内在逻辑提供重要遵循。

三 乡村治理体系实施取得的成就

改革开放40多年来乡村治理体系的实施,不仅逐步确立起了中国特色社会主义乡村治理制度和治理模式,也为我国乡村面貌的进一步改善提供了不竭的动力,为新时代乡村治理体系的构建奠定了良好的基础。

(一)国家治理体系与乡村治理体系有机结合

在国家提出推进治理体系和治理能力现代化的新形势下,作为国家治理体系有机组成部分的乡村治理,直接影响国家治理体系现代化的整体绩效。两者相互作用,有机链接,有助于形成全国性政策与地方性经验之间的张力。

第一,乡村治理体系是国家治理体系中的重要组成部分。在改革开放之前,乡村主要是政府主导的人民公社制度体系。在改革开放之后,自20世纪70年代末80年代初,以中央向地方放权为标志的国家治理结构和政治制度的改革给地方带来了经营自主权,地方政府利用中央下放给予的政治权力制定了有利于本地区的经济制度,直至建立起了家庭联产承包责任制,人民公社制度最终解体,"乡政村治"的乡村治理体系建立。由于没有可以借鉴的现成经验,在渐进式的改革过程中包含了邓小平提出的"摸着石头过河"的改革方法。邓小平强调,"在全国的统一方案拿出来以前,可以先从局部做起,从一个地区、一个行业做起,逐步推开。中央各部门要允许和鼓励它们进行这种试验"①。中国的政治体制和经济体制都非常集中和高度规划,地方政府经常被授权试验新政策和经济模式。这些试验可以在一定程度上减少风险,同时也可以提供有关新模式的数据和经验教训。这种将地方实验反馈到国家政策制定过程中的方法已经在中国的经济转型中发挥了重要作用。例如,在中国改革开放初期,一些地方政府就开始试验经济自由化政策,如开放经济特区等。这些试验成功后,相关政策得到了扩大推广和深化改革。

总之,将地方试验的创新经验反馈到国家政策制定过程中,是中国经济转型的普遍特征之一,这种方法可以提高政策制定的有效性和可行性,促进经济发展和改革。其中,乡村治理体系是国家治理体系的一个基础而且是十分重要的组成部分。

第二,国家治理在乡村治理中发挥重要指导作用。在国家治理体系中,国家通过自上而下的途径,将来自地方好的创新经验上升为政策再进行推广。"中央政府除要求下级政府创新扩散外,中央政策导向在地方政策创新扩散中扮演重要角色,如中央政策导向会指引地方引起关注、提供信息来影响地方政策的变化甚至是引导地方采取行动。"② 我国乡村治理政策变迁的过程,可以通过中央"一号文件"集中体现,历年来中央"一号文件"扮演了政策关注点和政策导向的作用。1982 在《全国农村工作会议纪要》中肯定了家庭联产承包责任制。到 1983 年《当前农村经济政策的若干问题》中进一步肯定和全面落实家庭联产承包责任制。从 2004 年起,中央连续多年发布以"三农"问题为核心的指导性文件。从 2004 到 2019 年就有 16 份中央一号文件发布,通过权威政策发布,成为指导乡村治理的纲领性文件。在 2019 年 6 月发布中共中央办公厅、国务院办公厅印发的《关于加强和改进乡村治理的指导意见》中提出:"到 2020 年,现代乡村治理的制度框架和政策体系基本形成,农村基层党组织更好发挥战斗堡垒作用,以党组织为领导的农村基层组织建设明显加强,村民自治实践进一步深化,村级议事协商制度进一步健全,乡村治

---

① 《邓小平文选》第 2 卷,人民出版社 1993 年版,第 150 页。
② 杨正喜:《中国乡村治理政策创新扩散:地方试验与中央指导》,《广东社会科学》2019 年第 2 期。

理体系进一步完善。到2035年，乡村公共服务、公共管理、公共安全保障水平显著提高，党组织领导的自治、法治、德治相结合的乡村治理体系更加完善，乡村社会治理有效、充满活力、和谐有序，乡村治理体系和治理能力基本实现现代化。"[①] 这个发展目标和路线，旨在通过强化党组织的领导作用和村民自治实践，构建起党政同责、群防群治的乡村治理新格局，提升乡村公共服务、公共管理、公共安全保障水平，改善农村基层治理和社会管理的质量和效率，实现乡村治理体系和治理能力现代化。

第三，乡村治理与国家治理体系相互作用，不断链接。基于生产力与生产关系、经济基础与上层建筑之间矛盾运动关系，马克思主义提出，国家是生产力发展到一定时期的特定社会产物，是经济基础之上的上层建筑。因此，在权力主体中，国家履行着国家职能，主导着国家治权的运行和运用。乡村治理作为国家政权体系的重要一环，不仅是国家治理体系和政治体制在基层的一个延伸和缩影，也是理解我国乡村社会变迁、国家与社会关系变革的内在基础。可以说，无论是考察探索中国农村问题，还是分析判断中国政府与政治，乃至审视解读中国国家与社会关系，都绕不开乡村。国家治理体系与乡村治理体系现代化相互结合、相互促进，各渠道之间初步实现了相互衔接联动。在顶层设计的战略布局和制度设计，以及指导基层实践的实施步骤上，两者相得益彰。在战略目标和科学指引上给予乡村振兴指导，更是在乡村治理实践上逐步夯实、层层推进落地。除此之外，乡村治理体系和治理能力到国家治理体系的转变，存在着相互贯通的内在逻辑。在关联互动方面，既有纵向上中央与地方各级之间相互的作为；还有横向上地方政府工作人员、社会组织以及农民之间的协同互动，为整个乡村治理体系建设提供动力。

总之，乡村治理体系逐步完善与治理能力不断提高，使得国家与乡村之间存在着相互贯通的内在逻辑。一方面，国家与乡村社会关系不断变化，国家退出乡村之后，乡村治理体系从人民公社到乡政村治，再到村民自治的逐步完善，就是国家治理体系现代化不断完善的过程。另一方面，说明国家在乡村基层社会治理能力在显著增强。

[①] 《关于加强和改进乡村治理的指导意见》，人民出版社2019年版，第3页。

(二) 新型农村社区治理机制不断推进

党的十六届六中全会首次提出建设"新型农村社区"的概念，并强调党在乡村社会的建设目标是构建管理有序、服务完善、文明祥和的社会生活共同体。2008年中央一号文件提出，要增强社会自治功能，优先在城市郊区开展农村社区建设实验工作，进而创新农村社会管理与服务模式。自此，新型农村社区治理广泛推广。

一方面，农村的社区治理是农村管理工作的重要组成部分，其治理方法的改变会随着社会的历史发展而不断发生变化，并展现出当前的社会变革情况。从封建社会到中国特色社会主义初级阶段，再到改革开放，中国农村的社区治理发生了翻天覆地的变化，农村的面貌焕然一新，农民思想观念发生了转变，人民的生活水平得到了提升。新型农村社区是在城镇化进程中，广大农村居民所组成的社会生活共同体。主要围绕新型社会共同体构建，在整合资源、完善服务、注重效率等方面提升村民对于村落的凝聚力和认同感。农村社区有的是由一个自然村构成，有的是由几个自然村合并而成的。在职能上能够实现政治、经济、社会和生态多方面的集合和联系。尤其是税费改革制度的实施，在一定程度上加快了农村地区的经济发展，但是也削弱了农民与村委会之间的关系。农民对于政府参与较为淡漠，认为是领导的工作。农村社区的建立，将一定区域内的农民有机地联系起来，提高了农民参与社区建设的积极性和认可性，对强化社区的建设和服务发挥了重要的作用。同时，农村社区的建设，增强了农民的主体地位和归属感，将"自治"和"服务"作为提高农民主体地位的定位，能够真正地实现农村居民的自治，给农民提供完善的服务，使农民自觉地投入新农村建设管理中来，扩大了农民的民主意识，为锻炼农民的民主能力提供了良好的平台。

另一方面，新型农村社区治理随之也发生了根本性的转变。在治理格局上，从乡政村治转化为乡村共治。乡政村治处于社区发展的核心位置，乡镇政府掌握了管理农村事务的权力。农村社区给农民提供了更多参与新农村建设、表达自己利益追求的机会，赋予其治理社区主体的资格。在治理方式上，从行政管理逐渐向互动合作变化。政府与社区形成了信任合作关系，给农民更多参与社区规划和建设的机会，调动了农民参与社区建设的积极性，促进了社区内部的良性互动。在治理目标上，由单一管理民主向治理有效迈进。治理主体从垂直主导型向官方组织、自治组织、社会组织及市场组织纵向协同型发展。从而也实现了治理路径上由城镇化、单一化向本土化、多样化的转变。

新型农村社区作为现代治理体系的重要部分，强调从乡村社会的实际出发，打破乡村治理现代化中乡村城镇化的发展逻辑，摆脱了以城促乡的路径依赖，通过发挥市场、社会组织和村民的主体能动性和积极性，来促进城乡的共同发展。新型农村社区使得乡村治理体系进一步丰富与发展，我国乡村治理进入新的历史时期。

（三）精准扶贫体系日益完善

随着我国经济社会的高速发展，城乡差距不断拉大，区域间发展也呈现出不平衡的态势，在农村贫困地区还存在一部分贫困人口，当地生产生活条件较差，造成生产力低下、发展滞后等问题。实施精准扶贫是缓解贫困问题、实现贫困人口与全国人民一道迈入小康社会的重要途径。

在20世纪80年代中期，在改革开放政策的推动下，我国绝大多数农村地区凭借自身的发展优势，经济得到快速增长，特别是东部沿海发达地区，经济发展速度很快。但相比于东部沿海地区，中西部地区发展则相对滞后。东部和中西部地区农村发展不平衡问题凸现，低收入人口比重大。我国作为最大的发展中国家，这也成为一个长期困扰我们的问题。按照2010年标准，1978年末中国农村贫困人口7.7亿人，农村贫困发生率高达97.5%。[①] 改革开放以来，随着农业、农村改革不断深入和扶贫开发大力推进，我国贫困人口开始大幅减少。为了进一步解决农村贫困问题，1986年国务院成立了扶贫开发领导小组，负责专门的扶贫工作，制定相关政策，建立完善的专项资金配套，由传统的救济式扶贫转向开发式扶贫，促使我国扶贫治理体系不断完善。扶贫开发实施以来我国在一穷二白的情况下，逐步走向精准扶贫、精准脱贫。从经济制度改革到实行家庭联产承包经营责任制，稳步解决了农民的温饱问题，许多地区农

---

① 国家统计局：《沧桑巨变七十载民族复兴铸辉煌（下）——新中国成立70周年经济社会发展成就系列报告之一》，《党史文汇》2019年第8期。

民收入大幅提高，农民贫困人口不断减少。党的十八大以来，扶贫力度进一步加大，精准脱贫政策陆续出台，尤其是脱贫攻坚战大力推进，贫困人口脱贫明显加快。"2018年末我国农村贫困人口减少至1660万人，过去6年共减少8239万人；农村贫困发生率下降至1.7%，过去6年下降8.5个百分点。我国农村从普遍贫困走向整体消灭绝对贫困，成为首个实现联合国减贫目标的发展中国家，对全球减贫贡献超过70%。"[1] 这一成就的取得，离不开中国政府的坚定扶贫政策、全社会的积极参与，以及各方面力量的齐心协力。

"精准扶贫"的概念是2013年11月习近平总书记到湖南湘西考察时提出的。自2013年至今，实施精准扶贫、精准脱贫方略以来，随着中国发展进入新时代，精准扶贫、精准脱贫成为新时代治国理政中的迫切任务。习近平总书记提出了一系列关于精准扶贫的新思想、新观点，逐渐形成了习近平总书记关于扶贫重要论述。在习近平总书记关于扶贫工作的重要论述指引下，2015年11月习近平总书记在中央扶贫开发工作会议上强调："要坚持精准扶贫、精准脱贫，重在提高脱贫攻坚成效。关键是要找准路子、构建好的体制机制，在精准施策上出实招、在精准推进上下实功、在精准落地上见实效。"[2] 首先，确定全新扶贫目标，即"到2020年现行标准下贫困人口全部脱贫，贫困县全部摘帽，解决区域性整体贫困"。其次，确定基本方略，即精准扶贫与精准脱贫方略相结合的全新的贫困治理体系，精准扶贫和精准脱贫的基本要求与主要途径是六个精准、五个一批和四个问题。其核心内容集中体现在做到"六个精准"，"即扶持对象精准、项目安排精准、资金使用精准、措施到户精准、因村派人精准、脱贫成效精准，实施'五个一批'，即通过扶持生产和就业发展一批，通过易地搬迁安置一批，通过生态保护脱贫一批，通过教育扶贫脱贫一批，通过低保政策兜底一批，解决好'四个问题'，即扶持谁、谁来扶、怎么扶、如何退"[3]。最后，坚持中国共产党领导、多元主体广

---

[1] 国家统计局：《沧桑巨变七十载民族复兴铸辉煌（下）——新中国成立70周年经济社会发展成就系列报告之一》，《党史文汇》2019年第8期。

[2] 《习近平谈治国理政》第2卷，外文出版社2018年版，第84页。

[3] 黄承伟：《新中国扶贫70年：战略演变、伟大成就与基本经验》，《南京农业大学学报》（社会科学版）2019年第6期。

泛参与的扶贫治理格局。同时，建立和完善相关保障和激励机制。加快推进在贫困地区的基本公共服务体系，以及城乡统筹的养老体系和社会保障体系，使得在新时期我国精准扶贫体系日益完善。

（四）乡村振兴发展战略稳步实施

党的十九大首次提出实施乡村振兴战略，强调乡村振兴是当前决胜全面建成小康社会、全面建成社会主义现代化强国的重大历史任务。至此，我国乡村治理进入"乡村振兴战略阶段"。

乡村振兴战略是改革开放40多年来，我国农业农村社会发展到新阶段做出的重大战略安排。从实施乡村振兴的战略层面来看，构建新时代乡村治理格局，是乡村振兴发展中的重要一环，是基于我国乡村实际而提出的。党的十九大报告提出："加强农村社区治理体系建设，推动社会治理重心向基层下移，发挥社会组织作用，实现政府治理和社会调节、居民自治良性互动。"乡村振兴发展战略必将落实于具体的乡村治理实践之中，当前我国城乡社区发展仍然存在不平衡、不充分的问题，如何进一步拓展乡村治理的发展，加速乡村建设，为广大农民创造更加便利和优质的服务，加快农村的整体提档升级，切实找准工作的切入点和主攻方向，充分运用共建共治共享的发展思路、细化乡村治理的工作体系，切实用党的十九大精神来指导实践、推动我国乡村治理共建共治共享治理格局的深入实施，进而为实施乡村振兴战略提供必要的基础。

2018年中央一号文件指出："坚持农业农村优先发展，按照产业兴旺、生态宜居、乡风文明、治理有效、生活富裕的总要求，建立健全城乡融合发展体制机制和政策体系，统筹推进农村经济建设、政治建设、文化建设、社会建设、生态文明建设和党的建设，加快推进乡村治理体系和治理能力现代化，加快推进农业农村现代化，走中国特色社会主义乡村振兴道路。"[1] 明确实现乡村治理有效的根本途径在于以村民自治为基础，以法治为保障，深入挖掘乡村熟人社会治理资源，实现传统道德规范的当代转化，实现乡村善治目标。这表明我国乡村治理正式提出"治理有效"，治理效能成为乡村治理的重点内容，治理主体由农民为主

---

[1] 《中共中央国务院关于实施乡村振兴战略的意见》，人民出版社2018年版，第2页。

向多元主体协同互动迈进,这既是乡村利益格局变动使然,也回应了国家治理体系与治理能力现代化的目标要求。① 2019年中央一号文件明确全面建成小康社会的冲刺阶段,健全乡村治理体系,充分发挥农村基层党组织战斗堡垒作用,全面推进乡村振兴,确保到2020年承诺的农村改革发展目标任务如期推进,以优异成绩庆祝新中国成立70周年。文件在具体内容和时间节点上对乡村治理进行了重点部署,明确了乡村振兴的制度保障,以农业农村优先发展政策导向,进一步从制度建设层面完善乡村社会治理。党的二十大报告进一步提出全面推进乡村振兴,并明确指出:"全面建设社会主义现代化国家,最艰巨最繁重的任务仍然在农村。"② 在全面建设社会主义现代化的新征程上,乡村振兴面临一系列新问题、新挑战。乡村振兴是一个系统性工程,需要根据不同地区的自然、经济、文化等因素,采取不同的措施和方法,因地制宜地稳步向前发展。

通过透析改革开放以来乡村治理体系的演变趋势,乡村治理体系的发展大体经历了从初始阶段到法治化、规范化发展阶段到乡村治理主体能力建设阶段再到"三治结合"新体系的探索阶段。总体来看,我国乡村治理体系的演变顺应了乡村经济社会发展的现实需要,形成了在治理方式上由管理型向服务型转变,在治理主体上从一元向多元转变,在制度上从路径依赖向不断创新转变的整体发展趋势。

当前,乡村治理体系建设不断推进,自上而下式的国家治理体系与乡村治理体系有机结合,乡村振兴发展战略稳步推进,在制度的纵向布局上层次清晰。同时,新型农村社区治理机制不断推进,精准扶贫体系日益完善,横向覆盖范围更加广泛,治理体系发展水平和推进速度都进入了一个加速期。

---

① 尹小恩:《后税费时代我国乡村治理的演进与内涵——以2004—2019年中央一号文件为例》,《福建农林大学学报》(哲学社会科学版)2019年第6期。
② 习近平:《高举中国特色社会主义伟大旗帜 为全面建设社会主义现代化国家而团结奋斗——在中国共产党第二十次全国代表大会上的报告》,人民出版社2022年版,第30—31页。

第四章

新时代乡村治理体系构建的基本要素及逻辑结构

新时代国家治理与基层社会治理进一步深度融合，构建有助于适应新时代背景的乡村治理新体系，实现共建共治共享的目标。基于以下考虑：构建乡村治理体系的基本要素包括党的基层组织这一政治要素；党的政策和国家法律法规这一制度要素；以及广大村民为主体的自治组织这一社会要素。在实现新时代自治、德治、法治相融合的逻辑结构中，包含了新时代乡村治理体系构建的理论框架，其中，自治是健全乡村治理体系的核心内容，内生于乡村社会，具有成本低和灵活性强等特点。而自治的实现需要法治的强制性作为保障。同时，由于法治外生给定，作为硬性治理，缺乏内生性，治理成本较高，内生于乡村的德治可以有效弥补法治的不足。要实现自治，要处理好德治为先与法治为本的逻辑关系，以法治的刚性和德治的柔性互为补充。总之，自治、法治、德治三种治理方式要相互融合，发挥各自优势，取长补短，共同实现乡村善治。在运行机制上，坚持顶层设计与基层实践双向互动；"三治融合"内在联动；多元主体协同互动等方式，最终为有效实施乡村治理体系提出理论与实践参考。

一 新时代乡村治理体系构建的基本要素及目标

中国共产党对于"治理"问题始终坚持和贯彻党的领导、人民当家作主和依法治国有机结合的根本要求。① 根据上述要求，对应本书提出的乡村治理体系的基本要素，分别是党的基层组织作为政治要素，党的政策和国家法律法规作为制度要素，以广大村民为主体的自治组织作为社会要素，其中政治要素是核心，促进三要素实现联动。从三要素的联动关系来看，可以通过"党的领导"凝聚人民的意志，形成国家的宪法和法律，确立依法治国的基础。以宪法和法律构建的人民代表大会制度等制度体系，构筑了人民当家作主的实现途径。② 在本书中，即党的基层党组织依照党的政策和国家法律法规，领导以广大村民为主体的自治组织治理乡村，最终为实现共建共治共享这一目标的全过程。

（一）党的基层组织

中国共产党是中国特色社会主义事业的领导核心，作为一个长期的执政党，基层党组织是党在基层的重要体现，需要对乡村社会的政治、经济、文化等多个方面的参与诉求进行回应，是保障乡村社会一切事物顺利开展的核心。因此，在国家治理现代化的背景下，党的基层组织是乡村治理体系中的核心要素。同时，有效发挥党员的模范带头作用，突出党在基层组织的政治要素功能，是构建乡村治理体系的首要步骤。

党组织的执政能力，不仅关系到党的生死存亡，而且关乎国家和民族的前途命运。"中共历来强调党的基层组织的建设，从大革命时期开始，党的重要会议都将支部作为研究议题，作出决策、提出措施，适时调整党的基层组织建设战略，有效地解决存在的突出问题，使之不断适应新的形势，更好地发挥作用。"③ 党的十九大报告明确提出要以提升组织力为重点，加强基层党组织建设。面对新时代的新要求，2018年12月，中共中央印发了新修订的《中国共产党农村基层组织工作条例》。《条例》中明确要求："党的农村基层组织应当健全党组织领导的自治、

---

① 王浦劬：《国家治理现代化理论与策论》，人民出版社2016年版，第33页。
② 刘世华、陈晓丹：《论中国民主模式的构成要素及其联动关系》，《理论学刊》2013年第5期。
③ 李术峰：《"政党统合型"乡村治理体系研究——以新中国成立初期农村变迁为视角（1949—1956）》，博士学位论文，北京大学，2019年，第46页。

法治、德治相结合的乡村治理体系。"① 为新时代党的农村基层组织建设提供了重要遵循。

党的工作最坚实的力量在基层,基层党组织作为党在基层的重要组织形式,需要切实地代表和反映出基层广大人民群众的利益、愿望和根本需求,承担党在基层的政治功能,积极推动党在基层的各项任务落到实处,为基层社会的有序治理发挥作用。新时代乡村治理体系的构建与基层党组织的领导有着密切的关系,基层党员干部群体对于乡村治理的领导力充分反映了党在基层的执政能力。基层乡村治理体系构建的过程中需要坚持党的领导,主要包括以下内容。

第一,农村基层党组织是保障乡村社会一切事务顺利开展的核心。农村基层党组织在乡村社会事务的开展中起着至关重要的作用。农村基层党组织是推动乡村经济、文化、社会事务发展的主要力量。在工作中,需要基层党组织加强领导力,发挥党的核心领导作用,及时调整、监督社会组织的发展方向,引导基层社会组织积极地参与到乡村治理的工作中。农村基层党组织在构建乡村治理体系的过程中,发挥着调控全局、协调多方的纽带作用。在乡村治理体系构建的过程中存在很多的大问题、小问题,而基层党组织是主动面对这些任务挑战的战斗壁垒,同时也是顺利推进乡村治理法治化的重要保障。在乡村治理的实践过程中,有时过度强调村民主体的广泛参与,可能会忽视农村基层党组织的作用,使其边缘化。作为参与乡村治理的主体部分,基层党组织需要承担相应的责任,并能够监督治理任务的完成,因此,在过度重视村民主体的情况下,基层党组织的能动性显然没有发挥出来。这一问题是由于对基层党组织的作用认识不足,或者由于村民自治的观念过于强烈,而导致忽视基层党组织的作用。然而,我们必须认识到,基层党组织作为中国共产党的组织,是引导农村居民自觉维护自己权益、推进乡村振兴的重要力量。基层党组织具有广泛的社会基础和强大的组织力,可以协调和整合各种社会资源,帮助村民解决实际问题。基层党组织还可以在乡村治理中发挥领导和协调作用,促进各方利益的平衡和协调。在新时代的背景下,党组织制定的各项方针政策需要在乡村基层彻底贯彻落实,乡村基

---

① 《中国共产党农村基层组织工作条例》,人民出版社2019年版,第16页。

层进行重要决策的制定过程，对乡村村民关注的热点问题的解决，需要基层党组织在其工作的过程中能够主动寻求方案，切实发挥其领导作用。因此，在农村基层治理的过程中，除了强调农村群众的主观性，更需要充分发挥农村基层党组织的领导力，离开了正确的领导，农村基层治理就会偏离方向。

因此，我们需要平衡村民参与和基层党组织的作用，建立有效的合作机制，使村民和基层党组织能够有机结合，共同推进乡村治理的现代化和乡村振兴的实现。同时，政府应该加强对基层党组织的支持和引导，提高其组织能力和管理水平，使其更好地发挥作用，推进乡村经济发展、实现乡村振兴，促进农村社会的和谐稳定和持续发展。

第二，基层党员有效发挥党员的模范带头作用。可以在广大农村群众中增强凝聚力和情感共鸣，形成良好的正面效应。基层党员要以身作则，做到遵守党的纪律和规定，坚守正道，做到为人民服务的榜样。基层党员在平时的工作中要尽职尽责，以身作则，做好群众工作，树立良好的形象，让农村群众在日常生活中感受到党的优秀品质和作风。实践证明，基层党组织作为乡村发展的后盾，需要更好地发挥先进党员的典型示范作用，在领导和治理广大乡村地区的日常工作中，党组织负责审查总体情况、协调各方、政策管理和整体业务等。营造"一个核心，协同管理"的总体环境，推动基层民主各项工作的协同，使得乡村管理和基层民主能够进一步健康发展。特别是在促进民间社会组织的发展中，可以有效地把握其意识形态取向，并使公共组织"政治化"转而变为"非政治化"，消除敌对因素，以减少大部分由此产生的政治风险，努力达到预期的政治约束目的。同时，基层党员要深入农村，了解群众需求，积极发挥作用，为群众排忧解难。在农村工作中，基层党员要始终把群众放在心中最高位置，认真倾听他们的意见和建议，帮助他们解决实际困难和问题。通过这样的工作方式，基层党员可以深入群众，增强凝聚力和情感共鸣。以此夯实农村党支部的根基，确保党支部在乡村治理中发挥战斗堡垒作用，使其成为乡村治理体系中的基础条件和贯穿要素。只有这样，才能更好地保证乡村治理的政治方向，才能更有效地将党和国家关于农业农村农民的方针政策贯彻到乡村基层。

综上所述，基层党员要发挥模范带头作用，以身作则、深入群众、宣传教育，增强凝聚力和情感共鸣，为农村群众提供更好的服务和帮助，有助于形成良好的正面效应。

第三，社会组织党建提升基层社会的治理能力。在过去的研究中，我们往往关注政府与社会组织之间的互动关系，但往往忽视了党与社会组织之间的关系。党作为领导核心，在推进基层社会治理现代化中发挥着重要的作用。社会组织是党的重要社会力量之一，通过社会组织党建，可以使社会组织更好地发挥作用，推动基层社会治理现代化。《中国共产党农村基层组织工作条例》中规定，"农村经济组织、社会组织具备单独成立党组织条件的，根据工作需要，可以成立党组织，一般由所在村党组织或者乡镇党委领导"[1]。基层社会组织是村民和社会力量参与乡村治理的重要载体，只有不断加强基层社会组织党建工作，才能更好地加强党对基层社会组织的领导，引领基层社会组织走向正确的发展方向；才能更好地激发社会组织活力，促进社会组织在推进国家治理体系和治理能力现代化进程中更好发挥作用。[2] 在乡村治理体系构建中强调多元主体的广泛参与和协同治理，社会组织党建恰恰可以发挥强有力的政治推动作用，有效提升党在基层社会组织的影响力和凝聚力，为进一步完善和提高乡村治理体系和治理能力现代化作出贡献。社会组织党建的核心在于党建工作的引导，通过为社会组织提供更好的组织架构和管理模式，建立党组织在社会组织中的领导地位，增强党的组织对社会组织的引领作用。同时，通过加强与党组织的联系，社会组织能够更好地吸纳党员参与，增强党员的组织性和凝聚力，提升社会组织的服务水平和治理能力。总之，社会组织党建是实现乡村治理体系和治理能力现代化的必然要求和关键环节。要通过加强社会组织党建工作，不断提高基层社会组织的建设和发展水平，推动多元主体参与乡村治理，共同建设美丽宜居的乡村社区。

（二）党的政策和国家法律法规

党的十八届四中全会提出："全面推进依法治国，总目标是建设中国

---

[1] 《中国共产党农村基层组织工作条例》，人民出版社2019年版，第7—8页。
[2] 胡亮：《点亮社会组织党建明灯》，人民网，http://dangjian.people.com.cn/n1/2018/0725/c117092-30169388.html，2018年7月25日。

特色社会主义法治体系，建设社会主义法治国家。"[1] 在新时代推进乡村治理体系现代化的背景下，依据党的政策和国家法律法规等基本制度要素，成为当前乡村治理法治体系建设的重要基础。

乡村治理依据的规范是多元的，主要包括国家法律、政策、党内法规、上级党政部门规范性文件、村规民约、道德规范及乡村自组织规范等。[2] 才能保证乡村治理的合法性和有效性。进入新时代，我国的乡村治理工作需要进一步提升。在以往的乡村治理过程中，由于主要矛盾的侧重点不同，主要解决农民对乡村治理的意识问题，再加上乡村经济发展相较于城市落后，村民委员过度行政化，党员典型代表的影响力度不够，使得以往的乡村治理过程中党组织无法发挥其全部的领导作用，导致乡村治理缺乏有效的规范和法律约束，而这也成为新时代乡村治理工作中存在的重要问题。

坚持有效治理需要依靠党的政策和法律法规的实施，这一环节包括重要的关系链，即"制度—体制—机制"。从乡村治理的发展现状来看，村民自治和乡村治理体系的有关制度可以充分保障进行乡村治理的有效工作展开，同时这一体制在广大乡村治理的过程中具有普适性。这一体制的有关资源主要由国家补给、法律、政策等起到规范和监督的重要作用。但是这一机制也难以避免会出现一些问题，在不同区域的乡村治理过程中存在各级、各层的协作不到位，沟通不到位的问题；不同区域存在的客观差异也使得广大村民接受村民自治的过程有快有慢。其中存在管理空白区域的一些乡村社会组织发展起来后，他们远远超越了村民自治的范围，同时积极地参与到乡村治理工作中，但由于现有的政策和法律法规在这一方面存在空白，如何通过党的政策和国家法律法规与现有组织、相关制度进行合理链接，成为需要解决的问题之一。良好的法律基础可以发挥其积极作用，帮助完善乡村治理体系中存在的漏洞与不足。

在乡村治理过程中实现法治的有效性，需要通过党的政策和国家法

---

[1] 《中共中央关于全面推进依法治国若干重大问题的决定》，载《十八大以来重要文献选编》（中），中央文献出版社2016年版，第157页。

[2] 高其才：《健全自治法治德治相结合的乡村治理体系》，《光明日报》2019年2月26日第16版。

律法规，依法赋予村民自治的权限，划定村民自治的政策法律边界。[①] 在这一情况下，发挥主要作用的是村民自治制度，其在乡村治理中占据了较大的比重。在乡村社会治理体系的发展进程中，坚持村民自治的有效性，需要解决以下三点问题：一是解决村民自治内部环节存在的问题，打破决策、管理、监督之间存在的壁垒；二是村民自治与现实情况有出入的问题，强调依照民生民意，按照当地的发展水平，确保民意传达、政策制定、管理服务这三点间的有机整体性；三是乡村社会组织与村民自治间的接轨和配合问题。在以上三个问题的解决过程中，分别有一些机制适用于这些情况。针对第一个问题：决策性机制、制约性机制、协调性机制。决策机制可以帮助决策组织在进行决策的过程中享有自主决策的权利；制约性机制发挥作用的主体是法律、政策、地方性规则，这些内容对权力所有者发挥制约作用；协调性原则指不同自治组织之间按照实际情况建立起来的处理组织内外各种关系，为确保村级组织正常运转及村级组织整体目标实现的条件和环境。针对第二个问题：保障性机制、表达性机制、制约性机制。保障性机制可以帮助传达最真实的民生民意，反映出村民最真实的意愿；表达性机制需要建设完善的传达意见，村民可以通过一定的方式来表达自己的利益要求，影响村级的决策制度过程；制约性机制指的是村民具有权利，可以监督乡村治理过程中做出的决策。而针对第三个问题，协调性机制和制约性机制有着重要的作用，因此要重视这些机制在各个问题解决过程中的作用。通过规范村民自治和社会组织的行为，有效解决治理过程中缺位和错位的问题，最终能够通过建章立制，依法构建村民积极参与的各项机制，保障广大村民的各项自治权利。

（三）以广大村民为主体的自治组织

乡村治理多元主体中以党的基层组织为核心，以村民自治组织为主体。根据《中华人民共和国村民委员会组织法》（简称《村委会组织法》）中规定，我国村民选举委员会由主任和委员组成，村民自治组织由

[①] 陈荣文：《健全自治、法治、德治相结合的乡村治理体系》，《福建日报》2017 年 11 月 27 日第 9 版。

村民会议、村民代表会议或者各村民小组共同构成。① 因此，在乡村自治组织发展的过程中，坚持村民的主体地位，以广大村民为主体的自治组织是实现乡村振兴战略的重要社会要素。

一方面，坚持以广大村民为主体的自治组织，就是要从村民的"根本利益"出发，通过提高他们的参与积极性和拥有的主体地位，来推动村庄的发展和进步，进而维护自身的利益。同时，只有让村民真正成为自己村庄事务的主人，才能让他们更好地参与到村庄的治理中，推动村庄的长期稳定和发展。在现代社会中，社会变化日新月异，时代也在不断地发展变化，如果基层党政组织不能及时把握时代发展的脉搏，不能深入了解人民的需要和愿望，那么就很难顺应时代发展的潮流，很难赢得人民的信任和支持。只有通过深入基层进行调查研究，才能制定出符合国情和民心的政策和措施，才能有效地推进国家的长治久安和基层社会的持续发展。而其中人民的根本利益是实现人民基本生活的保障，是促进社会美好幸福发展的前提。维护"根本利益"同样也是乡村社会发展过程中的重要方面，这一原则是保障农村广大群众的基本权利的首要条件，可以保证农村群众更好地参与到乡村治理的过程中，提升农村群众的积极性和主动性，促进乡村治理工作的顺利开展。维护农村群众的根本利益这一原则，主要从农村群众的实际需要出发，更好地保障其享有的各项权益。其中最基本的权益就是完善乡村保障制度，这一制度包括社会基本权益中的养老、医保、教育等。满足村民的基本物质需求是首要条件，可以为建设公共精神打好基础。在乡村制度完善的过程中，需要进一步加强乡村教育事业的建设，在普及义务教育的基础上，完善更高层次的发展，提升村民的道德文化水平，激发村民在各个领域的潜能。维护村民的"根本利益"也体现在对于乡村环境的改善和整治。乡村环境作为乡村发展的重要一环，突出表现在改善乡村人居环境，整合乡村可持续发展资源。尊重农村主体的意愿和对人居环境的切实需求，不断完善农民参与引导机制。在村集体统一规划的项目中，农民可以以股民的身份参与村庄的特色景观和农业产业园等项目，改善村庄人居环境的同时，也提升农民参与集体经济建

---

① 《中华人民共和国村民委员会组织法》，人民出版社2010年版，第5页。

设的内生动力和行动自觉。① 同时，充分运用村民自治机制，坚持"一事一议"。在具体的环境整治过程中，通过有针对性的可实施方案，保证农民参与的积极性，有效地激发出农民群众参与的积极性、主动性和创造性。

另一方面，坚持以广大村民为主体的自治组织，就是要实现村民的全面发展。在《共产党宣言》中，马克思认为，人的全面发展是"代替那存在着阶级和阶级对立的资产阶级旧社会的，将是这样一个联合体，在那里，每个人的自由发展是一切人的自由发展的条件"②。这段话强调了社会主义社会与资本主义社会的根本区别，即社会主义社会没有阶级和阶级对立，取而代之的是全体人民的联合体。在这个联合体中，每个人都有自由发展的机会和条件，每个人的自由发展不仅不会受到其他人的妨碍，反而成为其他人自由发展的条件之一。这是一个与资本主义社会截然不同的社会形态和价值观念，其最终目的是建立一个没有阶级和阶级对立的共产主义社会。这句话反映了马克思主义关于阶级斗争和社会进步的基本理念，即实现每个人的全面自由发展是社会进步的关键，而这一目标只有在消灭阶级对立的基础上才能实现。习近平总书记在继承和发展马克思主义"人的全面发展"理论的基础上，多次强调坚持以人民为中心的发展思想，并指出要"不断促进人的全面发展"，这也是习近平新时代中国特色社会主义思想的重要内容。从党的十八大以来，党中央在继承和发展人的全面发展理论的过程中，进一步将人的全面发展作为国家治理现代化的内在逻辑，在这一背景下，党组织重新审视对于乡村治理工作的开展。作为国家治理发展的重要部分，在新时代的背景下，乡村治理工作一直以"全面发展"作为其核心原则。这一原则的外在表现形式有：乡村治理的目标为以人的全面发展与现代化作为主要内容，需要从经济、政治、文化等多领域共同作用；乡村治理的主体以村民为主体地位，在管理的过程中，党组织需要保障村民的根本利益，保障其根本权益，特别是从资源下放、力量下沉等方式来保障乡村治理过

---

① 周燕妮：《乡村产业振兴的浙江模式研究——基于合作治理的角度》，《中共南京市委党校学报》2018 年第 4 期。
② 《马克思恩格斯选集》第 1 卷，人民出版社 2012 年版，第 422 页。

程中村民的法律权利得以实现，做到还权于民；在治理方面，则需要乡村党组织重视教育发展，人才引进，增强治理团队的能力，提升公共服务水平，为实现乡村治理体系现代化的目标提供动力。

最后，以村民为主体的自治组织坚持的基础原则是"以人为本"。现代乡村治理自治组织体系基于村庄规则及"人人平等"的原则。无论村庄的工作人员还是普通的村民，都没有"村规"特权。这种组织形式的实践，有利于减少权力滥用、增强公平正义，推进村庄民主、法治和现代化建设。实际上，这意味着人治模式逐渐诉诸制度治人的管理体系。人治和法治是两种不同的治理模式。人治强调人的作用，主要依靠个人的权威和个人决策来管理社会。而法治则是一种以法律规则为基础的治理模式，它通过制定公正、透明的法律规则，保障公民的权利和自由，限制政府和个人的行为。在我国广大的农村地区，传统上人治模式占主导地位，而法治建设相对薄弱。但是随着中国现代化进程的推进，中国政府也在不断加强法治建设，推进制度化管理。这意味着政府在管理农村地区时，越来越多地依靠法律和制度来管理和约束行为，逐渐实现了人治和法治的有机结合。

在农业社会中，村民需要紧密联系各级基层政府和基层政府组织，发出自身强有力的声音，同时渴望得到正确的指导和强有力的支持，以建立在乡村治理中主导地位的认识，共同建设和管理农村。同时，需要坚持积极推进农村改革，村民以合法居民身份获得越来越多的利益，并以村民的身份参与到乡村发展进程中，更好地分享发展成果。同时治理主体应当以法治思维和管理模式，以期得到解决各种行政问题的根本方法，以改善"软法"管理规则，如乡规民约以及各类宗族条例的特征，使得农村管理更加灵活变通，能够有效治理好各种社会关系。

坚持党的基层领导，通过加强基层党组织的政治建设，以党的政策和国家法律法规的制度建设为依据，以村民为主体的自治组织的社会特点出发，抓住以上关键性要素，坚持问题导向，便成为构建乡村治理体系的逻辑前提。

（四）共建共治共享的目标

党的十九大报告首先从推进制度建设的角度提出了打造共建共治共

享的社会治理格局的思路和要求,即通过建设一种由党委领导,社会组织协同,公众积极参与,法治予以保障的这样一种运行体系,以此来提高治理效率,使得其向更为社会化、法治化和专业化的方向发展。[1] 因此,在《中国共产党农村基层组织工作条例》中针对乡村社会,又进一步提出了打造共建共治共享的乡村治理格局,需要党的农村基层组织加强对各类组织的统一领导,打造充满活力、和谐有序的善治乡村。[2] 共建和共治的过程意味着主体角色参与社会建设和治理,也意味着更多的主体会对其进行监督和管理。共享意味着所有人共享改革和发展的成果,因而共建共享的治理目标也是乡村治理体系实现的目标。

1. 共建共治共享的内涵

习近平总书记曾就共享的实现途径进行阐述,并指出:"共建才能共享,共建的过程也是共享的过程。要充分发扬民主,广泛汇聚民智,最大激发民力,形成人人参与、人人尽力、人人都有成就感的生动局面。"[3] 在农村基层社会治理的过程中,打造新时代社会共建共治共享的新格局,对于社会和国家的发展有着极其重要的意义。不仅仅反映在农村基层社会中,农村广大群众参与到相关事务的决策过程中,也切实地保证了其根本利益和主体地位,最为重要的一点是其符合社会主义"共同富裕"的内在本质。作为农村基层社会治理过程中的新格局,其是从以往的局面中发展而来,具有创新性和多元性,这一表现也是中国特色社会主义协商民主的实际反映,这一实践的成功表明了共建共治共享具有一定的普适性。实现共建共治共享的目标,形成人民当家作主的有效有序的参与治理。需要把握以下三个方面。

第一,共建即多元主体共同推进。乡村治理作为基层的重要实践内容,也是社会治理过程中的重要组成部分。从乡村治理工作的重要性可以看出,社会治理的重心在逐级下移到基层。共建的主要途径是打造多元主体协同合作。以共建为依托而建设起来的治理理念是多元主体人人

---

[1] 徐汉明、邵登辉:《打造共建共治共享的社会治理格局》,《人民日报》2018 年 6 月 21 日第 7 版。

[2] 《中国共产党农村基层组织工作条例》,人民出版社 2019 年版,第 16 页。

[3] 《习近平在省部级主要领导干部学习贯彻党的十八届五中全会精神专题研讨班上的讲话》,《人民日报》2016 年 5 月 10 日第 2 版。

尽力、共同推进。党政组织是共建过程中最为重要的主体，党政组织主要在其中发挥主导作用，其必须以科学民主的方式服务并且参与到乡村治理的过程中。共建有助于发挥社会组织的能动性，随着社会情况、社会结构的复杂化，政府部门很难独立承担，能够发挥的作用也变得愈加有限。因此，第三方组织和社会团体的重要性就凸显出来了，将这些组织和团体纳入共建的体系中，有助于乡村社会共建氛围的实现。共建是村民的建设，尤其需要激发出村民的内生动力，发挥其主体性的作用，参与到美丽乡村的建设过程中。总体来看，乡村建设是一个系统工程，由政府、社会或农民单一的一方投资都无法达成，因此，需要建立起多元主体的协同参与机制，才能共同推进乡村治理体系现代化的实现。

第二，共治即多元主体共同参与治理。相比起共建，共治的过程更加注重多元主体的互动性，这并不是简单的协调和合作，而是需要各个主体间实现回应、协商、契合的关系。进行共治中有一点很重要的是共同参与。共同参与是实现共治的前提和重要途径，而在实现共享之前，共同参与可以实现共治。共治的过程包括上到由各级人大代表、人民政协委员、智囊学者等组成的用以听取民情民意的委员会，下到各级基层干部、村民代表委员等用以解决问题的基层自治部门，也包括社会组织和团体等。共治的理念在于多元主体参与治理过程，而相对而言政府的治理职能就会被大大削弱，同时根据政府的职能增强服务于民的特性，人人参与的共同治理使得村民可以更加贴合实际地参与到治理的进程中，激发了村民参与治理的热情，更好地保障了乡村治理的和谐发展。

第三，共享即多元主体共同享有成果。共享是社会主义在发展过程中最终需要实现的意识形态，而这里的共享指的是多元主体人人享有。人人享有的内容包括权利的平等共有，包括安全、教育、卫生、就业等方面的公共服务平等使用。共享是社会治理、乡村治理的共同目标，同时也要求乡村社会人人参与经济发展、主动维持乡村社会和谐，投入乡村社会的治理和建设过程中去，最终实现乡村社会发展成果的共享。共享作为社会的一种发展模式，其主要的内容和表现反映了社会经济的发展和流动模式。而作为一种价值性的表达，共建、共治、共享这三者间的关系是密不可分的，而前两者则是共享实现的基石。

2. 共建共治共享的逻辑关系

对比"共建共治共享"这"三共"在乡村治理过程中发挥的重要作用可以发现，这三者之间的关系是相辅相成，紧密联系的。

首先，"共建"是共治共享的前提和基础。需要由党组织制定总方案，并对大方向进行总体指导，而由政府负责各个方面的落实和贯彻，特别是在不同领域的治理过程中，需要具有专业能力的人进行统筹规划，另外，村民自治以及社会团体和组织也需要参与到乡村治理和建设的工作中去。在乡村治理过程中，需要重点解决的问题包括教育、医疗、卫生、就业等问题，需要人人参与到与村民有关的社会公共服务领域中去，更好地完成乡村治理工作。

其次，"共治"是共建共享的过程和途径。其实质是改变政府主导之下的"单一治理"模式，使得社会不同领域的力量都参与到乡村工作中去，帮助乡村建立适应其发展现状的有效机制来预防和解决社会矛盾，同时对现有工作制度进行修正，建立有效解决村民矛盾纠纷的多重工作制度。在转移社会工作重点的过程中需要建立共同参与工作的合作机制，加强农村管理体系建设，发挥社会组织和团体在农业管理、调控和村民自治中的积极作用，进而实现村民自治中的良性互动。在乡村发展过程中，还需要坚持依法治村，提高乡村治理的法治水平，积极培育新型农民的法治意识，使其能够主动遵守和学习法律，并通过强化法治思维的方式对各类基层矛盾关系进行化解和协调，以提升整体乡村治理环境的法治氛围。

最后，"共享"是共建共治的激励和成果。最终实现共享是共建共治的终极目标。符合马克思主义理论对于共同富裕理念的探索，可以有效激发多元治理主体参与到乡村治理共建共治的过程中来，为乡村治理提供内在动力。农民既是乡村的建设者，又是共享成果的最直接受益者。因此，在农民参与推进乡村治理过程中，可以通过鼓励社会资本和农民采取多样化的分享方式，保证农村切实享受到发展成果的实惠。

二 新时代乡村治理体系构建的逻辑结构

构建"三治融合"的乡村治理体系，必须以自治为基、法治为本、德治为先,善于将"软治理"与"硬治理"结合,才能形成三者有机互动的、适合乡村发展的长效治理机制。

(一)以自治为基,健全乡村治理体系的核心内容

自治是相对于"他治"的基本概念,是指行为主体表达自由意志、做出独立决定、自行采取行动的过程,其核心包括激发行为主体的自主性和增强主体行为的自力性等。《中华人民共和国村民委员会组织法》第1章第1条明确界定了村民的乡村自治主体地位。这条法规保障了乡村治理过程中村民自治的权利,使得村民有一定的能力可以按照法律法规来履行自己的权利,监督相关组织依照规定履行义务,同时在这一过程中维护自己的合法权益。在乡村治理体系构建的过程中,必须要强调的一点是其主要围绕"赋权增能"调动主体的参与积极性,通过对其权利的赋予和保障,来激发其对于乡村治理的积极性和主观能动性。

根据中共中央办公厅、国务院办公厅印发的《关于加强和改进乡村治理的指导意见》中指出:"增强村民自治组织能力。健全党组织领导的村民自治机制,完善村民(代表)会议制度,推进民主选举、民主协商、民主决策、民主管理、民主监督实践。"[1] 当前,鉴于乡村自治组织力量不强,当地政府应帮助乡村完成自治工作,遵照《基层群众性自治组织依法履行职责主要事项》要求,明确乡村自治组织工作内容、工作责任,紧密开展与当地政府的协作互动。[2] 因而坚持以自治为基础,在进行村民议事会、村民大会的过程中,首先,应加强对于村党支部和村民委员会的监督,提升基层党组织的治理水平,同时,加强对村民大会全过程的监督,健全和保障与村民有关的一系列规章制度。其次,在乡村治理制度制定的过程中,通过健全多层次的乡村协商机制,帮助村民和乡村社会组织更多地参与到乡村工作中去。再次,村民自治机制的形成过程,需要按照有关规章制度进行,明确基础组织的责任和义务,帮助建立社会组织、引导村民参与政治活动,这些为乡村治理和形成多元主体协同

---

[1] 《关于加强和改进乡村治理的指导意见》,人民出版社2019年版,第6页。

[2] 张明皓:《新时代"三治融合"乡村治理体系的理论逻辑与实践机制》,《西北农林科技大学学报》(社会科学版)2019年第5期。

共治有着积极意义，并能够帮助基层干部转移工作重点。最后，在村民自治机制的实施过程中，需要党组织干部引导村民树立社会治理的主体意识，在提升村民的自我服务、自我能力提升的基础上，最终形成村民积极治理乡村问题的重要机制；当地政府应借助资金扶持、购买服务、公益创投等方式，支持乡村自治组织开办养老助残、扶困济贫等各项事业，支持乡村自治组织兴建服务机构。坚持以自治为基础，强化我国乡村地区的村党支部和村民委员会建设，重建乡村地区的自治机制，健全乡村治理体系的核心内容，其对于深化村民自治实践具有重要意义。

（二）以法治为本，健全乡村治理体系的重要保障

在现代社会中，法治秩序是社会发展的权威，也是保障。卢梭在《社会契约论》中曾指出："我只认为那些对我没有用处的东西是属于他人的，而在社会状态中，事情就不是这样了，一切权力都是有法律规定的。"[①] 法治秩序最核心的价值包括"自由、平等、公正"等，并以人民的利益作为根本。因此，在乡村治理体系构建的过程中，切实保障村民的广泛参与，其中的关键因素就是法律规定。通过建设法治秩序，厘清法律在乡村地区赋予政府的权力，弄清楚法律给予的政府和村委的权力清单，可以有效监督乡村治理工作是否按照法律限定的内容进行。

在十月革命时期，列宁曾提出："争得政治自由即争得以法律（宪法）保证全体公民直接参加国家的管理，保证全体公民享有自由集会、自由讨论自己的事情和通过各种团体与报纸影响国家事务的权利。"[②] 法治包含了一种公民对于契约以及规则的信任和遵守。对于我国来说，法治治理是整个国家治理的基础，同样也是实现依法治国的本质要求。推进"三治"建设的过程，以"法律"为基本的保障措施。法治根本在于权威性和强制性，针对乡村违法行为必须严惩，让乡村百姓产生敬畏之心，不敢越过法律红线。同时，乡村执法人人平等，不得徇私舞弊，不得选择性执法，坚决维护法律公正。在依法治国的社会发展道路中，特别是在乡村治理体系构建的过程中更加需要升华法治理念，进一步加强

---

① ［法］卢梭：《社会契约论》，李平沤译，商务印书馆2011年版，第41页。
② 《列宁全集》第2卷，人民出版社2013年版，第90页。

对于法律的宣传工作，使得群众知法、懂法。法律作为乡村治理过程中的根本基石，应充分肯定其在解决乡村群众矛盾纠纷，打造法治秩序，营造乡村良好氛围的重要作用。另外，法律可以保障乡村治理的工作更加符合要求和规范，使得村民更加了解法律，运用法律的武器来维护自身的权益，创造出德治与法治并行的乡村治理氛围。法律在基层治理中的主要作用体现在其对于村民自治过程做出了明确的限定和规范，对于农村基层治理主体的行为关系进行划分和限定，这样可以约束乡镇政府在进行乡村治理过程中的行为，预防不合理合法行政行为的出现。而同时，也可以保障村民的自治权利，以群众的根本利益为主要发展对象，构建完善的乡村法治化模式。法治作为公民、社会、国家运行过程中的重要规则，在乡村治理体系构建的过程中，进行法治建设是健全基层社会治理的重要保障。

在乡村治理体系中，村民是乡村治理的主体，乡村治理必须有村民的广泛参与，为了保障村民自治权利，要以法律形式明确界定政府与村委会的权力边界，也就是要厘清法律在乡村治理中赋予政府的权力边界，也要明确法律赋予村两委的权力职责，并列出政府与村两委的权力清单，促使乡镇政府、村两委能够依法行事，村民能依法行使民主管理、民主监督的权利，从而使乡村自治始终在法治的轨道上运行。以法制为保障，有以下三个方面的重要作用：第一，有利于提升村民及基层干部的法治理念，使得他们在日常生活中学会利用法治的思维方式解决实际问题，处理矛盾及冲击。第二，有利于我国基层自治组织及行政部门法治化建设，更能保证村民的基本自治权利得到保障，使得村民能够依照法律规定行使自己的合法权利。同时，法制化建设可以提高基层组织和行政部门的决策水平和管理能力，增强其执行力和公信力，从而为村民提供更好的公共服务和法律保障。第三，对村民的行为规范加以约束，从而从根本上减少矛盾及冲突的产生，最终创建一个和谐稳定的乡村社会。

（三）以德治为先，健全乡村治理体系的精神引领

道德是人民对于外在的伦理客观事实的接受和规范，其重要的作用并非强制约束，而是作为一种社会的规范工具，通过群众在内心的内化

作用形成德治的自觉性。自古以来，我国传统社会就奉行以德行助人和育人，通过劝导人们良心向善，知荣辱，祛心邪而实现心灵与精神的改造。在我国进行乡村治理的过程中，就将"道德"作为乡村治理的重要依据之一。其在乡村地区主要表现为内在精神，这种精神可以约束群众的行为，对乡村社会形成长远的影响。但是在社会现代化的过程中，乡村社会的"道德"观念也受到了巨大的冲击，中国乡村地区的道德作用相较于以往发生了巨大的改变。同时也产生了一系列的问题，包括公众道德约束力降低、公共舆论弱化、公共精神缺乏等，由此在乡村治理体系构建的过程中，其道德观念和精神内核存在的问题有待解决。

在乡村治理体系构建的过程中，需要认识到乡村社会的快速转变和人们精神文化道德水平的进一步提升是一个相互影响的过程。特别是在人口流动的过程中，不同区域的发展中产生了异质性的东西，人民的价值理念发生了巨大的转变，而多重价值观对于以往价值观的冲击使得社会进入价值观冲突剧烈的状态。再加上市场经济的发展的速度过于迅速，使得部分民众的道德理念在不断模糊化，公共性方面的凝聚力在大大地降低，在乡村治理体系构建的过程中党组织和政府在群众中的公信力大大下降。这一现象主要表现在经济和社会层面的纠纷中，政府"仲裁者"角色的错位导致一些与民众发生冲突的主体的产生。因此，社会中出现了"上访"的现象，而这与进行"上访"的群体在立场上甚至产生了对立，"上访"已成为那些反对基层政府非法活动的人的多数选择。同时"如上访人数达到政府规定范围后，每上一层级，其对于政府组织的信任也就减弱一个层次"[①]。由此，可以窥见乡村治理在打造共同体中日益暴露出来的信任危机。乡村治理不仅要依赖法律法规、政策规章等硬性规范，还需注意道德规范、价值伦理、文化信仰等软性规范。当前，部分乡村精神文明建设滞后，陈规陋习和不良风气依然存在，比如婚丧大操大办、天价彩礼等，更有部分乡民百姓拜金主义严重，为了赚取经济利益无所不用其极。乡村德治应有奖有惩，既要树立道德模范，又要对乡村陋习进行批判，张贴乡村不文明榜单，对不文明家庭、个人进行批评，建立信用奖惩机制加以约束。

---

① 胡荣：《农民上访与政治信任的流失》，《社会学研究》2007 年版第 3 期。

因而有必要在乡村治理中以德治为先，营造乡村治理良好风气。"德治"是乡村进行治理的红线，坚守这一条红线有助于帮助乡村群众规范行为，激发群众集体意识、共同意识、公共责任感，构建以核心价值观为主要内容的精神家园。在乡村治理体系构建的过程中，德治是其发展的基石也是重要内容。一方面是对于我国传统的道德伦理体系的重视和发展；另一方面，在德治的过程中更加重视区域的特点，强调地区发展中特有的文化内容，以此来规范村民的行为。在乡村治理体系构建的过程中，德治中包含的文化规范可以在不同的区域推广运用，使得其与法治的作用相辅相成，拥有更加完善的乡村治理体系。德治在维护乡村和谐，促进乡村更好发展的过程中具有重要的影响。而对于村民来说，德治规范了其行为，提高了其道德文化水平，为健全乡村治理体系提供了深厚的思想道德情感支撑和精神引领。

在我国乡村地区，传统道德文化具有深远的影响，其中有很多有价值的道德规范可以作为乡村德治施行过程中的重要内容。传统伦理道德体系中，将礼义廉耻等作为其核心内容，这些也是我国在发展过程中需要继承和发扬的重要内容。德治的作用不仅仅在于以核心价值观来帮助公众塑造公共理性，而且通过构建乡村的道德伦理体系来强化乡村公共文化意识，弘扬公共精神。乡村道德规范是乡村治理过程中重要一环，也满足了社会主义核心价值观的发展方向。这一道德体系为公民提供了合适的思想行为规范，使得他们可以学习对应的思想行为规范，约束自己的行为，把控好与他人、社会、自然的关系。在社会主义核心价值观的深刻引导下，乡村群众具有一定的权利意识，可以更加积极地参与到乡村治理的过程中，使得乡村公共事业具有公共价值，也具备一定的公共理性。德治基础在于文化，一直以来，我国广大乡村地区文化教育落后，百姓综合素养不高，导致乡村德治频繁受阻，应积极营造良好的乡村文化，提高乡民文化素养，为乡村德治奠定基础。

传统的道德伦理体系维持了乡村社会发展的稳定性，相较于法律的强制性约束力，道德的约束力则是内在自发产生的一种非强制约束力，这种约束力可以成为村民自治实现的基础。在乡村社会的发展过程中，"人情"和"熟人性"的传统道德理念的继承和发扬是德治开展的基础，说明德治具有较大的发展空间。因此，道德作为群体的非强制性约束，是良好善治的基础。与传统意义上的法治相比，新的德治的重点在于重视乡村的道德规范，特别是重视传统的道德伦理体系在乡村治理中发挥的重要作用。德治虽然属于软性规范，但并不意味着没有标准，乡村德治也需严明道德准则。当前，乡村德治无章可循，未将道德指标量化处理，导致德治过于依赖主观感受，容易产生标准不一现象，乡村德治应构建规章制度和行为准则，约束乡村百姓不道德行为。同时，在推进德治体系的建设过程中，注重深挖德治资源，强化德治的约束作用，通过实现在乡村良好风尚的引领作用，强化德治与乡村文化的深度融合，以柔性治理弥补刚性治理的不足，最终提高乡村治理体系的韧性。

（四）理顺自治、法治、德治三者之间的内在关系

准确把握自治、法治、德治三者之间内在关系的关键是要认识"三治"分别的定位；要把握"三治"之间的深度融合；要明确自治是法治和德治的核心内容，法治是自治和德治的保障，德治是自治和法治的支撑。

1. 自治是德治和法治的核心内容

自治作为乡村治理体系中重要的组成部分，相较于传统历史上的专制、管控和统治的形式，这里的自治更加突出在共建共治共享的目标下，以多元化主体参与到乡村治理体系构建的过程中，其中包含多主体、多治理领域、多治理手段，以期达到合作化治理、共享化治理的目的，最后形成协同互助的治理格局。在乡村治理体系构建的过程中，自治主要的外在形式更多地反映在民主选举、民主决策、民主管理、民主监督。村民作为治理的主体和受益者，在乡村自治的过程中发挥着巨大的作用，而增强自治是回归人民本位的关键点，在"皇权不下县"的历史政治文化下，乡村治理体系的运行逻辑，俨然已渗透到各省级单位、县级单位甚至乡级单位的行政治理之中，但是自治本身却被始终如一地贯彻到乡村治理体系中来。[1] 在新时代背景下，自治已经不再单纯是一个主体和客体问题，其与农村地区的多个领域的深入发展产生了融合和交错，成为

---

[1] 何阳、孙萍：《"三治合一"乡村治理体系建设的逻辑理路》，《西南民族大学学报》（人文社会科学版）2018年第6期。

乡村治理体系中不可或缺的一部分。自治的内涵从客观上既可以满足人民当家作主的要求，也满足了社会主义发展过程中基层民主的要求，成为乡村社会治理发展过程中的基本目标。因此，在乡村治理体系构建的过程中，自治成为完善和健全乡村治理体系的核心内容，而德治和法治是其实现的辅助工具。

2. 法治是自治和德治的保障

习近平总书记曾指出："要在全社会树立法律权威，使人民认识到法律既是保障自身权利的有力武器，也是必须遵守的行为规范，培育社会成员办事依法、遇事找法、解决问题靠法的良好环境，自觉抵制违法行为，自觉维护法治权威。"[①] 乡村治理对基层乡村进行管理和服务的过程中，乡村法治也是其重要的构成部分，作为乡村秩序维持和建设的重要工具，法治是乡村振兴过程中的重要保障。在我国发展的过程中其主要确立了德治与法治并行的策略，由于我国向来注重道德教育，而我国的传统美德中也包括这一点，因此，德治和法治成为不可分割的并列体，治国理政将"法"或"德"放于平等的位置上。但是法治作为强制性规范工具，各项法律条款规章制度给予了法治丰富的内容，而法律的强制性则是法治底线，法治秩序是乡村发展的根基，其规定大的规则框架，使得人民可以在一定程度上维护自己的权益，同时也可以保障群众承担起一定的责任，实现群众自治的基础。但是在不同区域的社会中，不是所有的事情都是可以运用单一的法律进行调节，因此，社会问题的处理过程中需要德治与法治相结合，特别是在一些不具备法律实施的空间中，德治相对可以部分替代法治的作用。因此，在乡村治理体系构建的过程中，法治是德治和自治的重要保障，其中法治是赋予村民自治的权利，而法治为乡村治理建立的强制性约束，同时又与德治这一非强制性约束相辅相成。

3. 德治是自治和法治的支撑

乡村治理体系中的德治作为一种非限制性约束力，使得村民在自治的过程中可以进行内在的自我约束，最后导向为实现乡村社会的善治。德治的核心是道德体系框架，其中主要的内容是中国传统的道德核心价

---

① 习近平：《加快建设社会主义法治国家》，《求是》2015年第1期。

值，作为一种内化的治理方式，可以运用道德的感化力量引导村民进行自治。而德治和自治与法治的内容又密不可分，法律建立的规则框架成为乡村社会发展的重要内容和基石。在乡村治理体系构建的过程中，自治是依据法律划分的内容和边界，越界的自治已经不具备法律效力也就没有效用。同时，德治的内容和核心也必须符合法治的精神，与乡村构建的法治体系更加贴合，这样两者在乡村治理体系构建的过程中可以融合发展，使得法治用以保障德治的实现。习近平总书记所提出的"法律是成文的道德，道德是内心的法律。法律和道德都具有规范社会行为、调节社会关系、维护社会秩序的作用，在国家治理中都有其地位和功能"[1]的思想论述表明了德治共同认知的行为按照法律是成文道德的原则成为一种行为规范并发自内心地愿意遵守，就会将其自然上升为内心"成文道德"，成文道德法理通常指"道德的法律化"，是指纳道德因素到法律中，提高公民的道德素质，维护社会稳定。黑格尔在继承康德德国古典哲学的唯心主义和主体能动性的基础上认为道德即"主观意志的法"，"道德和不道德的一般观点都是成立在意志主观性这一基础之上的"[2]。因此，不能脱离国家和社会的现实关系来理解道德。"法律是成文的道德"的运行目标重点在于降低法律的交易成本；而关于道德实践的论述，马克思曾说："道德的基础是人类精神的自律，而宗教的基础是人类精神的他律。"[3] 这里马克思谈了两层意思，一个是内生的"自律"，另一个则是外生的"他律"。只有在道德实践的发展过程中，当"道德是内心的法律"，即内生的自律时，才有可能在法治实践过程中"够不到"的地方予以补充。道德所建构的法律体系是满足人们意愿、保护人们利益和自愿遵守的善法。由于农村固有的"人情化"的道德风貌，使其更加需要德治的发展，但是很明显这一表现的背后具有缺陷。"人情化"的存在使得农村在法治过程中存在薄弱点，"人情"的思维方式也成为法治框架下乡村发展过程中的阻碍，因此，从这一角度，必须强化乡村地区的法治观念。自治作为乡村治理过程中的重要内容，也是社会主义民主

---

[1] 《习近平谈治国理政》第2卷，外文出版社2018年版，第133页。
[2] ［德］黑格尔：《法哲学原理》，范扬、张企泰译，商务印书馆2017年版，第130页。
[3] 《马克思恩格斯全集》第1卷，人民出版社1995年版，第15页。

的基本要求；法治作为外在保障的一环，起到平衡各方利益关系，保障权力机构的能力限制，使其成为治理过程中重要的治理框架；而德治是农村地区的基本内在要求，成为自治和德治发展的内在支撑。

综上所述，自治、法治、德治三者间互相联系，交融发展，成为乡村治理过程中必要的三大环节，而这三大内容也构成了现代化的乡村治理体系。"三治融合"的内容包括强调主体的自觉性、乡村法治规则建立、乡村道德体系建立，使得自治、法治、德治这三者的联系更加紧密，从而更多地激发村民自治的积极性，建立完善的乡村治理体系的内容，最后达到乡村善治的目的。当前我国处于新时代发展的重要阶段，推进"三治融合"的发展模式有助于建设乡村治理体系，保障乡村处于治理有效、乡村人文氛围良好的发展过程中。而乡村治理体系构建的首要问题是解决合理性的问题，其次是激发村民自治的积极性，形成以自治为核心、法治为框架、德治为支撑的"三治融合"体系。因此，在"三治"融合的乡村治理过程中，"自治"是核心，"法治"是保障，"德治"是基础，后两者是"自治"的发展重要保障，而这三者间的关系又互相交融，密不可分。其中需要注意的一点是"三治融合"的体系并非这三者的简单叠加，而是这三者在各自发展的过程中形成"你中有我，我中有你"的体系，特别是需要与现实状况相结合，避免各自为治，从而造成机制间的不畅通。

三 新时代乡村治理体系的运行机制

梳理乡村治理过程中自治核心、法治保障、德治支撑这三方面的内涵和契合关系，也需要对现代社会发展过程中，乡村社会关系发生的变化和社会矛盾的主要表现作出回应，在构建"三治共融"的过程中需要创建三维互动新机制。下面主要从顶层设计与基层实践中的双向互动机制、三治融合的内在联动机制以及多元主体间的协同参与机制对其进行详细的介绍和说明，并通过有效的梳理来发现和寻找现代化乡村治理体系运行的着力点。

(一) 顶层设计与基层实践中的双向互动机制

习近平总书记在十八届中央深改组第七次会议上强调,"要鼓励地方、基层、群众解放思想、积极探索,鼓励不同区域进行差别化试点,推动顶层设计和基层探索良性互动、有机结合"[①]。在乡村治理体系构建的过程中,特别是在新时代乡村振兴战略推进的过程中,顶层设计对于乡村治理体系的建设有着巨大的推动力,同时,乡村治理的创新创造也源源不断地促进国家乡村治理政策法规的与时俱进,从而形成双向促进的互动关系。

1. 顶层设计对基层实践的促进

在中国改革的过程中,基层探索和顶层设计相互作用,共同推动了改革的深化和发展。[②]邓小平作为中国改革的总设计师,提出了"摸着石头过河"的改革方法,渐进式推动社会发展变革。在新时代,在更加注重整体、协同发展式改革背景下,自上而下的中央政策导向以及中央指导下的地方试验在基层实践的过程中更是发挥了主导作用。作为顶层设计的乡村振兴,《中共中央、国务院关于实施乡村振兴战略的意见》编制的《乡村振兴战略规划(2018—2022年)》提出了产业兴旺、生态宜居、乡风文明、治理有效、生活富裕的总要求。[③] 一方面,乡村振兴战略是乡村基层发展的指导策略,其主要的发展方向是促进乡村现代化建设,推动乡村治理现代化的进程。其主要内容包括对乡村发展过程中各项基本生活条件进行改善和治理,从而进一步保障乡村创新的环境。这一战略规划的提出是基于我国乡村发展现状,对乡村发展进行全面评断,对各个参与部分进行协调系统化设计的基础上提出来的整体布局。顶层设计对基层发展不仅仅起到了指导作用,还使其具备了一定的推动作用。另一方面,就其内容中的制度安排和整体思路,乡村振兴战略在制定的过程中与乡村的现实情况紧密结合,包括乡村治理的范围广、内容杂、难

---

① 《习近平主持召开中央全面深化改革领导小组第七次会议》,新华社,http://cpc.people.com.cn/n/2014/1202/c87228—26135395.html,2014年12月2日。
② 徐斌:《基层探索与顶层设计的辩证统一关系》,《人民论坛》2019年第25期。
③ 《中共中央国务院乡村振兴战略规划(2018—2022年)》,人民出版社2018年版,第11页。

度大的特点，使得乡村治理的过程中需要多元化主体参与其中，因此，乡村振兴战略主要从大局出发，将各个组织部分很好地结合起来，具有良好的整体性和系统性。在治理的过程中，其精准地判断出乡村治理过程中存在的主要矛盾，并结合现状分析，进一步了解当前乡村治理取得的成效和获得的进展，以及客观存在的弊端，这些都充分表明其在统筹规划的过程中所体现的有效性和科学性的特点，特别是从宏观的角度实现了对基层实践的积极指导。第一，将在促进农村管理创新动力方面发挥重要作用。人才、工具和技术在乡村市场机制的指导下聚集。内生的新生代养殖专家和大学毕业生以及农村的回归精英群体将互相支持。同时乡村地区中杰出人才的聚集也将对整个农村社区产生重大影响，同时也有助于形成农村复兴的主导力量。第二，为农村管理创新创造更完善的法治环境。在振兴乡村的过程中，不可避免地要依法加强行政管理，严格遵守法律法规，优化乡村执法和司法环境。加强法治的管理和监督，并允许整体的权力体系工作运行在阳光下。在乡村振兴过程中，乡村社会运转体系不应成为"法治孤岛"。依法治国的运行理念应在乡村基层得到充分执行。第三，乡村振兴为农业管理创新提供借鉴。乡村将继续为城市发展提供土地、食物和原材料，但将没有流转障碍，城乡之间各类资源要素的流动也不会吸收城市资源。同时，有关城市居民点管理的相关经验与其他因素一起流向农村，成为农村综合发展的重要动力。可以看出，乡村振兴为乡村治理管理带来了经验及方案，缩短了探索创新的时间，节省了创新成本。

　　党中央按照顶层设计对乡村基层党建组织建设的过程，可以充分体现党中央对于这一治理主体的重视。首先，其首要的策略是对乡村基层党组织进行有序的部署和全面的推进，针对现有的党建组织中存在的问题进行解决，以党风建设为重要的指导内容，有序解决基层腐败问题，制定"八项规定"，肃清党风党纪，对群众身边党员不正作风予以纠察和处罚，随后将乡村基层党组织中存在的作风建设实现的成果进行推广扩大，特别是组织生活正常化和政治生态建设成果相结合，使其能够互相作用、互相推动，并最终实现顶层设计对党组织建设由表及里的变革。其次，在发展的过程中，推动党的多方面联动建设，使得党在政治、思想、作风、组织建设这些方面获得全面的发展，通过对整体的设计和考量，实现党的各个部分的协同发展和优势互补，将短处的影响在互补过程中尽量削弱，使得党的基层建设形成巨大的建设合力。最后，用思想建党凝聚力量，通过制度对党的权力进行制约约束，按照法律法规对于党的行为进行规范。从而不断强化顶层设计对基层实践的促进作用。

2. 基层实践对顶层设计的响应

习近平总书记在主持十八届中央政治局第二次集体学习时的讲话中指出："摸着石头过河和加强顶层设计是辩证统一的，推进局部的阶段性改革开放要在加强顶层设计的前提下进行，加强顶层设计要在推进局部的阶段性改革开放的基础上来谋划。"① 在推进中国改革开放进程中，摸着石头过河和加强顶层设计两种方法既有区别，又有联系，应该进行辩证统一，相互协调和促进。在国家的主导下，摸着石头过河指导实践与理论认识的不断升华。将基层实践经验上升为理论认识，将基层实践理论化，并在此基础上发展创新，转化为具体制度政策。② 从而实现基层实践对顶层设计的响应。

（1）基于民主平等理念的精英治理模式

目前，在某些农村地区，权力的增加和实际参与乡村治理人员呈现两极分化，这对于乡村振兴以及农业发展多功能性产生了重大影响，乡村精英管理者仍存在很大缺失。在基层推动精英治理模式，能够迅速提升治理效率，进而起到推动发展农业建设以及农村工业和农村经济发展一体化的作用，使其成为乡村振兴过程中的重要部分，扩大多元主体使其能够更加有效和深刻地把握顶层设计的理念。在进行乡村治理的过程中需要改进乡村治理主体的管理模式和服务模式。政府由以往的管理部分转向服务人民的角色，培育具有一定政治意识和专业技能的村民主体，有效提高其作为农村主人公当家作主的权利意识，在实践中形成真正的民主治理精神。同时，通过吸纳农村地区出现的有才干的毕业生、海归、企业家，发挥其内生力量的主动性，以促进乡村主体的多样性。首先，随着村级选举民主程度的提升，"能人""富人"日益在村委会选举中占

---

① 《习近平谈治国理政》第1卷，外文出版社2018年版，第68页。
② 王成利：《顶层设计与基层探索的良性互动——新中国成立70年来农地产权制度变迁研究》，《经济问题》2019年第11期。

据优势地位。民政部对山东、河北、河南等省的调查显示，村里的能人当选村委会成员的比例在50%以上。[①] 而在经济相对发达的浙江省，有企业家、工商户、养殖户等富人，担任村委会主任或村党支部书记的比重，更是超过了2/3。[②] 说明农村选举走向了村干部的精英化趋势，选举竞争性的提高，需要候选人具有较高的综合实力，不仅需要特定的工作能力，还需要各种资源来动员农民参与选举，能人才能够脱颖而出。[③] 但是，由此也引发了关于贿选、宗族势力干扰的问题，这些给村级选举民主带来了不同程度的严峻挑战。其次，为完善监督处罚机制，村庄治理应当严格遵守"一案一议"制度，其不仅能有效地确保乡村民主治理问题的公开透明，而且应适当提供面向精英的约束和惩罚。改善正式和非正式的约束和"违规行为"。提升精英日常行为中"违法"和"犯错"的成本，使得精英治理的过程与所在乡村的发展现状两极分化，使得出现异化实践而导致乡村基层管理中出现问题。最后，通过普法、定期讲座等方式加强对村民的教育。教育可以提升村民主体整体的综合素质，提高道德文化水平，培养其参与意识，能够以合理合法的方式防止"政治冷漠"和"软冲突"的出现，提供充分表达他们想法与利益诉求的途径和渠道等，能够为乡村治理中精英治理模式的民主变革奠定广阔的基础，并最终获得自下而上的认可。

（2）以文化凝聚力为目标的基础文化建设

文化是人类社会在长期发展过程中创造的精神财富和传承的文化遗产，它是人类社会发展的重要标志和支撑。基础文化建设是指以文化为基础，以文化凝聚力为目标，通过各种形式的文化活动和文化载体，加强人民群众的文化素质和道德观念，增强民族自信心和凝聚力，推动社会和谐稳定发展的一项工作。更深层次的社会治理本质上也可以归结为文化问题。在社会治理中，文化能够产生一种非常重要的影响力，影响

---

① 史卫民、潘小娟等：《中国基层民主政治建设发展报告》，中国社会科学出版社2008年版，第98—99页。

② 商意盈、李亚彪、庞瑞：《富人治村："老板村官"的灰色质疑》，《决策探索》2009年第10期。

③ 俞可平：《中国的治理变迁（1978—2018）》，社会科学文献出版社2018年版，第142页。

着社会的道德标准、行为规范、价值观念和行动方式。文化不仅可以决定社会的行为方式，还塑造了社会的意识形态和社会认同。因此，社会治理中的文化问题是十分重要的。从农村传统文化指导出发，促进农村管理创新，不仅符合中国农业社会的现实，同时也与中华民族伟大复兴的愿景相一致。首先，通过营造出重视发展农村文化的现象，可以帮助村民认识到乡村传统文化的重要性，从而对农民的生活产生重要的影响。同时，可以通过积极举办有关主题活动来建立文化自信，从而有效抵制不良习惯的行为的出现。其次，从治理理念上出发，将乡土文化中的优秀成分作为实现治理创新的精神养分，在具体的工作分配中将其融入乡村村委组织干部评估、晋升的管理体系中。最后，对于乡村治理过程中对文化建设的举措，要与城市文化连接，一方面需要保留农村传统文化的独特性；另一方面需要推动乡村地区文化的创新，这是乡村治理工作将乡村文化领域推向现代化的重要举措，能够使其成为社会主义文化建设顶层设计中的重要精神支柱之一。

（3）以政策决策为引导的乡镇基层治理功能

农村基层社会治理的发展与农村经济结构的变化、国家的支持以及村民的参与有着直接关联。[①] 作为我国"三农"政策的实际实践单位，乡政府在各类政策上的执行力度和实践操作，将从各个领域影响乡村治理工作的顺利开展，同时也关系到乡村事业发展的成败。因此，第一，在对群众思想认识进行统一的过程中，通过对基层政府人员管理过程的监督，强化职责观念，特别是打造出一个具有良好服务型的政府。在对权力体系进行构建的过程中，需要优化单一权力机构的现状，使得乡镇单位可以更易接受村民的需求和愿景，并且为村民依法提供合适的服务，避免出现职权架空的问题。第二，通过加大财政扶持和资源倾斜力度，在乡镇政府组织和实际开展工作期间提供更加全面的配套扶持服务，将治理中心转移到基层治理服务建设层面上来，避免乡镇干部玩忽职守，热衷项目投标的问题出现。第三，在增强政府单位的目标责任管理体制的严格执行要求上，以自上而下的传导机制推动各类政策的逐级落实，

---

① 俞可平：《中国的治理变迁（1978—2018）》，社会科学文献出版社2018年版，第143页。

强化"国家—社会"之间的行政纽带。类似于周黎安提出的"行政发包制"[①]。体现了国家实施有效治理中的集权和分权。同时,以自下而上的实施推动改变和修正落后和不合理的政策和法规,达到不断完善的目的。第四,以管理体制革新为目标,对乡政府组织同各村行政单位之间的职能权力划清界限,通过责任清单的拟定和实行,尽可能精简政权运行体系,同时赋予更多村两委的治理自主权和决策权,使得其以更多精力投入乡村振兴事业中来,同时加快政策执行效率。

（4）以合力机制为基础的乡村治理逻辑

乡村治理体系在逻辑运行层面上的碎片化,使得治理合力的形成更为困难,同时也在一定程度上对于乡村振兴事业的发展产生了巨大的影响,使得乡村治理的过程中必须以合力机制作为重要的运行基础,整合乡村治理逻辑。

首先,通过培育和成立新型农业经营组织和主体单位,建立村民代表议会制度、乡贤理事会制度等各类社会自治机构,组织乡村居民参与到专业培训中去。在社会发展过程中出现的社会异质性在组织共性的效用下实现包容,降低异质性对于组织整体的影响。同时,对于实现组织运行过程中综合管理水平,以及提高组织运行过程中的自我诊断纠错的能力具有积极意义,从而可以有效保障组织和村民自治间连成发展纽带,形成自治合力。其次,有必要针对道德发展过程中的教化作用积极培养村民的道德文化素养,使得村民提升道德认知水平、思想感情水平,这些道德体系的内容和准则可以成为抑制异质性内容的重要手段。最后,在乡村治理体系构建的过程中实现德治和法治的合力共同发展,实现培养主体的法治秩序的观念和能力,通过改善乡村治理的法治环境,以"依法治村"为原则沟通构筑"三治"合力,形成对顶层设计的呼应。

（二）三治融合的内在联动机制

立足于乡村社会治理体系的中观层面,审视村民自治运行机制,从长效机制的顶层设计到基层操作、从机制运行到机制保障等问题,都是需要在构建合作治理机制的基础上,建立三治融合的内在联动机制。构

---

① 周黎安:《行政发包制》,《社会》2014年第6期。

建现代乡村治理体系应坚持多元化、体系化和专业化的原则。

第一，促进乡村治理主体的多元化。乡村治理从主体和客体的角度进行分析，可以分为组织和个人两个层次，这两个基本层次形成了乡村治理的主体。而在不同区域的乡村发展过程中，可以看到其在部分领域的发展过程中存在的差异，所以，在乡村治理体系构建的过程中，需要依据不同的乡村类型和功能积极地发展出多元化的组织，比如农村合作经济组织、农村政治组织等，这些组织的建立，对于补充政府的短板具有重要意义。同时需要依据法律规章制度对这些组织进行责任分工制度，使得组织在发展的过程中依据乡村治理的要求共同发展。在进行发展的过程中需要注意权威性的作用，利用新乡贤、返乡人才的知识、能力、资本优势，积极鼓励这一群体参与到乡村公共事务的过程中，同时在政府领导这一过程时，需要对其进行规则的约束，防止精英治理极化现象的出现。

第二，促进乡村治理规则的体系化。法治是以国家为主导建立的规则总体，具有强制性的特质，而德治作为法治的补充和共同作用内容，其特质则是非强制性和内部化。在乡村治理过程中，构建完善的规则需要从法治和德治两个方面进行作用，围绕乡村共同体作为核心，并且基于内部和外部的规则平衡体系，创建高效低成本的发展治理规则。以乡规民约作为规则制定的基点，并且在乡村治理体系构建的过程中选择适合当前发展状况的乡规民约，制定合理的程序和内容，特别要联系实际出发，防止其内容的形式化和空洞化。在乡村治理体系构建的过程中，需要将自治、德治、法治的种种内容相互联系，与乡规民约总体设计的规划结合起来，并且按照法律为乡村治理主体划分义务和责任范围，规范治理主体的权力范围，确立乡规民约在乡村治理过程中的"软法"效用，以此推进农村社会的和谐共治。

第三，提升治理工具的专业化。在乡村治理的实践中，其内在具有多种的治理工具来为其实现治理的有效性和高效性，所以在运用治理工具的过程中，需要结合现代社会发展来提升治理工具的专业化。中共中央办公厅、国务院办公厅在2019年5月印发的《数字乡村发展战略纲要》中强调："立足新时代国情农情，要将数字乡村作为数字中国建设的重要方面，加快信息化发展，整体带动和提升农业农村现代化发展。"①通过数字技术实现村民与干部之间的相互衔接，促进乡村治理在村党政建设、经济发展和信息公开等方面的数字化实践转型，创新乡村治理的方式和村民自治权利的实现方式，同时通过激励村民参与数字化乡村治理建设，使村民与互联网之间的接触更加频繁和生活化，消除村民之间的数字鸿沟，培养村民参与乡村事务的媒介素养。不论是上海市宝山区的"社会通"服务平台，还是浙江省杭州市建德市的"乡村钉"服务体系，通过打造线上数字治理空间的方式，赋予农民主体参与农村事务的便捷性，不断激活行动主体的参与意识和治理积极性，对加强各方主体之间的沟通，实现农村治理体系的高效化，促进乡村经济社会发展都具有重要的意义。在当前信息技术高度发展的背景下，通过互联网技术来构建社区信息的公共服务平台，可以有效提升农村治理的综合能力，有助于对接农户需求，实现乡村治理过程中的"最后一公里"目标。

第四，探索乡村治理有效的实现单元。有效的乡村治理单元包括功能健全的治理体系，其中自治、德治、法治三治相互融合、互相作用，这是乡村治理成果的具体化表现状态。这些单元具有高度的黏性，能够成为集体活动过程中的重要标准。为了实现乡村治理有效单元，可以选择一村一单元的有效单元体系，各个单元之间相互作用，并以党组织作为其中的纽带，实现基本单位到区域单位的耦合治理。最终，可以建立以党建引领乡村社会进行治理，构建出有效的治理实现单元。乡村治理有效单元的构建需要充分考虑当地的国情和农情，通过有效的措施和手段，促进各方面资源的整合和协调，同时需要加强对乡村治理的监督和评估，不断完善治理体系和机制。这样才能够实现乡村治理的目标，促进乡村的现代化发展。

总的来说，现代化的乡村治理体系，包括乡村在发展过程中治理主体、治理规则、治理工具、治理单位的全面调整，在加强基层治理制度化、体系化和规范化的同时作为基层实践反向作用于顶层设计的过程。

---

① 《数字乡村发展战略纲要》，人民出版社2019年版，第2页。

(三) 多元主体的协同参与机制

乡村多元主体的协同参与机制是指在乡村治理中，各种不同的主体，包括村民、政府、社区组织、非政府组织等之间，通过不同的机制和渠道，合作协调，实现共同发展的目标。

1. 乡村政府主体的法治化推进机制

在中国乡村社会法治化的过程中，中国共产党作为乡村治理的主要领导力，发挥着重要的作用。中国共产党一直将乡村振兴作为一个重要的战略，制定了一系列的发展规划和战略，并逐步推动乡村社会的法治化进程。同时，中国共产党在乡村社会治理过程中的领导权被国家法律、党和政府的各类规范性文件所确认。

在我国村级社会治理结构中，包含两个权威治理主体，即"村两委"——村党支委和村委会。村党支委是中国共产党在农村的基层组织，负责领导农村的各项工作，提供政治指导。而村委会则是地方自我管理的基层组织，它主要负责执行村党支部的决策，并处理村里的日常事务。村委会的选举形成主要是在党组织的领导下开展和进行的，村民自治的主体是由党组织选举产生的，因此无论是从法律还是从实践的角度来看，党对村庄都具有充分的领导权。在村委会产生之后，村党支委和村委会协同工作，而就两委之间的关系而言，村党支委承担着更加重要的职责。在乡村治理的实践中党的治理对乡村社会的治理发挥着重要的作用，也是推动乡村社会发展的重要保障。

村委会作为乡村社会法治化治理的基本主体，在村民自治的过程中，需要按照法律制度规定的权力对乡村的各项事务进行治理，实现村民的自我管理、服务和教育。村民自治是对于国家权力和公民权利的划分和厘清，使得两者区别开来。国家行政权力不可以干预法律规定的村民权利，而村民内部自治则是以法律作为保障得以实现。村委会是村民进行民主选举之后产生的代表集体村民行使权力的组织，从村委会方面，实现了乡村治理过程中的村民自治的现实意义。

2. 村民主体的协商参与机制

推动和促进村民自治在乡村治理过程中的主体地位的进一步完善，需要运用合理的工具，其中农村基层社会协商治理就是一个关键的协同机制。在农村基层社会协商治理的过程中，可以激励、引导更多的村民参与到政治生活中去，保障村民在表达自己的利益诉求时有完善畅通的渠道，降低选举过程中村民无法合理使用自己的选举权利的发生，减少因贿赂和拉票造成的形式化选举现象。在农村基层社会协商治理的过程中，村民自治得到了一定程度的实现，为村民表达自己的意愿提供了平台。而村民在协商治理中，能够积极地参与到乡村事务的决策中去，针对公共政策制定等问题来表达自己的意见。同时也可以打破以往固有的权力运行机制。村民通过协商讨论来制定有关决策、作出决定等都是人民自己行使自己的权利，表达自己意愿的重要体现，同时也表现出对于村干部权力的制约。这一机制可以使得村务管理更加公开化，也可以增强村民的权利意识，反过来还可以对村干部起到监督作用，督促其提高责任意识，重视民主权利。在村务管理的过程中，协商各方的矛盾和纠纷，平衡各方利益，最终实现决策的科学化、合理化。

3. 社会组织协同参与的整合机制

乡村社会组织是社会资本的聚合场所。其主要有两方面的特征：一是在乡村社会组织中有大量的精英存在，可以引导其参与到乡村事务的解决和处理过程中来。在乡村发展中，乡村精英可以通过调动社会资本，充分发挥各方面的积极性和创造性，进而推动乡村的现代化进程。而乡村社会组织作为社会资本的聚合场所，可以集聚社会资源和社会力量，发挥其组织优势，带动和引导乡村居民积极参与到乡村事务中来。二是可以有效利用当地的农村资源，整合和培育现代和传统的乡村资源，将村民的主体意愿与乡村文化充分结合，可以产生大量的涉及各个领域的乡村社会组织。可以利用当地的自然资源开展生态旅游、绿色农业等活动，促进当地经济的发展。这些活动不仅可以吸引游客，还可以带动农民增加收入，提高生活质量。在这些活动中，可以组织成立乡村旅游协会、农民合作社等乡村社会组织，以便更好地协调和推广活动。可以利用当地的文化资源开展文化创意产业、手工艺品制作等活动，促进当地经济的多元化发展。这些活动可以有机结合当地传统技艺，如织布、编织等，以便更好地保护和传承当地技艺。在这些活动中，可以组织成立创意产业协会、手工艺品协会等乡村社会组织，以便更好地组织和推广活动。正因如此，社会组织可以在政府职权范围之外的领域中发挥作用，为政府和民众搭建合作平台，更加高效地解决民众的问题。同时，社会组织还可以将政府的政策和措施传达给民众，以便更好地提供必要的公共服务和产品，从而推动社会的健康发展。社会组织的作用不仅局限于政府无法覆盖的领域，还可以在政府职责范围内提供补充性服务，例如教育、文化、环保等领域。这些服务可以更贴近民众需求，更加灵活和创新，从而能够更好地满足社会的多元化需求。

社会组织协同参与机制在运行过程中，需要通过社会协同治理将社会治理框架中存在的各个主体要素与资源要素有机地结合起来，整合资源的力量远远要比各自发挥功能效用的状态更强，由此可以更好地完善在乡村治理过程中的局限性。当我们基于社会发展和乡村的现状进行回顾分析的过程中，在多元主体的协同治理下，社会协同治理往往会比政府单一的主导作用要更完善。因此，社会协同治理与政府主导作用的发挥可以有效提升乡村社会治理效率和价值。社会组织作为重要的治理主体，在承担责任、履行义务的方面需要认真履行各项救助服务，预防和打击各类犯罪互动，从而更好地履行乡村公益服务的职能。在乡村建设的过程中，社会组织需要自觉承担起社会服务职能，在打造协同治理的背景下，提升乡村治理的效果。从社会组织以及同政府单位之间的协调配合工作而言，有必要将政府资助机制，政府职能转移，政策决策和实行等行动统一整合起来，设定"需求引导、项目支撑、组织推动、零距离服务"的执行思路，号召广大村民与社会组织参与其中，发挥多元主体优势，更为有效地推动社区组织、企业单位间的协同合作，打造"多社联动"的体制，在自治、德治、法治的"三治融合"背景下最终实现乡村善治的局面。

第五章

新时代乡村治理体系构建面临的困境及成因

在新时代背景下,面对乡村治理环境复杂性和多样性的矛盾变化,原有的乡村治理体系需要进一步优化和创新。因此,在前述以自治为基、法治为本、德治为先的逻辑框架下,为实现乡村治理体系和治理能力现代化的目标,仍然面临着诸多困境,主要表现为:乡村多元主体能力弱化;乡村自治体制不健全;乡村法治规范不到位;乡村道德文化引领作用不强等。只有明晰新时代乡村治理面临的各种困境及其产生的原因,才能有针对性地提出构建乡村治理体系的对策。

一 新时代乡村治理环境的复杂性与多样性

党的十九大报告指出,我国的社会主要矛盾已经由人民日益增长的物质文化需要同落后的社会生产力之间的矛盾,转变为人民日益增长的美好生活需要和不平衡不充分的发展之间的矛盾。习近平总书记进一步指出,促进共同富裕,最艰巨最繁重的任务仍然在农村。我国作为一个农业大国,"三农"问题始终是改革、发展和建设过程中的中心问题。特别是新时代社会主要矛盾在乡村中的反映尤为突出,同样,新时代乡村治理环境产生的变化,对于乡村治理体系的构建提出了新的问题。科学认识和把握新时代社会主要矛盾的转变,深入探讨乡村治理环境复杂性和多样性的表现包括社会主要矛盾的转变对乡村治理体系构建影响的复杂性,不同地区经济发展水平、社会结构和村庄类型的多样性等,使得乡村社会迫切需要建立更具包容性的治理体系。

（一）乡村治理现实环境的复杂性

党的十九届六中全会《中共中央关于党的百年奋斗重大成就和历史经验的决议》中进一步提出："新时代我国社会主要矛盾是人民日益增长的美好生活需要和不平衡不充分的发展之间的矛盾，必须坚持以人民为中心的发展思想，发展全过程人民民主，推动人的全面发展、全体人民共同富裕取得更为明显的实质性进展。"[①] 我国发展不平衡不充分问题突出体现在农业和农村领域。随着新时代乡村社会主要矛盾的不断变化，乡村治理的现实环境也变得更加复杂多变。因此，乡村治理需要更加关注乡村地区的实际情况和矛盾问题，及时调整治理策略，推动乡村振兴和社会稳定。

1. 新时代社会主要矛盾在乡村中的反映

在新时代我国社会主要矛盾已经转化的历史条件下，人民群众在对物质文化生活提出更高要求的基础上，对于民主、法治、公平、正义、安全、环境等方面的需求也在增强。发展的不平衡不充分问题，不仅在城乡和地区之间，也包括在社会各阶层之间存在，在部分相对落后的乡村尤为严重，致使一部分基层群众较少享受到改革发展带来的红利，这也成为制约我国经济社会发展的一块短板。马克思、恩格斯设想，在未来的社会里，"社会生产力的发展将如此迅速，以至于尽管生产将以所有的人富裕为目的，所有的人的可以自由支配的时间还是会增加"[②]。这一目标还未能在农村贫困治理中体现出来。反映到各地区就表现为乡村治理环境本身的困难。我国人口众多，且各地区经济发展的不平衡，南方地区的治理主体中宗族的力量比重比较大，村庄容易产生群体分化，形成富人群体和一般的农民。特别在东部沿海城市两个群体之间的矛盾就会增大，变成高度分化的村庄分层。中西部地区的乡村治理主体则内部缺少宗族结构、缺乏行动力的小亲族结构的村庄，就是原子化程度很高

---

① 《中共中央关于党的百年奋斗重大成就和历史经验的决议》，人民出版社2021年版，第24页。

② 《马克思恩格斯选集》第2卷，人民出版社2012年版，第786—787页。

的农村,我们称其为分散性村庄。① 结构分散、主体多元,就会产生不同的利益诉求,进而增加乡村治理体系中多元主体协同参与的难度。

2. 新时代社会主要矛盾对乡村治理环境的影响

进入新时代,城乡发展不平衡和农业农村发展不充分问题,已经成为制约城乡发展和农业农村发展的主要瓶颈。这些矛盾使得当前乡村治理环境开始愈发严峻。新时代城乡之间日益开放、流动,主体变得多元、复杂,乡村及各类基层组织在市场经济社会的大背景下正日益产生深刻变化,农村基层组织和政权也面临重大的调整和转型。因此,随着农业现代化发展到新阶段,为推动共同富裕取得更为明显的实质性进展,实现农业的现代化过程,解决好"三农"问题是解决我国经济发展过程中发展不平衡不充分的关键,构成国家经济基础和上层建筑的重要根基,并成为实现国家治理体系和治理能力现代化的重要组成部分。

与此同时,随着我国城镇化的推进,农村人口流动的加剧,对乡村环境和乡村治理体系提出了更高的要求。从流动方向来看,2015年,我国从乡村流向城镇的人口为15524万人,占63.11%;从城镇流向城镇的人口为5978万人,占24.30%;从乡村流向乡村的人口为2033万人,占8.27%;从城镇流向乡村的人口为1062万人,占4.32%。(如表5-1所示②)

表5-1　　　　　　我国流动人口的基本流向　　　　　单位:万人,%

流动人口	2010年 人口	2010年 比重	2015年 人口	2015年 比重
合计	22103	100	24597	100
城镇合计	18626	84.27	21502	87.42
乡村流向城镇	14265	64.54	15524	63.11
城镇流向城镇	4361	19.73	5978	24.30
乡村合计	3477	15.73	3095	12.58

---

① 贺雪峰:《最后一公里村庄》,中信出版集团2017年版,第4页。
② 中国发展报告编写组:《中国发展报告(2016)》,中国统计出版社2016年版,第13页。

续表

流动人口	2010 年		2015 年	
	人口	比重	人口	比重
乡村流向乡村	2777	12.56	2033	8.27
城镇流向乡村	700	3.17	1062	4.32

资源来源：2010 年人口普查和 2015 年 1% 人口抽样调查资料。

一是城乡快速流动也使乡村治理难度增大，难以形成有效的治理体系。据统计，我国 2015 年城镇常住人口为 77116 万人，比 2014 年增加 2000 万人；乡村常住人口为 60346 万人，比 2014 年减少 1520 万人；城镇常住人口比重为 56.10%，比 2014 年上升 1.3 个百分点。2010—2015 年，我国的城镇化率由 49.95% 上升为 56.10%。[1] 城镇化水平的提高，也反映了乡村人口持续向城镇迁徙流动的基本特征。二是农业粗放式的发展方式。我国农产品产量一直在持续地攀升，但由于农业基础设施相对薄弱、历史欠账多，农业生产中中低产田仍占耕地总面积的 2/3。三是农业生态环境退化明显。全国耕地土壤污染物点位超标率达 19.4%，化肥利用率、农药利用率、畜禽粪污有效处理率分别仅为 33%、35% 和 42%，水土流失面积 295 万平方公里，90% 的天然草原出现不同程度退化。[2] 农业生产成本上升与比较效益下降矛盾更加凸显。生产资料的高投入、生态环境的严重恶化和资源约束问题日渐突出。乡村治理中所发生的"公地悲剧"很大程度上正源于发展动力不足，乡村空心化和人口老龄化等问题，在一定程度上也使乡村陷入了一种无人治理的困境。

以上分析，可以看出城乡之间的流动依然是我国人口流动的主线。因而，在乡村治理过程中，面对城乡之间复杂的多元主体和交织的利益，需要进一步从乡村现实环境进行考量，充分调动市场、社会和基层党组织的力量，推动城乡之间全面协调可持续发展。并通过各方利益相关者的博弈去解决乡村社会复杂性的矛盾和问题，努力形成均衡和共识。因

---

[1] 中国发展报告编写组：《中国发展报告（2016）》，中国统计出版社 2016 年版，第 12 页。
[2] 韩长赋：《国务院关于推进新农村建设工作情况的报告》，http://www.npc.gov.cn/zgrdw/npc/xinwen/2014-12/23/content_1890469.htm，2014 年 12 月 23 日。

此，在新的乡村治理体系中治理结构和治理范围应该更加宽泛，并最终建立富有包容性的乡村治理新体系。

（二）乡村治理现实环境的多样性

我国地域广阔，拥有56个民族，不同地区经济发展水平和社会基本状况差异很大，尤其是农村地区规模仍然比较庞大。不同地区的农村在经济、政治、文化、社会和生态等方面的发展呈现出独特的特点，因此它们的情况也千差万别，并总体上呈现出不均衡的发展趋势。在不同的地域条件下，乡村社会伴随城乡发展需求的变化而出现更加多样化的发展形态，同时，不同地区发展中的差异性和多样性，促使其在多元化的转型中不断扩大。

1. 乡村经济发展水平的多样性

我国是一个农业大国，农村人口比重仍然很大，乡村治理现实环境的差异性很大，甚至在同一地区也存在着不同的文化和习俗。"从经济发展水平来看，中国农村就可以划分为经济发达的东部沿海地区和经济不够发达的中西部地区。"[①] 因此，治理体系在不同地区也会受到不同经济发展状况的制约。

改革开放以来，我国东部沿海城市率先发展，随之而来大量的人口涌入，不仅没有像西部那样形成空心村，反而愈加繁荣。例如，位于江苏省江阴市的华西村是中国富裕农村的代表，号称"天下第一村"。早在1996年，华西村便实现了家家户户住别墅、开豪车、存款千万。还有浙江在地方经济与社会发展中创造的"浙江模式"，都具有一定的典型示范意义。根据国家统计局浙江调查总队发布的最新统计数据显示：自1985年起，浙江省农村居民家庭人均收入水平稳稳守住全国各省（区）第一的位置，2017年浙江农村常住居民人均可支配收入24956元，高于全国平均11524元，农村居民人均收入已连续33年位居全国各省（区）第一。[②] 江浙地区一直是我国乡镇企业的发源地，而且老板大都

---

① 贺雪峰、谭林丽：《内生性利益密集型农村地区的治理——以东南H镇调查为例》，《政治学研究》2015年第3期。

② 国家统计局浙江调查总队：《改革开放四十年 浙江农村居民生活实现质的飞跃》，http://zjzd.stats.gov.cn/fxyj/201810/t20181022_90585.html，2018年10月22日。

出自农村，并通过产业经济带动乡村发展，城乡差别相对较小。因此，乡村治理中保障农民切身利益的持续增长，浙江一直走在全国前列，其通过农家乐和乡村休闲旅游等产业带动乡村创业，为农民实现了创业增收，并形成了一定的规模效应。从经济发展程度划分，中西部地区的农村相对欠发达，经济发展比较缓慢，造成了大量人口外流，大量青壮劳动力进城务工，农村大多数是老弱病残及儿童留守，仍然属于传统的农业型地区，大都以农业收入为主。所以，我们看到，不同农村之间在经济发展水平上的差异性很大。整个经济社会发展水平和经济形态有着多样性和差异性，有工业村、商业村、大规模的养殖种植村，也有稀稀落落一家一户的小农村落，甚至小农都谈不上，就是勉强度日的村落。[1] 因此，针对不同地区的经济发展水平，应当在尽可能考虑生态资源和人力资源基本情况的基础上，进一步调整治理结构和治理规则。

2. 乡村社会结构的多样性

其一，乡村人口结构的分化。我国土地资源的基本国情是人多地少，曾经的农村有大量的剩余劳动力。但随着城镇化的不断推进，进城务工人员逐年增加，极大地影响着农业的生产，造成了很多无人的空心村。农村的空心化，出现大量的留守儿童、留守妇女、空巢老人等人口。原有的农户家庭由主要依靠农业收入，现在逐步演变为在保留农业收入机会的同时，部分青壮年劳动力获取务工经商收入，进而形成了当前中国中西部农村最为普遍的"半工半耕"的模式。人口外流导致赖以为生的社会环境发生了深刻变化。相反，在我国东部沿海发达地区新型农业化迅速发展，并形成外来人口迅速集聚效应，对于外来人口的管理成为当地治理事务的一个新课题。甚至在一些资源环境较好的农村地区，政府通过一系列政策吸引大量青年返乡创业，出现了一些创客群体的新型乡村社区。面对不同类型的乡村人口结构，对于乡村治理也提出了不同的需求和挑战。其二，社会结构的分化。费孝通《乡土中国》中提出了"差序格局"："在差序格局中，社会关系是逐渐从一个一个人推出去的，是私人联系的增加，社会范围是一根根私人联系所构成的网络。"[2] 在当今乡村社会，伴随着市场化和现代

---

[1] 陈光金：《农村社区的多样性、差异性、复杂性》，《清华社会学评论》2017 年第 1 期。
[2] 费孝通：《乡土中国》，人民出版社 2015 年版，第 34 页。

化的推进，部分地区相对稳定的乡村结构已经开始分化，治理呈现多样性。伴随农村劳动力进城务工经商，农村家庭收入越来越依赖于村庄以外的城市工商业收入，村庄内部社会结构出现分层城乡经济联系增强，不同城乡关系条件下的乡村呈现出完全不同的社会结构面貌。收入和阶层的分化尤为明显，在过去的乡村社会只有两个阶层：干部和社员组成。在改革开放以后，"乡村社会分化成至少有8个阶层：农业劳动者阶层、乡镇干部阶层、乡镇企业家阶层、农村个体工商户阶层、农村雇工阶层、农村知识分子阶层、乡镇企业工人阶层、农村私营企业家阶层"[1]。因此，可以判断乡村社会结构发生了深刻的变化，不同群体代表着不同的利益阶层，也就有着不同的价值诉求，在这样的乡村社会结构下，乡村治理的复杂性显著增加，进而呼唤新的治理体系的建立。

3. 乡村类型的多样性

由于乡村在漫长的社会发展中所形成的历史传统、地理环境、社会结构等诸多方面的不同，尤其是不同村庄在改革开放后，经济发展产生了分化和社会分层，与传统乡村明显区别，使得乡村类型呈现出多样性态势。根据国家统计局2018年最新数据显示，我国有55万多个行政村、200多万个自然村，5亿多农村常住人口。[2] 有的人将当前的村庄划分为"空心村""城中村""超级村庄""新型社区"等。面对形态各异的乡村，传统的乡村治理体系已经不适应多样化的需求。

依据不同的划分标准，形成不同的村庄划分类型。比如按人口结构划分，可以分为三类村庄：外来人口多的村庄、外出人口多的村庄、没有外出和外来的村庄；还可以按地形划分：平原村、丘陵村、山村、高寒村、高原村等。[3] 自然因素也是影响村庄治理的重要因素之一，我国地势西高东低，呈阶梯状分布；地形多种多样，山区面积广大。根据国务院扶贫办公布的数据显示：截至2018年我国仍然还有334个深度贫困县

---

[1] 王春光：《迈向多元自主的乡村治理——社会结构转变带来的村治新问题及其化解》，《人民论坛》（中旬刊）2015年第14期。

[2] 国家统计局：《中华人民共和国2019年国民经济和社会发展统计公报》，http：//www.gov.cn/xinwen/2020-02/28/content_5484361.htm，2020年2月28日。

[3] 国家统计局：《中华人民共和国2019年国民经济和社会发展统计公报》，http：//www.gov.cn/xinwen/2020-02/28/content_5484361.htm，2020年2月28日。

和 3 万个深度贫困村。① 而且贫困村大多处在地理条件和环境非常恶劣的地区，例如"三区三州"地区，包括西藏、新疆南疆四地州、四省藏区、四川凉山州、甘肃临夏州、云南怒江州等。这些由于特殊的地理环境造成的贫困村庄，面临的治理问题显然也不同于全国其他地区的村庄。习近平总书记提出精准扶贫的方针政策，实际上正是基于不同贫困区域环境、不同贫困农户状况，为满足村庄多样性和个性化需求提出的精准扶贫方式，相对于传统的一元治理方式，急需广泛动员社会力量，科学合理地制定多元化的治理方式，才能有效提升乡村治理制度体系的针对性和有效性。

二 新时代乡村治理体系构建面临的困境

通过对乡村治理现实环境复杂性和多样性的分析，可以发现面向新时代乡村治理新体系的构建还面临乡村多元主体发育不成熟、乡村自治体制不健全、乡村法治规范不到位、乡村道德文化引领作用不强等方面的困境。

（一）乡村多元主体发育不成熟

多元治理主体是乡村治理体系中不可忽视的重要组成部分，但当前我国乡村社会各治理主体的积极性和自发性并没有广泛形成，仍然面临治理主体能力弱化、社会组织覆盖不完全、乡镇政府服务职能不到位等问题。

1. 人口大量外流，治理主体缺乏

当前，我国多元主体力量薄弱，尤其是部分乡村青年人口外流，"空心化"现象严重，留在乡村的百姓参政议政积极性不强，未能形成规范化、常态化、制度化的自治机制，乡村社会亟待注入"新鲜血液"。传统的农村人口的流动性小，基本不会出现大规模的人口流动。近年来，随着城镇化的加速，农村人口结构发生了巨大的改变，大量的农村人口外流。这一阶段，不但大部分的乡村精英开始出走，大量的农村青壮年也

---

① 央视网：《国务院扶贫办：重点攻坚 334 个深度贫困县》，https：//news.cctv.com/2019/06/27/ARTIeO4ANIfywmMuDknjUKkA190627.shtml，2019 年 6 月 27 日。

开始进城务工，留守农村的村民中大多是老人、妇女和儿童，其他的村民则存在着年龄老化、文化程度低、素质能力弱等特点，农村大量青壮劳动力进城务工，不仅造成大量人口外流，很大程度上也导致了农田的荒废，农村留守的大多是老弱群体和儿童，农业生产的主体也在锐减。因此，单靠农村留守人员难以肩负起村庄自治的重任。留守村民大多只停留在维持家庭的基本生活上，并不与外界过多地联系，只关注与自身利益相关的特定事情，因此，对于村庄公共事务缺乏热情和主动性。而在外务工人员虽然还是乡村的主体成员，但是已经逐渐适应了城市生活，每年只在春节才会回到乡村，因此对于乡村的认同也逐年降低，并不关心村庄的公共事务和发展，两种情况均造成乡村社会结构不断变化，进而造成参与乡村自治的主体缺乏。

2. 农村社会组织覆盖不完全

近两年中央连续发出"激发农村社会组织活力"的要求，包括日前民政部提出："到2020年，每个农村社区平均至少有5个社会组织。"① 一方面说明社会组织在乡村治理体系中的重要性，另一方面说明目前我国农村地区社会组织的数量偏少。生成于农村的社会组织具有天然优势，是最了解广大农民群众的愿望和要求的，能够在农村经济社会发展中发挥其作用显得越来越需要。当前，我国社会组织发展的长效机制还未建立，社会组织与政府之间存在互动不足、功能存在重叠与交叉，社会组织参与乡村治理的竞争力和生存能力都有待提高，急需大力加强农村社区社会组织培育。② 尤为值得注意的是，目前许多乡镇政府在公共事务的管理问题上依然占有主导地位，仍然存在过度干预。乡镇政府在村委会选举、乡村事务的决策、财务的管理、土地的规划等方面还缺少程序上的规范。没有完成政府职能的转变，越位、错位、缺位的现象还大量存在，不利于内生型的乡村社会组织的发育。政府与农村社会组织之间的关系尚未理顺，由于在社会组织建立之后，并没有有效的监管机制跟进，

---

① 央广网：《民政部：到2020年，每个农村社区平均至少有5个社会组织》，http://news.cnr.cn/dj/20180108/t20180108_524091444.shtml，2018年1月8日。

② 陈荣卓、刘亚楠：《共建共享：十八大以来农村社区治理机制的优化路径》，《社会主义研究》2016年第4期。

造成管理职责权限不明确。同时，在政府行政规定下建立起来的社会组织，由于缺乏内生动力，加之政府监管没有及时跟上，最后往往并未有效发挥应有的功能作用，甚至名存实亡。而部分处在双重管理体制下的农村社会组织，实际监管主体和业务管理主体之间的监管界限模糊，也使得监管不得力。

破解农村社会组织建设中的难题，需要深度挖掘和培育不同类型的社会组织，通过培训和提升社会组织成员的服务能力，相关机构的运行管理能力等，逐步提升社会组织的合理化和规范化运行。目前，我国农民组织化水平还不能适应新时代乡村制度体系的发展要求，整体未被激活。同时，现有的一些农村社会组织具有浓重的行政色彩，并没有发挥其应有的效果。自治、德治、法治相结合的乡村治理体系，本质上强调在党的基层组织的领导下多元主体广泛参与，包括农村各类社会组织建立起相互协同的自治体系，需要县乡政府充分放权，由代表不同利益的各类组织民主协商、民主决策管理社区内的公共事务。[①] 但由于在乡村自治体系发展过程中，乡村社会组织行政色彩并未减弱，使得乡村自治发展存在一定的瓶颈。

3. 乡镇政府服务职能不到位

首先，乡镇政府作为我国最基层的行政单位，面对数以亿计的广大农民，既要贯彻执行好来自国家或上级政府下达的各项方针政策，同时又要负责传达和布置好各项工作。使得乡镇政府不断扮演"全能政府"的角色，更多的时候都在疲于应付完成上级布置的各项任务，没有真正行使公共服务的相关职能。这与当前服务型政府的要求存在较大差距。其次，村委会既要接受村党支部的领导，又要接受乡镇政府的指导，甚至几乎异化为乡镇政府的代理人。造成基层政权主要依赖于上级政府部门，使村委会日益趋向行政化。因此，大量村干部除了应付日常的通知和行政事务外，并无作为，造成农村基层党组织涣散，领导核心作用发挥不强，难以组织起有效的实践探索，使得乡村治理逐渐流于形式。最后，乡村干部整体的治理能力方面难以符合新时代需要。乡村干部是乡

[①] 徐顽强、邓小伟、朱喆：《社会管理创新视角下农村社会组织发展困境和路径研究》，《广西社会科学》2012年第6期。

村振兴战略的实施者和组织者,但当前乡村干部队伍整体参差不齐、后备力量严重缺乏,在工作方式方法上也相对简单,缺乏系统化和专业化的指导,难以满足乡村振兴的要求和新时代广大农民群众日益多元化的诉求。

随着乡村振兴战略的推进,要实现乡村治理体系现代化,首先必须实现对乡村社会内部各方力量的有效整合、形成合力,并最终达成良好互动。但是目前,我国的乡村治理仍是以国家主导下的推动型为主,乡村社会组织虽然蓬勃兴起,但覆盖不完全,而广大农民主体的参与动力明显不足。因此,在乡村治理体系中如何激发乡村社区各类组织和广大农民的内生动力,成为当前乡村社会治理问题的一项重大挑战。

(二) 乡村自治机制不健全

村民自治作为我国基层治理中最为重要的制度之一,长期以来是学界关注的焦点问题。以徐勇教授为代表的学者提出村民自治发展的"三波段":"第一波就是在广西宜州发源的,以自然村为基础的自生自发的村民自治。它的主要贡献就是三个'自':自我管理、自我教育、自我服务;第二波段就是以建制村为基础的规范规制的村民自治。它的主要贡献就是'四个民主'(民主选举、民主决策、民主管理和民主监督)……我称之为村民自治的'2.0版'。现在我们进入到村民自治的第三波,也就是在建制村以下内生外动的村民自治。"[1] 开始探寻村民自治的有效实现形式。一方面,我们看到无论从理论上还是实践上都取得了一些成就;另一方面,也要看到第三波的理论解释与现实的实践探索之间仍存在一定的距离。立足于乡村治理体系构建,审视村民自治运行机制,由于整体村民自治水平并不高,实践发展中出现选举机制不完善、运行机制低效和自治体系认识模糊等问题,进而导致乡村自治制度体系建设的多重滞后。

1. 村民民主意识薄弱,选举机制不完善

村民自治在乡村治理中的地位非常突出。自1998年《村民委员会组织法》颁布实施以来到1999年全面开始大规模的推行村委会选举,至

---

[1] 徐勇:《找回自治:探索村民自治的3.0版》,《社会科学报》2014年第13期。

今，已经取得了巨大的历史性成就。其中，保障村民参与民主选举，选择村中负责人作为村民的一项基本权利，但是在实际选举的过程当中，由于广大村民的民主意识薄弱，并不能有效地维护好自己的权利，就会出现以下问题：一是选举程序实施不规范，使得选举无法有效开展。甚至大部分村民对村级组织架构、职能范畴、财务管理、决策机制等相关内容也并不十分了解。在实施过程中，村委会选举中存在较大的随意性，与民主选举的程序和制度设计相悖，有的地方甚至擅自省略选举中的部分内容或者篡改程序，并没有实行海选和预选等固定动作，而是直接进行等额选举。以上现象均严重破坏了既有的选举程序，由于村民长期消极和被动参与这一选举活动，并不能深刻理解这一权利背后的意义，进而使得其参与选举的积极性大打折扣，甚至变成简单的走过场。二是选举监督机制不强，贿选问题严重。近年来贿选是农村选举中普遍存在的一个问题，用金钱和其他物质收买选民或者候选人，在选举过程中从事舞弊活动。因为缺乏有效的监督，候选人和支持者可能会利用各种手段进行贿选，包括行贿、操纵投票、干扰对手的竞选活动等。这也成为村民选举中的一个乱象。使得一部分村民不能充分行使选举权，这一现象也严重阻碍了村民自治体系的健康发展。

2. 村民自治主体参与动力不足，运行机制不畅

农民是乡村振兴的真正受益者和实践者，农民自身科技文化素质的高低直接决定农村社会经济发展好坏，并最终影响乡村振兴战略的成败。但作为乡村治理最大主体的农民参与乡村振兴的动力不足，特别是农村精英和乡贤对于乡村治理的参与并不够。乡村是村民生活的社会共同体，村民是村庄的主人，村民能够自主广泛地参与是乡村治理体系实践的内在动力源，乡村治理体系要向纵深发展，治理理念要想深入人心，需要广大村民拥有广泛的参与意识，若离开了村民的积极响应和热心参与就没有真正意义上或者完整意义上的乡村治理体系，也会造成村民自治整体运行机制不畅。然而，随着农村青壮年劳动力的大量外流不仅导致了普遍的农田抛荒现象，而且使得留守的老弱群体成为村庄治理的主体。大量农村人口尤其是农村青壮年的外流致使村民自治主体极度匮乏，严重影响了农村基本公共建设的正常运行。一些地方农村基建工程因无法有效协商而难以及时启动，而农村留守群体囿于自身能力则难以承担起

农村各类基本公共建设的重任，造成了村民自治的整体能力下降，有效性的运行机制难以形成。同时，在一些有效实现机制方面同样缺乏相应的创新实践，如协调性机制和动力性机制等。基于乡村治理体系的横向协同机制仍然有较大创新空间，基于体制改革的纵向协同机制处于创新或试验阶段。① 例如，在党的基层组织、村民自治主体与其他组织之间同样需要建立有效的激励约束机制和有效动力机制，而目前来看，相关机制的建立完善仍旧存在着不足。

3. 乡村自治体系认识模糊，实现机制有待发展

村"两委"在决策的过程中，由于被部分农村宗族势力操控，一些决策不能充分反映民意，一些选民不能选举德才兼备的候选人，村民也成为利益的牺牲品。敢怒不敢言、不满情绪不断积聚，一方面容易打消村民参与村民自治的积极性；另一方面也容易产生乡村社会的不稳定因素。基于乡村治理体系建设缺乏理论上的指导，以及实践层面上相关制度的操作规程。人们通常把乡村治理体系建设当作一种政府工作或运动加以提倡，而对乡村治理体系建设的核心，乡村自治体系的本质和特征则缺乏足够的理解和把握。各地开展乡村自治体系建设的模式也存在明显的差异。在城乡一体化进程中如何将乡村治理体系纳入城市治理体系建设中来，从而破解城乡二元结构性矛盾，在认识上一直没有形成共识。这种概念的不明确使得具体的操作者和实施者无所适从，对于乡村治理体系现代化的实现带来诸多问题。在村民自治过程中，主要是以村委会作为村民自治的主体，村民委员会是村民自我管理、自我教育、自我服务的基层群众性自治组织。② 新时代，随着城镇化进一步推进、乡村经济发展面临治理转型等影响，这些都不可避免地为乡村带来新问题和新挑战。在村民自治工作实现的手段上显得比较匮乏。

（三）乡村法治规范不到位

乡村治理能否有效实现，其中法治是重要保障。在乡村治理体系实施的过程中，法治的不断推进，还存在着诸多困境。村民的法治意识淡

---

① 刘金海：《村民自治实践创新30年：有效治理的视角》，《政治学研究》2018年第6期。
② 《中华人民共和国村民委员会组织法》，人民出版社2010年版，第2页。

薄，人情大于法的现象时有出现，既有法律法规在实际运行的过程中还存在运行机制不规范等问题。

1. 法治观念受宗族乡土人情影响

近年来，党和国家一系列强农惠农富农政策相继出台，农村经济有了很大的改观，在一些市场经济发展程度比较好的地区，农民权利意识在逐渐觉醒，但是在一些偏远和经济欠发达地区村民的法治理念仍十分淡薄。在乡村事务的处理中，受宗族乡土人情影响的风气仍然比较重。

经过改革开放40多年的发展，乡村社会部分地区仍然面临费孝通提出的"差序格局"，这种现象在一些乡村地区依然存在，导致一些人群长期处于社会底层，很难获得提升和改善的机会。在传统的乡村社会中，农村相对封闭且单一，在农民生活中起主导作用的往往是一些传统观念或习惯，并形成了一套自有的治理规则，来处理乡村社会的事务和矛盾。广大农民判断善恶的标准往往是礼教和宗族。在这种背景下，乡村社会面临历史车轮向何处去的问题，这意味着乡村社会需要正视自身所处的历史时代和发展方向，积极应对变革和挑战，不断推动社会的进步和发展。同时，乡村社会需要在尊重传统的基础上，不断推进社会的现代化进程，实现社会的平等、公正和发展。但在实现现代化的过程中，传统与现代化之间的冲突也不可避免。例如，在传统社会中，可能存在一些观念、习惯和制度，与现代化的理念和要求不相符合，这就需要在现代化进程中进行调整和改革。随着现代乡村的物质生活水平的提高，传统乡村的社会结构和社会关系仍然存在，农民在潜意识里形成的根深蒂固的道德观念依旧比法治观念更占上风，在乡村人治思想依然在一定程度上超越了法治思想。这种观念在乡村治理的实践中的反应为，当行政权力和村民自治权利发生冲突的时候，自治权常常弱势于行政权，而无法基于法治框架下进行理性选择。法律囿于其覆盖面小的局限性。由于法律在实施的过程中过于强调原则，从而造成覆盖范围小，并存在一定的盲区。以上便成为全面依法治国充分发挥法律效力的桎梏，也就是依法治国所存在的约束条件。

2. 法律普及不到位，村民维权意识薄弱

法治是当代社会主旋律，应要求乡村百姓知法、懂法、守法，不得越过法律红线，但事实上，由于乡村闭塞、村民文化水平有限，"法盲"

现象较为严重,"普法教育"并无实质性进展,很多只是流于形式。

一是法律内容不够通俗易懂,鉴于乡村百姓文化水平有限,法律又具有极强的专业性,在开展普法教育过程中,并没有转变法律语言,采用通俗易懂的语言,以便于乡村百姓容易理解的方式进行普法教育,大多只是停留在纸上或者是墙上;农民群体对法律的认识和理解上较为薄弱。涉及法律相关的事情,并不能拿起有效法律武器保护自己,往往对法律机关有惧怕心理,担心无力承担高昂的法律费用等,因此,农民在生活中遇到各类纠纷时通过"托关系"来"私了"等方式解决。在有些地方因不满情绪长期堆积,易产生"群体上访",甚至爆发群体性事件等。二是普法形式单一,并没有建立起专业普法队伍。大多是传统普法教育的枯燥无味,乡村百姓普遍兴趣不高,乡村普法教育普遍资金短缺,普法资料、普法时间极为有限,普法教育的实效性不强,淡化了农民的现代法治观念。三是法治推进与自治、德治传统难以有效融合。"一切以往的道德论归根到底都是当时的社会经济状况的产物。而社会直到现在是在阶级对立中运动的,所以道德始终是阶级的道德。"[①] 这表明道德的内容由经济条件决定,经济发展条件不同的社会阶层,有着不同的道德观。因此,德治与法治有其自身固有的局限性和制约条件。首先,容易滋生人们道德上的虚伪性和二重人格;其次,容易导致法律自身畸形片面地发展;最后,容易侵损法律的至上权威和独立品格。这在国家治理和乡村治理的过程中,会在秩序与效率、个人利益与社会利益方面有所体现。

从乡村治理发展进程来看,村民自治根植于广大农民的实践,德治根植于乡村传统文化和村规民约之中,法治来自外生给定、国家自上而下的推动。因此,乡村治理体系的推进过程,既要考虑党和国家的政策和法律法规,又要结合当地实际情况和村风民俗,是"三治"相融合的基础。

3. 法治实现的交易成本过高,表现为不成文的习惯

实现全面依法治国,涉及国家治理的方方面面。习近平总书记指出:"全面推进依法治国总目标是建设中国特色社会主义法治体系,建设社

---

① 《马克思恩格斯选集》第3卷,人民出版社2012年版,第471页。

主义法治国家。"① 乡村治理如同国家治理一样，有赖于健全的法治体系。健全的法治体系应该对大至国家小到乡村都带来有效的治理，而有效的乡村治理只有在国家治理的框架下建立起来才能得以实现，并带来好的经济绩效。然而，研究得出的结论并非都是如此。比如，在建设有中国特色社会主义法治体系，努力实现国家治理法治化、系统化的进程中，全面依法治国应该在推进国家治理体系和治理能力现代化方面起到重要作用，这一过程也是个体利益和集体利益高度统一的一次深刻革命。但是，有学者研究却发现，在依法治国的过程中存在着效率贴现和"够不到之手"的现象，这主要体现在即使健全法治，国家治理的有效性仍然受两个条件的困扰：第一是法律过高的交易成本。"徒法不足以自行"，法治的推行需要依靠国家机关，包括审判机关、检察机关、执行机关等一系列机构的有效运作，而这都需要付出一定的成本。健全乡村法治体系对国家治理的有效性同样受到法律过高的交易成本的困扰。制度的运作需要借助于集体行动的组织支持，政府在运用其所负责的外在制度上会发生"代理成本"。依靠来自上面的集体行动进行的协调会对运用和保有产权的人造成"服从成本"。② 交易成本除包含市场交易成本外，还包含为进行市场交易而服从和满足法律、规章等所产生的"非市场交易成本"③。第二是法律并不能辐射社会生活的所有方面。国家不断根据变化的实际，经常制定颁布新的法律也正说明原有的法律不能适应当前生活的需要。且当今中国的法律理念更多的是来自城市社区的生活，乡村独特的生活并不总能被国家正式的法律所涵盖。如"我国现有法律在对农村基层组织人员职务犯罪的法律适用问题的规定尚不明确，甚至存在明显的漏洞"④，国家治理"单赖法治之一途有时难免力不从心甚或事与愿违。事实上，法律并非万能，法律工具并不总是有效（对所有事情

---

① 《习近平谈治国理政》第 2 卷，外文出版社 2018 年版，第 118 页。
② ［德］柯武刚、史漫飞：《制度经济学：社会秩序与公共政策》，商务印书馆 2000 年版，第 154—155 页。
③ Ning Wang, *Measuring Transaction Costs: An Incomplete Survey*, Ronald Coase Institute Working Paper Series, No. 2, 2003.
④ 桑爱英、韩小红、杨启耀：《浅议农村基层组织人员职务犯罪的法律适用》，《思想战线》2010 年第 S1 期。

都起作用）或最为有效（对某些事情最起作用）"①。这表明，若法律运行的交易费用过高，就会在解决某些纠纷时并不"最为有效"，甚至造成事与愿违的结果或后果。同时也表明，法治并不总能对所有事情都够得着，即会出现法治"难免力不从心"的局面。因此，由于法律在实施的过程中存在一定的盲区，在全面依法治国的过程中，如果完全依靠法治来治理国家，法治的两个约束条件就会降低或部分抵消法治治理的效率，出现法治之于全面依法治国的"法治效率陷阱"。如何才能跳出这个"法治效率陷阱"？这是法治对国家治理有效性必须和亟待解决的一个难题。在乡村治理中，法治的困境更为突出。这一方面是由于前已述及的法律对乡村生活的相对忽略；另一方面是由于村民的知识程度不高，特别是法律意识淡薄，更增加了法治的交易成本。因此，乡村治理体系构建作为国家治理体系的基础性单位，解决其有效性的难题也势在必行。

（四）乡村道德文化引领作用不强

习近平总书记曾指出："要坚定文化自信，推动中华优秀传统文化创造性转化、创新性发展，继承革命文化，发展社会主义先进文化，不断铸就中华文化新辉煌，建设社会主义文化强国。"② 优秀的乡村传统文化是中华文化的根基，拥有着极其丰富的文化价值，也是乡村之魂。但是，伴随着城镇化的加速推进，以及市场化的不断冲击，我国优秀的传统道德文化正在逐渐衰落，加上乡村文化建设中的精英主体不明确，造成乡村精英文化的示范作用弱化。同时，在乡村公共文化生活中村民参与不足，造成村民普遍缺乏归属感和认同感。因此，急需在促进乡村治理体系完善、实现乡村振兴的过程中，增强乡村道德文化的引领作用。

1. 优秀传统道德文化的衰落

一是乡村传统文化的遗失。我国历史悠久、文化深厚，传统文化中蕴藏着勤劳、勇敢、团结、诚信等优秀元素，在城镇化和社会转型的不断冲击下，传统乡村生活方式和社会结构发生了巨大的变迁，乡村优秀传统文化日渐衰落。随着市场化逻辑进入乡村，利益意识崛起，乡村百

---

① 程朝阳：《论法律的局限》，《北方法学》2008年第4期。
② 《习近平谈治国理政》第4卷，外文出版社2022年版，第309页。

姓"金钱至上""消费主义"观念严重,尤其是青年群体,已经开始摒弃传统美德,无视乡约规范,各类无序竞争、黑恶势力横行乡里。农民们沉溺于对利益的追逐,缺乏精神世界的引领,对于本土文化的认同越来越低,这极大地冲击了传统乡村文化。二是传统道德呈现碎片化、边缘化趋势。具体表现为:首先,信仰普遍缺失。对于未来并没有过多的想法,只贪图眼前的利益,许多农村青年的精神世界变得空虚与匮乏。其次,宗教问题严重。老年农民群体以及生活当中遇到挫折的农民群体,把很多希望寄托于宗教当中。一些地区甚至打着宗教的幌子蒙骗人,甚至出现邪教组织活动。因此,在农村宗教问题上基层党组织面临极大的挑战。最后,乡村道德评价标准比较混乱。由于传统村规民约和宗族权威在乡村的衰落,甚至道德评判标准越来越多元和混乱,农民容易陷入主流道德文化和多元道德观念之间的冲突,从而导致整体乡村社会道德评价标准失范。最终使得乡村社会陷入无序状态的风险不断上升。

2. 乡村精英文化的示范作用弱化

在传统乡村社会中,乡村宗族和士绅阶层是乡村文化传播的中坚力量,也是连接国家与村民之间的一条纽带,能够起到调和社会关系和社会矛盾的重要作用,是我国传统社会文化的有力守护者,在一定程度上加强了农民与国家之间的信任和合作;又承担着文化教导、伦理指引、民间民俗文化活动的发起与组织等方面的功能,促进着村庄公共文化事业的发展。[1] 作为精英阶层具有一定的社会地位。伴随着城市化进程的加快和乡村社会面临转型,乡村的精英格局也发生了很大的改变。有学者将乡村精英分为传统型精英和现代型精英两种类型。传统型精英是指有名望、地位、特定文化中的位置乃至明确的自我意识为前提而形成的村中精英;而现代型精英,大致是指在市场经济中脱颖而出的经济能人,这些经济能人诸如种养大户、私营企业主、建筑包工头、运输专业户等,因为经济上的成功,而在农村社会具有广泛的影响力和号召力。[2] 但是,其中大部分人通过在国家支持下,获得了一定的财富之后并没有对乡村

---

[1] 赵霞:《传统乡村文化的秩序危机与价值重建》,《中国农村观察》2011年第3期。
[2] 贺雪峰:《村庄精英与社区记忆:理解村庄性质的二维框架》,《社会科学辑刊》2000年第4期。

社会进行反哺。只有少部分群体能够带领着其他群体致富。大部分先富起来的农民离开乡村，再回到农村后，仍然传递着城市化的理念和物质化的价值观念，使得更多的人加剧离开乡村的愿望。由于新富群体在道德声望和社会责任方面都无法与传统乡村精英比拟，便无法实现乡村文化的引领作用。因此，曾经被寄予厚望的现代乡村精英逐渐走向衰落。

3. 乡村缺乏对精神文化的正确引导

主要表现是：（1）村民整体文化水平较差，村民固有的思想观念和陈旧的理念尚存，使人们不能正确认识乡村治理体系现代化在促进本村村民的全面发展和乡村发展中所具有的价值意蕴；（2）新型农民缺乏对乡村文化的归属感和认同感。年轻的新型农民群体大多走出村庄在外打工。因而逐渐缺少对乡村的认同意识，对乡村治理缺乏兴趣，较少参与到村庄的事务中，进而也缺少对乡村的归属感。这与笔者曾在浙江桐乡调研得到的回应与此前如出一辙，与当地乡镇书记谈到如何看待乡村社会的发展时，他说道："目前我们乡镇主要工作基本放在发展经济、壮大工业、做大财政蛋糕、招商引资和计划生育等方面，对于民间类组织不做过多的要求，只要不开展邪教等一些危害社会公共秩序的行为和活动，我们也不干涉。"就个体而言，村民对于个体经济利益的趋向性明显，大多关注各种渠道的增收，而对于一些社会化的公共产品表现则较为淡薄。造成很多原始村落的文化遗产消失，乡村价值体系崩塌，乡村信仰共同体逐渐散落。

综合上述问题可以发现，新时代乡村治理体系构建面临的困境是多方面的，是包括乡村社会经济、政治、文化等综合因素的结果。乡村主体发育不成熟、农民自身思想文化素质较低，从而导致自治体制不健全是乡村治理体系发展水平低下的根本原因；村民法治观念淡薄、基层组织对乡村道德建设的不重视是乡村治理体系构建面临的内部原因；此外，来自全球化和市场化的冲击以及新旧文化的碰撞是乡村治理体系构建面临的外在原因。

三 新时代乡村治理体系构建困境生成的原因

新时代乡村治理体系构建，除了面临多元主体、自治体制、法治规范和道德文化等方面的困境，还受到多元治理格局、自治制度、法治保障机制和精神文化建设等一些原因的限制。我们通过进一步分析困境的成因，为接下来从理论和实践上提出有针对性的策略找到突破口。

（一）乡村多元治理格局尚未建立

目前，在全国范围内村民自治实践创新的格局已经初步形成，但大多数都发生在沿海发达城市，由于出现在不同地域、不同村庄，且经济分化也处于不同层次，因此，乡村多元治理尚未形成整体性的格局。

1. 乡村社会基础发生变动

改革开放以来，我国经济社会发展水平始终保持较高的增速，其中城市周边大部分农村受到城市的辐射效应影响，传统意义上自给自足的农村生活生产、生活方式逐渐消失。同时，依托城乡一体化发展带动，传统农民对土地的依赖也不断减弱，大多数农民开始走向城市，在工厂从事生产，传统的耕地模式也逐渐消失。随之，农业生产设备和规模均呈现出产业化趋势。因此，农民生产和生活方式都发生了改变，农民对城市化的向往和对城市的基础社会和社会服务等方面的需求不断增强。城乡之间公共资源、公共服务发展的不均衡，促使农村需求加剧，需要正视城乡二元结构性矛盾问题的解决，才能有效促进城乡之间协同发展的目标。过渡城市化的地域大量存在，例如，中心城市大量的城边村、城中村和低水平重复建设的集镇，都呈现出"似城非城"的特点，从而形成了村村像城镇、镇镇像农村，农村不像农村、城市不像城市的城乡面貌，最好的地方像欧洲，最差的地方像非洲等特征。以上充分证明乡村治理体系发展过程中，乡村社会发生基础性的变动，造成诸多地区发展不均衡的现象出现，因此，需要进一步加大城乡之间的统筹规划。

2. 专业人才队伍建设相对匮乏

习近平总书记多次强调：乡村振兴，人才是关键。目前，除了一些沿海经济发达地区的农村外，大部分农村都存在着专业人才队伍建设缺乏的现状。现有的"三农"工作人员普遍数量不足、年龄偏大、文化程度偏低。这种状况的存在不但成为制约农村经济社会发展的桎梏，更阻碍乡村治理体系实施和推进的障碍。一直以来，我国城乡二元结构长期存在，使得城乡之间人才不能有效链接，受经济利益驱动，好的资源向城市倾斜，人才也面临巨大流失。致使农村一直是人才洼地，专业人才队伍更是遥远。一是村级人才可选择的较少，数量与质量严重不足；二是在许多农村地区，村干部大多听从上级安排，工作中缺乏主动创新能力，并不能有效带动全村脱贫致富；三是并未建立起人才的使用机制，村级大权长期把持在少数具有一定势力的宗族和利益相关者手中，后备人才没有机会实际参与乡村治理，获得的锻炼机会很少，久而久之也便失去兴趣。因此，少数专业人才的使用处于一个相对低效的状态，现有制度也无法保证其个人的成长空间。

3. 基层政府组织的治理能力亟待深入

随着改革开放发展向乡村社会的纵深推进，原有封闭的和同质化的乡村社会结构加速转型，并逐渐走向流动的和异质化的结构走向。城市基层社会生活方式和社会关系发生了根本性变化。所有这些转型带来的结果是城乡基层社会治理需求开始呈现出复杂性、动态性和多样性的特征。这在客观上要求基层政府与各方利益主体间的互动，变单向度的统治或管控为双向度或多向度的合作与服务。但是，由于制度本身存在"路径依赖"的缺陷，基层政府更多关注自身的利益，故此，基层政府与其他利益主体间始终存在着利益分离和治理需求异位的矛盾，这些矛盾进一步促成了基层政府治理能力的碎片化。政府统筹不力，宣传不足。政府在法律政策制定、经费投入和提供信息服务等方面的较弱，致使其缺乏权威性，不能很好地协调整合村庄内的各类资源和各种组织力量，导致村民在村庄事务上并不能常态化地开展，变成了简单的走过场。一方面，乡镇政府作为上一级政府机构，对村委会工作进行自上而下的指导。但由于各地方在实践的过程中，差别较大，常常出现各自为政，上一级政府并未起到有效的指导作用。另一方面，村民自组织较弱，无法发挥其重要作用。同时，"村委会既代表村民利益又代理政府职责的双重角色，使之不能很好地发挥自治功能，时常不能有效代表和维护村民利益"[1]。最后，除了村委会以外，其他民间自治组织能力较弱，参与治理能力不强。如何规避以上问题，建立多元主体协同联动机制成为加强和

---

[1] 袁金辉、乔彦斌：《自治到共治：中国乡村治理改革40年回顾与展望》，《行政论坛》2018年第6期。

改进乡村治理的关键。在乡村治理体系构建过程中由于缺乏理论上的指导，使其并未发挥有效作用，通常把乡村治理体系构建当作一种政府工作或运动式治理加以提倡，而对乡村治理体系构建的本质和特征则缺乏足够的理解和把握。各地构建乡村治理体系的模式也存在明显的差异。不同地区也对此采取了多元化的定位，在城乡一体化进程中如何将乡村治理体系纳入城市治理体系建设中来，从而破解城乡二元结构性矛盾，在认识上一直没有形成共识。这种概念的不明确使得具体的操作者和实施者无所适从，对于乡村治理体系的有效开展带来诸多问题。

（二）乡村自治有效制度供给不足

乡村自治的有效实现，需要有效的制度供给，只有在健全的制度体系下运行才会卓有成效。从党的十九届四中全会提出的"健全党组织领导的自治、法治、德治相结合的城乡基层治理体系"到《关于加强和改进乡村治理的指导意见》的出台，党和国家不断为实现乡村治理体系现代化的目标提出具体实施意见。但是总体乡村制度体系建设还处于比较落后的状态，民主选举的有效竞争机制尚未形成、乡村试验性制度改革方式存在缺陷、乡村治理主体有效参与机制缺乏等。从总体上看，以上问题都源于乡村有效制度供给不足，并直接导致大多数乡村治理体系运转处于低效率、低水平的缓慢发展阶段。

1. 民主选举的有效竞争机制尚未建立

民主选举制度作为乡村自治的核心和重要形式，能否有效调动民众参与、积极发挥作用，直接决定着乡村治理体系建设的成败。我国基层实行民主选举制度已久，最初的本意是在农村基层实践中促使广大村民能够积极参与到管理国家事务和乡村社会事务中来。然而，改革开放至今，村民自治已经实施40余年，虽然在基层民主选举中，政府仍然发挥着主导作用，但在具体的实践上，参与选举的村民中出现等靠或是"搭便车"的现象增多，使得村民民主选举权利的落实不到位，民主选举也逐渐沦为一种简单的形式化过场，这都源于基层管理者没有来自内部和外部的竞争压力。并且由于缺乏有效的监管制度，部分"村官"还存在涉黑倾向，农村政权组织涉黑化，"村官"贪腐蛮横犹如"土皇帝"，使得农村基层民主自治制度异变成另外一种专制，严重挫伤村民参与村务治理的自主性和积极性,动摇村民对基层政权组织的信心,进而形成一定的离心力,影响农村的稳定与和谐。[1] 使得这一民主实践在相当程度上无法发挥其制度的有效性。同时,由于选举制度的相关法律法规对于这种现象的约束力不强,从而导致村干部的管理水平低下、工作低效率、人浮于事等现象较为普遍。

2. 乡村试验性制度改革方式的依赖

在我国农村治理改革过程中,主要进行试验性的制度改革。乡村试验性制度改革需要政策支持,政府在政策制定和执行中需要积极支持和推动乡村试验性制度改革。政策支持可以体现在财政资金的扶持、税收减免、土地政策等方面,这些政策的制定和执行对于乡村试验性制度改革的顺利进行具有重要作用。例如,在改革开放初期,农民自发的乡村治理政策创新通过滚雪球方式推动中央政策的认可。在新时代,则是通过自上而下中央政策导向以及中央指导下的地方试验在政策扩散中发挥主导作用。[2] 这种相对保守的改革方式,先进行改革试验,再根据试验所取得的效果上升到法律制度,能够进一步保证改革所取得的成果有效延续。同时,这种基于我国国情和广大农民对于试验性制度的改革方式,在一定程度上可以有效避免可能造成的混乱。但是这种方式在某种程度上却存在着一定的缺陷,容易造成路径依赖,使得农民主体缺乏创新、参与意识不强,面对新的环境和问题往往一时找不到办法,造成大量问题积压,极易产生社会矛盾。特别是在乡村社会转型,制度改革不断深入的情况下,新的有效制度供给就会呈现出明显的不足。

3. 乡村治理主体有效参与制度缺乏

我国对于公众参与方面的探索相对起步较晚,但也取得了一定的成果,主要涉及《环境保护法》《环境影响评价公众参与办法》的规定以及2019年重新修订的《中华人民共和国政府信息公开条例》等,以上法规和条例从总体上对公众参与进行了保障。与此同时,在对于乡村村民多元主体参与的具体途径、参与的范围以及如何参与的保障等方面,

---

[1] 陈磊:《中国农村政权组织涉黑化倾向及其遏制》,《政法论坛》2014年第2期。
[2] 杨正喜:《中国乡村治理政策创新扩散:地方试验与中央指导》,《广东社会科学》2019年第2期。

仍有很多问题需要解决。在走访调研中，可以发现基层政府对于村民参与的认识还存在误区。在涉及乡村公共事务的管理中，虽然召开了座谈会、选取村民代表听取意见，但真正以村民为代表的主体参与并不广泛。往往只是政府部门单向征集和听取意见，开展双向对话的并不多。目前针对公众参与的制度缺乏村民参与的深度和广度。大多是政府主导型的公众参与模式，并未从法律上保障村民参与治理的权利。同时，通过梳理有关乡村治理的法律法规，可以发现政府在政策制定和立法决策的过程中，由于未能充分听取和考虑民众的意见建议，致使立法决策往往缺乏实用性，对于相关法律的细化极少，致使法律效应大大减弱。

　　制度优势是一个国家的基础，乡村治理制度是国家制度的根基，目前我国关于治理理论的研究成果，大多援引西方治理理论作为基础。基于本国国情的理论体系比较缺乏。随着乡村改革的深入推进，中国特色的乡村治理理论研究变得十分欠缺，这也导致乡村改革过程中有效的制度供给难以满足需要。乡村民主选举的有效竞争机制的不足，造成基层干部群众的行为缺乏正确的引导和规范，乡村试验性制度改革方式的缺陷，使得在乡村治理体系推进过程中难以发挥有效引导作用，从而造成乡村治理有效制度的供给不足。乡村自治制度在改革推进过程中暴露出来的一系列矛盾问题，严重阻碍乡村治理体系现代化的推进速度。

（三）乡村法治保障机制相对缺乏

　　2018年，《中共中央国务院关于实施乡村振兴战略的意见》提出："抓紧研究制定乡村振兴法的有关工作，把行之有效的形成振兴政策法定化，充分发挥立法在乡村振兴中的保障和推动作用。"[①] 在乡村振兴推进过程中，能否建立起完备的乡村法治保障机制是实现的基础。法治保障机制不完善，公权力就会缺乏制约，私权利的行使就会缺乏保障，乡村治理的规范化就无法形成。

　　1. 相关法律制度的修订和完善滞后

　　面对乡村社会的新情况、新问题时，已有的法律法规制度未能及时

---

① 《中共中央国务院关于实施乡村振兴战略的意见》，人民出版社2018年版，第44页。

修订和完善，造成许多问题不能有效解决。目前，《村民委员会组织法》是涉及乡村治理的主要法律保障，但由于很多规定已经过时或是过于笼统，实际遇到问题可操作性并不强。除了法律法规的缺失之外，乡村发展中所需要的各项管理制度和相关的配套执行法律细则也未能建立起来，如民主参与制度、决策制度、监督制度、社区公约、自治章程等都大量不足，规范性条文的缺少，致使乡村治理过程中面对很多棘手的问题往往无章可循，也因此极大地考验着基层干部的治理能力。在实践运行的过程中，法治化运行是加强和改进乡村治理的关键。乡村治理制度创新，必须立足制度整体效能视角，统筹考虑、系统设计、集成创新，寻找相关制度的衔接点和融合口，最大限度地发挥治理制度的协同保障作用。但目前各类乡村治理的法律法规及其建设仍存在一定程度的分隔运行、不能有效衔接等问题，如自治、法治、德治融合不足，管理制度与服务制度、"乡政"制度与"村治"制度等都存在衔接融合不足的问题，这严重制约了制度的协同性。

2. 乡村有效的监督管理手段缺乏

在乡村治理实践中，村一级的民主管理制度尚未落实。一些地方虽然已经出台了村级管理规定，但大多只是停留在书面上，运用到实际工作中之后，就会发现其可操作性不强。笔者在浙江调研的过程中发现，某些村的村支书、村主任、村会计三个职位都由一人担任，这也造成一言堂，无论大事小事都由一个人拍板。甚至在有些村，村干部在处理村务时并不征求村民意见，也不向上级请示汇报，任由个人专断，治理无章可循，变成愈发混乱。以上现象，正是由于缺乏有力的监督保障机制造成的，具体如下。

一是民主监督运行受限于村庄。2004年6月，中共浙江省武义县后陈村成立了全国第一家村监会，从此"后陈经验"广为人知。2010年，村务监督制度被写入《中华人民共和国村民委员会组织法》。村监会的运行受村庄条件的影响较大。有学者调研发现，村监会良性运转需要村集体有一定的集体收益，同时，村庄要有资源流入。有了这两个必要条件，"就会让村民有了参与村务、监督村务的动力，同时又有众多的村庄精英竞争进入村庄的关键岗位，使正式制度所提供的实践空间，被不断地援引制度的人们所利用，从而使制度充实起来"①。因此，在东部发达的沿海地区农村和资源不断流入的乡村，村监会的运行相对较好，而欠发达的西部地区人力和物力资源都处于流出的乡村，在推行村监会制度上的效果则较差，村监会的制度功能也得不到有效发挥。二是"三委"矛盾加剧。在两委关系尚未理顺的村庄，容易进一步加剧矛盾，不但"两委矛盾"没有解决，反而形成了"三委矛盾"。②民主监督制度的不足，对于基层党组织的执政形象造成极大损害，应当不断完善监督制度，找到有力的法律保障措施，进而能够解决这一问题。

3. 法治体系中的运行机制不畅

乡村治理的法定运行机制是指国家通过制定法律法规和制度，以法制的形式加以规定的村庄公共权力运行机制。③ 一方面，国家法治体系中对于乡村治理的运行机制作了相应的制度安排，形成了乡村法定的运行机制。但在乡村实际权力的运行过程中，总是受到多种复杂环境因素的影响，因此有可能偏离制度安排，形成自己的一些制度与运行逻辑，与法定运行制度不同。另一方面，国家法治体系还不完善。面对农村许多复杂问题，相应的法律法规还不健全，面对农村生产生活中出现的很多复杂问题，在找不到处理的法律依据的情况下，基层干部往往并不能有效地依据法律处置，甚至出现违规现象。2015年2月，习近平总书记在省部级主要领导干部专题研讨班开班式上的讲话中指出，一些领导干部在法治素养方面存在的突出问题，强调领导干部要做遵法、学法、守法和用法的模范。习近平要求对领导干部的法治素养，从其踏入干部队伍的那一天起就要开始抓，教育引导他们把法治的第一粒扣子扣好。④ 如果广大党员干部法治观念不强，不能依法办事，就会造成农民对法律的误解，从而使得乡村法治体系的运行不能够顺畅。

---

① 贺雪峰：《解读"后陈"经验》，《调研世界》2007年第2期。
② 周功满、曹伟：《权力结构视域下的乡村权力监督——基于对村务监督委员会的考察》，《经济社会体制比较》2012年第3期。
③ 卢福营：《当代浙江乡村治理研究》，科学出版社2009年版，第130页。
④ 任进：《领导干部要扣好法治的第一粒扣子》，央视网，https://china.chinadaily.com.cn/2017-08/10/content_30407178.htm，2017年8月10日。

(四) 乡村精神文化建设相对薄弱

随着乡村社会环境的改变，对法治文化建设的前瞻规划与运行机制的要求就越来越高。而从宏观层面看，立法规划仍在完善中，法治文化建设的框架还处于构建完善之中，文化建设和思想道德建设同法治文化建设尚未有效地融合起来，顶层设计和保障环节缺乏完善的机制。人类在社会历史发展过程中需要物质文明和精神文明两者相辅相成、共同发展。当前，随着乡村物质生活水平的逐步提高，广大农民对于精神文明生活的追求也在不断提高，但当前存在乡村精神文化建设能力相对较弱、公共精神培育不足、村民文化需求与供给之间存在不匹配、乡村基础公共文化建设薄弱且滞后等问题，甚至不同地区发展的状况也不尽相同，以上因素对于德治体系的建立形成一定的制约，使得总体发展仍无法满足对于实现治理体系现代化的更高要求。

1. 乡村公共精神培育不足

公共精神是指"孕育于公民社会之中的位于最深的基本道德和政治价值层面的以公民和社会为依归的价值取向，它包含民主、平等、自由、秩序、公共利益和负责任等一系列最基本的价值命题。公共精神是一种公共意识和参与共同体行动的意愿，是一种以充分协调个人与集体利益为核心、对公认准则的维护与恪守的精神"[①]。乡村公共精神是指广大村民积极参与村庄公共事务，提高农民参与的理性和热情，增强对村庄的归属感和认同感。乡村公共精神的培育是实现乡村治理体系的重要抓手。改革开放以来，家庭联产承包责任制有效调动了农民的积极性。新时代，面临乡村社会转型、社会结构分化，以及市场化的冲击，乡村社会原有的乡村公共精神逐渐开始瓦解，其中不同观念和信仰分别显现出来。一是村庄公共生活意识下降。人口外流造成乡村缺乏公共活动的主导者。外出打工的人们较少参与村庄公共活动，如传统的赛龙舟、宗祠祭祀活动，公共事务中道路、水利等基础设施的建设、红白喜事等都渐渐失去了往日的色彩。二是更加追求个人主义。随着村民生活水平的提高，青年村民们更加追求现代化的休闲活动，对村庄的认同感在逐渐减弱，这

---

① 谭莉莉：《公共精神：塑造公共行政的基本理念》，《探索》2002年第4期。

说明既有的传统观念受到新的价值观的冲击开始消退，利益的分化使得人们更加强调个人的利益。三是乡村社会责任意识淡薄。大部分村民缺少国家公民身份的认同，忽略在村庄事务上应当承担的责任，对村集体事务的责任感和参与意愿也有所消解。

2. 村民文化需求与供给不匹配的矛盾

党的十九大报告明确指出："新时代我国社会主要矛盾是人民日益增长的美好生活需要和不平衡不充分的发展之间的矛盾。"在乡村文化建设中村民日益增长的道德文化需求与社会供给之间不相匹配的矛盾，是当前农村文化建设的主要问题。"新时代的文化建设，不仅要提供形式多样、内容丰富的文化产品，满足人民的日常文化需要，还要在文化产品的供给之中，发挥文化提升人民的人文素养、丰富人民的精神世界、提升人民思想道德境界的作用。"① 当前，农民对于乡村文化的需求大多停留在物质层面，相对于物质的需求，对于精神层面的需求则相对较少。其一，许多地区虽然成立了村民文化生活的场所，但由于文化设施落后且单一，农民对此缺乏兴趣，很多场所便成为空地，鲜有人光顾。农村文化的投入处于低效运转之中。其二，乡村文化道德建设中往往容易出现道德标准一刀切和公共道德建设不完善等问题。往往忽视对不同层次、不同类型文化的需求。甚至有的乡村不考虑本村实际和村民的需求，照抄照搬其他村落，甚至一个地区出现千村一面，这些做法都严重忽视了对于不同乡村差异性的需求和针对性的选择。

3. 乡村基础公共文化建设薄弱且滞后

改革开放以来我国社会主义市场经济发展的过程中农民的自主意识逐渐增强，但也造成村民对于村庄的发展和基础文化教育发展表现得越来越漠不关心。目前，乡村基础文化教育薄弱，乡村基础教育整体投入力度不足，并面临极大的资金困难，这也造成乡村普遍受教育程度低，农村相对于城市教育文化资源极其匮乏，并且在许多开展文化建设的乡村也一定程度上存在着"重形失魂"的现象。尤其是基层政府对于在乡村开展公共文化建设并不十分重视。一方面，强调优先发展经济，文化

---

① 王习胜：《美好生活的文化需要：新时代文化建设的基本视点》，《中国特色社会主义研究》2018年第3期。

相对靠后，并未做到经济文化并举；另一方面，认为乡村经济发展了，投入资金了，便是发展文化建设了。这就造成基础文化建设的过程常常形式大于内容，未能有效地把握乡村文化的精髓和灵魂，不利于真正实现乡村文化的振兴。此外，乡村公共文化基础社会建设严重滞后，广大乡村图书馆、阅览室等为乡村百姓提供学习场所并不多，且地区间差异很大。况且只有部分地区有兴建文化礼堂、道德讲堂、德孝公园，虽在一定程度上丰富了百姓生活，但以上场所空置率还是比较高的，并没有形成村民乐在其中的文化主流地，且形式单一，并不能满足村民日益多样化的需求。甚至大部分村庄百姓在公共活动场所仍沉迷赌博、迷信等活动。大部分村民在闲暇时光仍喜好聚众赌博，且这种风气十分流行，面对公共事务时则表现得较为冷漠。

第六章

新时代乡村治理体系构建的实践路径

"三治融合"是实现乡村社会治理体系和治理能力现代化的有效途径，也是实施乡村振兴战略的重要保障。本章主要对其实践路径和具体措施加以论述，通过完善自治制度，将多元主体有效参与纳入法治化轨道。强化法治保障，增强法治观念和制度性供给。弘扬德治，与自治、法治刚柔相济共同引领乡村新风尚。最终，通过协同治理增效实现共建共治共享的乡村善治新格局。

一 多元主体共同参与的乡村自治

在乡村自治的建构中，多元主体的共同参与是一个重要内容。十九大报告中提出：培养造就一支懂农业、爱农村、爱农民的"三农"工作队伍。其中村民主体、党的基层组织、民间自治组织等各个主体通过相互合作，发挥各自优势，从而不断完善通力合作的乡村治理体系，并最终为推动乡村振兴开创新局面。

（一）加强与完善基层党组织建设

新时代对于党的建设的总要求是坚持和加强党的全面领导。基层党组织作为党的肌肤的"神经末梢"，也是党的执政基础。加强党的基层组织建设，提升基层党组织的领导，发挥其战斗堡垒作用。基层党组织是党的组织体系的基础，是实现党的各项任务和目标的基本单位。加强基层组织建设，可以提高党的组织力和凝聚力，增强党的政治领导力，为推进党的各项工作提供坚实的组织保障。改进和提升基层党建引领乡村治理体系建设，需要从以下方面推进工作：一是理顺主体关系；二是规范组织建设；三是发挥乡镇党委的指导作用，从而不断提升基层党组织在乡村治理工作中的核心地位，进一步加强多元主体共治与自治的水平。

1. 理顺村"两委"之间的主体关系

乡村治理体系中村党支部委员会和村民自治委员会（以下简称村"两委"）是乡村基层组织中最活跃的两个主体，两者之间的关系对于村民自治制度的运行有着深刻的影响。厘清农村基层党组织和自治组织之间的关系，在合理分工上明确村党支部的领导核心，以及村委会的职责划分，同时接受基层党组织的领导和监督。

村"两委"关系是现阶段村民自治进程中最为突出的矛盾，也是村民自治进程中理论上争论最多、实践中难点最突出的问题。[①]《中国共产党农村基层组织工作条例》规定，村党组织的主要职责是："领导村民委员会以及村务监督委员会、村集体经济组织、群团组织和其他经济组织、社会组织，加强指导和规范，支持和保证这些组织依照国家法律法规以及各自章程履行职责。"[②] 因此，在实现乡村治理体系构建的过程中，调整村"两委"之间关系的协调性，以及村"两委"之间的权利的合理分配性是非常重要的，需要从以下两个方面进行推进。一方面，村党支部必须以乡村治理作为领导核心，依照法律规定的权力对基层的事务进行处理，同时要对现有的权力进行界定，明确自己的权力并非属于村支书一个人，而是属于集体共有的权力，由村党支部的成员共同确定的结果。在推进乡村地区的党内民主建设的过程中，需要做到健全党务全部透明化、公开化，同时，健全民主测评制度。民主测评是对党组织的工作绩效进行切实的评价，这一评价体系可以充分运用到设计党员测评的过程中。在党务工作公开透明、测评体系健全的情况下，可以加强村支两委工作的协调性和紧密性，充分保障乡村治理过程中村民当家作主的权利。

---

① 徐勇：《现代国家的建构与村民自治的成长——对中国村民自治发生与发展的一种阐释》，《学习与探索》2006 年第 6 期。

② 《中国共产党农村基层组织工作条例》，人民出版社 2019 年版，第 11 页。

另一方面，需要村"两委"在进行权力规划和设计的过程中，合理规划治理权力的架构。针对乡村权力运行机制，建立起一个"村党支部和村委会共同决策、村委会负责执行、监督委员会和村民进行监督"的体系。这一体系可以充分保障村民的基本权利和义务，议程的提出可以由村民、村支两委来负责，广泛地收集村民的意见和诉求。在"两委"进行决策中，运用民主决策的手段针对有效建议选择是否采纳，并且以村民委员会的集体决议作为主要依据。最后，在监督机制运行中，通过全体村民和监督委员会对过程和结果进行监督，对于存在的不同意见，可以通过内部协商解决，也可以向上级党委政府反映。

综上所述，村"两委"应该通过合理的规划和管理，确保权力的合法性和公正性，并且积极推动村庄的发展和进步，进而提高民生福祉。

2. 规范村委会的组织建设

一方面，要规范村委会的选举，针对村委会选举过程中存在的问题，主要有以下三个解决手段。首先，通过对村委会法定的权力规范进行界定，明确村委会、乡镇政府等基层干部的权力范围，使其可以承担起责任和义务，并且保证做到不非法干涉，并且建立严格的追责责任。其次，需要约束具有大量资源的宗族和大家族对村委会权力的掌控。制定相关的规定严禁宗族势力在村委会选举的过程中进行非法干涉，在村委会进行选举的过程中有必要保障公开透明，有效杜绝宗族势力从中谋取私利。为了保证选举的公平公正，村民在实践中创造出许多具体方法，如"海选""一步法""组合竞选"等。[①] 党和政府以建立选举权力机构进行监督，法律制度方面是以派出选举观察员的形式监督选举过程。最后，严格按照《村委会选举法》来切实保障村民的自身选举权利，保障在乡村治理过程中村民自治的有效实现。

另一方面，加强村委会的监督作用。其主要从两方面进行提升。一是明确村委会的考核标准，进行定期或不定期的考核，同时，加强对村委会委员的考核。二是要落实村务公开制度。在这一点上可以参见浙江

---

① 史卫民、潘小娟等：《中国基层民主政治建设发展报告》，中国社会科学出版社 2008 年版，第 171—184 页。

宁海的"36条"。① 2017年，在宁海县纪委对人民意见和想法进行实地调查和汇总后，充分动员乡村干部参与到村级事务的管理工作中，对村级干部等的权力进行了明确的梳理，出台了《宁海县村务工作权力清单36条》。在这一个清单中，涉及村集体民主管理权力的共有19条，与村民生活、便民事务相关的有17条，而这一清单是在对群众意见进行广泛征集的基础之上进行制定的，由此获得了村民的认同感和满意度，使得村级权力的应用获得了有效的规范和监督。

3. 健全基层党组织的引导服务机制

乡镇党委是农村基层党组织的上一级领导者，在乡镇党委工作的过程中，需要为基层党组织提供必要的设施保障。这些设施保障包括党群服务中心，便民服务驿站，这些设施建立的出发点是便民服务，其目的是满足群众的日常生活需求。同时，乡镇党委需要建章立制，在机关内部建立有效的服务机制，比如党员一带一、党员帮扶群众等；在党员考核的过程中实施以积分制为主的考核制度，列入年终考核评优计划，并将其作为一个主要依据，将党员承诺服务和"三会一课"的制度活动相结合，以此引导有能力的党员可以在工作的过程中更好地为民众服务。例如：在杭州西湖云栖小镇的治理过程中，依据小镇现有的发展基础，打造党建智慧云平台，使得党务工作可以顺利开展，在"党员e站"的页面上展示出多彩的党员活动。通过不断丰富活动形式和内容，促进党建活动的多样化，增加乡村党员在服务中的积极性和能动性。

4. 强化基层党组织的领导职责

在《中国共产党章程》第五章中党的基层组织建设方面，要求："党的基层委员会、总支部委员会、支部委员会每届任期三年至五年。"② 增强了党组织领导班子的稳定性和连续性。章程中还专门增写了一条，明确规定："街道、乡、镇党的基层委员会和村、社区党组织，统一领导本地区基层各类组织和各项工作，加强基层社会治理，支持和保证行政组

---

① 注：从2017年始，中共宁海县纪委组织各类意见征求，结合最多跑一次改革，再结合三十六条修订版共36条42项。

② 《中国共产党章程》，人民出版社2022年版，第44页。

织、经济组织和群众自治组织充分行使职权。"① 清楚的职权划分的标准是依照法律的规定进行界定，增强了党支部的领导地位和作用，夯实了党执政的组织基础。同时，各级党组织和领导干部要带头学习、遵守党的全面领导制度，善于从制度上思考把握问题，善于依据党的全面领导制度制定政策、完善措施、解决问题，在制度轨道上推进各项事业。② 加强基层乡村党组织的领导和成员对于国家法律法规和政策的学习和理解，特别是对于乡村党组织的领导而言，通过学习法律和各项规章制度，可以有效帮助提升组织对于相关法律和政策进行落实，组织领导带头、激发成员积极学习的氛围，可以更好地贯彻落实相关法律政策精神。

（二）培育充满活力的民间自治组织

在乡村发展的历史过程中，"农民早就具备了一定的自治能力，绅治、乡治即是民间精英的民主自治"③。同时，孕育在乡村民间的自治组织具有强大的群众动员优势，在乡村自治的过程中能够积极发挥其服务的能动性，引导广大村民更加积极地参与到乡村社会建设的过程中来。并且能够提供渠道为农民广泛参与乡村治理，为实现乡村振兴增加筹码。

1. 促进村民的积极参与

村民有效参与是实现乡村治理发展的重要一环，而这一点也应该在村规民约中有所体现，村民应当充分行使自己的权利，参与到乡村事务的各个方面，落实在村规民约修订、实施等各个环节中。在促进村民参与的过程中，宣传是促进村民参与乡村治理的重要手段之一，可以帮助村民意识到自己的权利和义务，以及参与乡村治理的重要性。可以通过村务公共栏、广播、村民会议等途径进行宣传讲解，使得村民了解到自己在乡村治理过程中有效参与的内容和途径。同时提升对村规民约的认知度，对于村规民约需要做到熟悉和了解，能够把握与自己切身利益相关的内容，进而提高村民对于乡村事务的热情和参与度。积极参与到乡

---

① 《中国共产党章程》，人民出版社2022年版，第46页。
② 陈希：《健全党的全面领导制度》，《求是》2019年第22期。
③ 仝志辉：《中国乡村治理体系构建研究》，华中科技大学出版社2021年版，第163—164页。

村的公共事务中去，正是政府和村民之间建立协作的有效途径，"假设在其他条件相同的条件下，参与者之间的交往（直接的或间接的）越多，他们之间的互信就越大，合作也就更容易"①。这也是民间组织在自发形成中对于政治发展所起的重要作用。

针对农村大量人口外流，造成的治理主体缺位，尤其是大量青壮年进城务工，留守农村的多数是老人和小孩等问题，应当充分发挥乡村能人和德高望重的老人的作用是一个有效的解决途径。利用他们组成村规民约管理小组，由这些具有权威作用的老人带领村民参与到乡村治理的工作中来。这些老人和村民长期生活在乡村地区，了解当地的文化传统、社会习惯和发展需求，具有丰富的生活经验和实践经验，是推动乡村治理发展的重要力量。在参与引导村民的过程中，需要坚持以问题为导向，切实地倾听群众的心声，与村民的日常生活琐事和大事结合起来，针对村民最关切的事务提出解决方法。积极推动村民发表自己的见解，使得村民可以自己积极地组织起讨论，形成良好的参与基层事务的氛围，更好地运用自己的权利，意识到自己是乡村治理的主体。

2. 增强自治组织的创新能力

站在历史发展的角度来观察乡村发展，在广大的农村地区，农民合作组织有着相当长的发展历史，还有一些诸如庙会、宗亲会、乡贤会都曾在乡村社会中发挥过重要的影响力，这些社会组织的出现顺应社会发展阶段的需要，在新时代的背景下有必要增强乡村自治组织的创新能力。

首先，有必要在乡村地区实现社会组织的快速发展，助力乡村各级服务组织体系的构建和形成。一方面，对乡贤理事会、村民监督委员会及其管理下成立的监督小组进行基本队伍建设，使其在三治建设中共同发挥组织协调的关键作用；另一方面，大力提升增强乡村组织中诸如老年协会群体、共青队伍群体以及妇女组织群体等合作组织的建设力量，使得更多群众组织队伍参与到农村文化建设、体育建设以及志愿队伍培养的工作中来，规范化、制度化的自治运行机制是社会组织更快发展和完善的必要前提，推动这一机制的形成和运行，充分发挥当地社会组织

---

① ［美］罗伯特·帕特南：《使民主运转起来》，王列、赖海榕译，江西人民出版社2001年版，第204页。

单位在满足乡村群众诉求以及动员乡村队伍的优势。同时，按照"政府搭建平台、平台聚集资源、资源服务创业"的要求，建设各类创新创业园区和孵化实训基地。① 例如，宁波市在特色小镇内建设的"公益集市"服务平台，这一项目利用互联网的作用，在网上发布项目，线下众筹捐款的形式完成公益项目，成功筹集公益资金百万余元。这一平台能够从村民的角度落实项目，积极地解决村民遇到的问题，通过多种途径筹集资金，用以乡村建设的使用和项目的孵化，因此受到了广大村民的一致好评。

其次，建立起政府与农村民间组织之间的良性互动关系。一方面，基层党组织对乡村地区民间组织的领导至关重要。基层党组织是中国共产党在乡村地区的组织核心，拥有强大的组织力和领导力。通过对乡村地区民间组织的领导，可以促进乡村振兴战略的实施和乡村基层的整体发展。另一方面，在政府的统筹规划下，对社会具有良好影响力的民间组织可以优先发展，并为其提供广阔的舞台。除此以外，党组织还可以为优势民间组织提供技术指导、优惠政策的扶持，使其在发展的过程中，遵循科学合理化的发展，必要情况下进行资金支持，比如降低税收、进行财政奖励等。同时，对于民间组织的发展情况进行定期监督。在坚持政府领导的过程中，建立起政府、社会组织、乡村居民三方联动机制，进而形成多方协同的治理合力。

最后，不断提高农民组织化程度。邓小平曾指出："正确的政治路线要靠正确的组织路线来保证。"② 在对原有的乡村社会组织进行管理的过程中，需要对一些不符合时代要求的乡村组织进行重新构建，比如针对农村信用合作社等传统的社会组织进行创新管理和层级重建，使其真正成为村民自治的合作组织。不断培育和建设农民经济合作组织，社区民间组织，这些新型的农民合作组织，以及农民增加自己维权的组织——新型"农会"。新型"农会"在某种程度上更像西方工业体系中的"工会"组织，其主要内容是一种公益性的团体力量，组织的目的在于对农

---

① 农业农村部：《关于印发〈全国乡村产业发展规划（2020—2025 年）〉》，http：//www. gov. cn/zhengce/zhengceku/2020 - 07/17/content_5527720. htm，2020 年 7 月 9 日。

② 《邓小平文选》第 3 卷，人民出版社 1993 年版，第 380 页。

民利益的维护，对农民技能的培养和提升，并且实现农民生活保障改善，促进农业生产收益的增加。在这个过程中，其主要的政治功能是整合农民群体的利益，实现农民组织集体的诉求，成为农民和政府间沟通的主要力量，并代表农民集体利益。

3. 发展农业专业合作社

在我国农业专业合作社最开始发展于20世纪90年代，农村专业合作社与新中国成立初期的合作社有着较大的差距，如今的合作社是由市场经济发展与家庭联产承包责任制共同作用产生的新型经济组织形式。在市场经济的调控下，乡镇企业破产之后，农业专业合作社在农村重新发展起来，作为农户与政府间沟通协作的桥梁而存在，其重要的作用就是推动乡村社会经济的发展。因此，在总结农业专业合作社的成效中，可以发现其具有多重功能。一是农村专业合作社推动了乡村社会的经济发展。农村专业合作社的组织形式和运作机制，有助于促进农业生产和经营的规模化和专业化，提高农业生产效率和质量，从而增加农民的收入。二是拓宽了公益活动和乡村社会建设的渠道。农村专业合作社可以凝聚村民的力量，成为一个村民组织和自治的基础，通过合作社的组织形式和管理机制，为村民提供更多的服务和支持。

农业农村部最新印发的《全国乡村产业发展规划（2020—2025年）》中提出："农村创新创业是乡村产业振兴的重要动能。优化创业环境，激发创业热情，形成以创新带创业、以创业带就业、以就业促增收的格局。"[①] 例如：浙江松阳茶香小镇作为典型的农业专业合作社[②]，其对于浙江松阳县的发展起到了良好的促进作用，这一典型案例也被写入浙江省委组织部部刊《时代先锋》。2016年1月，松阳县新兴镇茶香小镇入选浙江省第二批省级特色小镇的创建名单。小镇的支柱产业为茶叶园，在发展的过程中，其减少了差异合作社63家，年产值高达32亿元。同时小镇在发展茶叶产业过程中，以茶园作为旅游资源进行开发和利用，建设

---

① 农业农村部：《关于印发〈全国乡村产业发展规划（2020—2025年）〉》，http：//www. gov. cn/zhengce/zhengceku/2020 - 07/17/content_5527720. htm，2020年7月9日。

② 凤凰网：《中国云谷松阳茶香小镇签约，打造生态田园小镇标杆》，https：//nb. ifeng. com/a/20180122/6324639_0. shtml，2018年1月22日。

了中国最大的骑行茶园。松阳县在发展的过程中不断探索"党建+产业"的发展模式，形成了具有特色的乡村治理模式。党建用以引领当地的产业发展，助推经济的健康合理发展。党建与产业发展密不可分，产业是国民经济的重要支柱，发展产业是实现经济社会可持续发展的重要手段。党建可以通过多种方式引领当地的产业发展。因此，在农业专业合作社的发展过程中，需要借鉴典型案例的发展经验，重新审视当地的现有资源和发展优势，通过规划合理的发展模式，从制度机制、人力资源、股份分红等入手，对现有的制度体系进行优化和改进，发展有效的合作体系。通过对农业专业合作社的重新规划和发展，增加农业合作社的经济实力，加强对村民的引导，激发其入社的主动性。在乡村的多个领域的发展过程中，加入合作社的力量，使得合作社成为参与乡村治理过程中最为重要的一个环节，助力乡村治理体系的建立。

（三）创建多方参与的协调协商机制

随着中国特色社会主义进入新时代，乡村社会结构发生深刻变化，多元主体之间利益诉求更加多样化，随之矛盾和冲突也日趋显现，如何在乡村利益协调和国家治理之间建立良性互动。全国涌现出了大量的协商治理实践，创建多方参与的协商治理机制，成为协调多方利益主体和处理乡村社会问题的有益方法，也是国家治理体系和治理能力现代化的有效路径。

1. 健全协商与管理机制

根据《关于加强和改进乡村治理的指导意见》中提出："创新协商议事形式和活动载体，依托村民会议、村民代表会议、村民议事会、村民理事会、村民监事会等，鼓励农村开展村民说事、民情恳谈、百姓议事、妇女议事等各类协商活动。"[①] 为了多元化的治理主体之间得以理性沟通，并为缓解社会矛盾提供机会，有必要健全协商与管理机制。以浙江常山"民情沟通日"的诉求回应型协商治理模式为例，2005 年在常山县委县政府建立的"民情沟通日"，使其进一步倾听当地群众的心声，更加深入地了解到社会现状。该制度规定当地的基层干部在每月 10 日展开干部面对

---

① 《关于加强和改进乡村治理的指导意见》，人民出版社 2019 年版，第 7 页。

面的协商沟通。在民情调查环节,通过发放"民情联系卡"、设立"民情信箱"、聘请"民情信息员"和建立"民情提案"等调查活动。民情沟通日,村干部将本村上一个月的调查情况进行汇总和汇报,并通报当月的民情沟通处理结果;同时在当地的"民情沟通日"制度发展过程中,建设了"民情茶馆",这一茶馆的建设成为干部沟通发展的重要渠道,同时也完善了干群之间的沟通机制。因此,有必要从健全制度入手,要求干部深入基层,了解人民群众的生活情况和意见诉求,做到健全工作例会、通报重大事项、落实责任制度等。同时,在乡村社区的配合协调下形成党建工作的综合协商机制,进一步构建乡村、社区、社会组织党建为一体的区域性治理体系新格局。

在建设党内基层民主建设的过程中,需要同时做到对乡村社区党组织核心作用的肯定,也需要激励社区各个级别的组织的权力形式,并逐步开展工作。以浙江德清县为典型事例,其在 2014 年专门出台《培育发展乡贤参事会,创新基层社会治理实施方案》,这一方案具有较强的创新性,针对当地基层社会的发展现状提出。在章程的指导下,其成立了乡贤会,以本村的优秀精英参与到乡贤会中,每一届的任期为 3 年。在参事方面,要以"村事民议、村事民治"为导向,引导村民积极参与到村级事务中去,吸取民意做事、征询意见谋事、回访调查审事、全程监督评事等四个环节,并鼓励村民参与其中。德清县各乡贤会参与事务共计 2155 次,参与服务活动 2960 次,获得民政部"2014 年度中国社区治理十大创新成果"提名奖。德清县乡贤参事会组织的建立和成功是基层协商民主形式发展中的创新形式,促进了乡村治理的村民自治,推动了乡村治理体系的完善。

结合以上案例分析,可以看出群众和党员的民主意识在不断增强,而参与政治生活的需求也越加迫切。因此,构建党员意愿表达机制,积极构建以多元主体为代表的协同共治型协商治理,是促进基层社会发展的重要途径。

2. 理顺工作协调关系

在乡村治理工作开展的过程中,基层党组织通过理顺乡村社区、乡镇和村级党组织之间的关系,有助于治理工作的顺利展开,推动基层政府在工作层面的有效开展。现代国家治理的秘诀就在于,把居民力所能及的事情交给居民共同体，把居民力所不能及的事情交给他们的代表。[①]例如在基层组织选举中，被广泛应用的"公推直选"，使得乡镇党委在坚持党的领导与推进基层选举民主之间找到了结合点。由于乡镇党委委员的选举已经充分体现了党内外民意，使得上级党组织在此基础上将乡镇党委的委员，分别推荐参与竞选乡镇长和乡镇人大领导班子就十分顺理成章了。这意味着，公推直选产生了乡镇党委委员，再从中推荐部分人选到人大，依法定程序选举产生乡镇长和乡镇人大班子，由此确保了乡镇党委及书记的广泛群众基础，以及乡镇政府人大的领导地位和政治权威。"公推直选"、乡镇党委的改革集中体现了党的最高决策层，希望在扩大党内民主基础上，带动引领和兼容人民民主的希望。[②]乡镇政府、街道办事处和有关职能部门与社区是指导与被指导的关系，需社区协助完成行政事务或临时性工作，按照"权随责走、费随事转"的原则，并与社区进行协商解决。社区与村委会之间的关系是基于合作之上的相互服务关系，社区侧重于服务平台的建设，提供便民化的服务；村委会侧重于村民自治，配合社区要求进行服务工作。社区与社区民间组织、中介组织和经济合作组织是相互依赖、相互促进的关系，共同推进各种社区服务和经营活动，推动乡村经济社会发展。社区与驻地单位是共建关系，社区面向驻地单位开展社会化服务；驻地单位参与社区建设，并大力支持社区工作。

3. 盘活乡村治理的多元化评价考核体系

在考评体系的建设过程中，需要充分注重考核体系的多元化，乡村干群考核过程中应积极发挥多元主体的参与性，为乡村治理提供多方面的考虑。首先，需要在县级党政机关中建立健全对乡村干群的考核机制。制定好有效的考评体系，并且以此考评体系作为考评干部工作过程的重要内容，不能随意修改。其次，在乡村治理的过程中，需要以村民作为考评的主体。村民是接受服务的主体，其具有充分的发言权，对于乡村治理过程中的态度和方法，可以从切身的感受来作出最为中肯的评价。

[①] 刘建军：《社区中国》，天津人民出版社 2020 年版，第 201 页。
[②] 俞可平：《中国的治理变迁（1978—2018）》，社会科学文献出版社 2018 年版，第 154 页。

村民同时作为乡村治理的客体身份，其保证了自身的根本利益，既是受益者也是参与者。最后，将第三方机构纳入考评体系。第三方机构包括大学、研究所等具有专业能力的机构，也包括民间社会组织等，这些是乡村治理过程中的参与者，因此将其纳入考评体系，可以有效保障考评的客观性、真实性。以上因素可以在评价考核体系中占有一定的权重，同时还可以根据不同地区的特点进行调整和补充。评价考核体系的建立可以促进乡村治理机制的建设并提高治理水平，也可以为政府和居民提供一个衡量乡村治理成效的标准。

（四）提高现代农民的民主意识和自治能力

提高现代农民的民主意识和自治能力，是乡村振兴战略的重要内容之一。在党的二十大报告中，也强调了要"健全基层党组织领导的基层群众自治制度，加强基层组织建设，完善基层直接民主制度体系和工作体系，增强城乡社区群众自我管理、自我服务、自我教育、自我监督的实效"[①]。具体来说，要通过以下几个方面来提高现代农民的民主意识和自治能力。

1. 加强村民的民主意识

随着经济社会的不断发展，人们的民主意识也在普遍增强。但由于我国地区之间的差异较大，在诸多乡村地区，大部分农民的民主意识相对仍比较薄弱。为提高现代农民的自主意识和能力，就需要基层党组织进行外部教育，为其培养正确的民主意识。只有在广大村民整体民主意识得到提升的同时，才能使他们更好地积极有效地参与到乡村、集体和公共事务中去。

首先，在党内不断强化基层党员自身的民主意识。基层党员作为党在基层的重要基石，能够对基层民主意识的培育起到基础性和根本性的作用。基层党员民主意识的薄弱，将直接影响党在基层民主建设中的发展。因此，在推进基层党内民主建设的过程中，要不断加强基层党建的引导作用。为了开展农民的民主教育，我们需要让党员首先认识到党内

[①] 习近平：《高举中国特色社会主义伟大旗帜 为全面建设社会主义现代化国家而团结奋斗——在中国共产党第二十次全国代表大会上的报告》，人民出版社2022年版，第39页。

民主问题的重要性，并自查自纠以往存在的问题。这样可以提高党员的民主意识和参与意识，为我们在基层组织中开展农民的民主教育打下坚实基础。其次，引导广大村民树立正确的民主意识，突出人民当家作主的核心内涵。现在有些农民富裕起来之后，不再只满足于关心村务，而是逐渐有了很强的参政意识和民主意愿。他们希望能够更加广泛地表达自己的意见，利用更多的措施手段参与村务政务。① 基层党组织应当积极引导村民树立正确的民主意识。最后，强化服务引导，在教育培训的过程中各级党组织定时定点地收集群众的建议，不断为广大村民创造出真正敢于也能够当家作主的民主环境。

可以说，培养农民的参政议政的民主意识是中国特色社会主义民主政治建设的主要内容，也是其本质要求。在乡村振兴的大背景下，乡村社会健康发展与农民形成现代民主意识有着密切的关系，就以我国的社会主义本质来看，人民才是当家作主的主人翁。所以，对农民进行民主教育具有重要意义，有助于其形成政治意识，培养其参政议政的能力。在新时代的背景下，随着农村的多个领域深化发展和改革变化，新的社会环境、新的社会问题也逐渐凸显，只有农民把握自己参政议政的能力，在民主协商的过程中正确地表达自己的意愿，争取合法权益，才能保障农民的根本利益。

2. 提高村民的自治能力

人民参与公共事务的治理，是现代治理理念的重要组成部分，它不仅是民主政治的核心和基础，更是实现现代化治理的必要途径。人民参与公共事务治理可以增强公共事务治理的民主性，提高决策的透明度和公正性，保障人民的知情权、参与权和监督权，使治理更加民主化。可以给个人让出一个自主性的空间，提高村民的自治能力作为乡村治理过程中重要的保障。如何提高村民的自治能力，可从以下几个方面入手。首先，培养村民自治观念。在培养村民自治观念的过程中有两大主体的作用不可忽视。一方面，村干部的带头引导作用。在培养村民自治能力的过程中，村干部要积极学习《村民委员会组织法》，对村民自治的精神理解透彻，积极了解法律赋予自己的权力，以及权力的界限所在，培育

---

① 祁勇、赵德兴：《中国乡村治理模式研究》，山东人民出版社2014年版，第156页。

村民自治的理念。另一方面,基层党组织加强对村民自治观念的宣传。可以通过知识讲座、实践教学的多种方式来向村民普及村民自治的观念,使得村民能够意识到自己的主人翁价值。其次,提高村民素质。村民的文化素质是村民参与政治生活的重要基础,直接影响到了村民自治过程的顺利与否。因此,需要从教育入手,通过提升村民的文化素养,进而提升其政治素质。我国的宽带网络已经覆盖了农村的大部分地区,可以利用现代化的技术来向村民普及相关知识,使得村民实现自主学习,增强学习能力。通过这一方法,还可以使参与的方式变得更加便捷快速,可以有效地提升村民对村民自治的认同感,激发村民参政议政的积极性,加快提升他们参与到乡村治理的全过程中来。最后,理顺乡村治理中的权力关系。在提高自治能力的过程中,需要梳理清楚各级权力范围,弄清乡镇政府和村委会间的责权关系,调理好干部和群众的关系。村民自治能力可以通过村民大会的形式得以具体的反映,因此,维护村民大会的地位和权威,有助于发挥乡村自治过程中制定的民约和村民自治章程等规范作用,并从根本上提升村民的自治能力。

总之,提高现代农民的民主意识和自治能力,是乡村振兴战略的核心要求之一,也是乡村治理体系和治理能力现代化的重要内容之一。只有让农民拥有更多的民主权利和自治权利,才能更好地发挥农民的主体作用,推进乡村振兴战略的全面实施。

(五)尊重广大农民的首创精神

我国农村地域广阔,不同区域间的差异很大,改革开放以来农村改革取得了巨大的成就。邓小平曾指出:"我们最大的试验是经济体制的改革。改革先从农村开始,农村见了成效,我们才有勇气进行城市的改革。"[1] 其主要经验就是尊重广大农民的首创精神,由农民和基层先行先试,再进一步总结推广,因而推动了农村一次次的制度创新。新时代下进行乡村治理体系构建,要发挥村民治理的主体功能,就需要尊重广大农民的首创精神。乡村组织作为村民创新社会管理的组织形式,充分发动农民、依靠农民,让农民在乡村治理体系建设中享有更多的自主权,

---

[1] 《邓小平文选》第3卷,人民出版社1994年版,第130页。

调动农民进行大胆实践和创新，才能因地制宜地找到适合各地乡情的有效办法，为乡村振兴提供内生动力。

一是激发乡村各类组织的创造热情。首先，各类组织需要明确自己的职能范围，协调乡村自治组织能力，在村委会负责的职权范围内，与乡村各类组织积极协调工作内容、发挥其主动性和能动性。其次，需要加强村民会议和村民代表大会的权能，使得村民自治的目标得以实现。在发展乡村经济的过程中，推动乡村合作经济组织的建立，以当地现有能源资源为基础，建设统一生产加工、订货的合作组织，这一合作组织的发展可以有效提高村民收入，激发乡村经济活力，实现乡村资源利用的最大化。最后，健全乡村公共服务组织，使得村民的意愿和心声得以传达到上级，同时，扮演为乡村群众根本利益代言的角色，并有效解决乡村利益纠纷的问题。

二是因地制宜，充分发挥各地农民的创造性。关于因地制宜创新乡村治理方式，中央最新文件提出："在农村基层党组织领导下，通过民主程序，将乡村治理各项事务转化为数量化指标，对农民日常行为进行评价形成积分，并给予相应精神鼓励或物质奖励，形成一套有效的激励约束机制。"[①] 我国不同省份无论从经济、政治、文化和自然环境等方面都会存在一定的差异，即使有些省内差异也会很大。因此，在乡村治理体系构建的过程中，应当坚持从各个省的省情乡情出发进行改革创新，尊重广大基层民众的首创精神，需要考虑以自然资源和环境状况为基础，完善本村建设规划，有序推进乡村治理行动的开展。首先，发现当前本地村庄治理中的突出问题。通过发现问题，深入研究问题，找到量体裁衣式的解决问题的方案，可以大大提高治理过程中的有效性和针对性。其次，从本村的实际出发，充分考虑本地区既有的资源禀赋，多途径发展壮大集体经济，带动广大农民实现脱贫。利用村级土地，因地制宜推进村级项目的建设，不搞"千村一面"，坚持发挥当地特色，实行"一村一品"。同时，依托各省市的城市资源，逐步向乡村导入，形成具有本地特色的产业，政府引导本地村民发挥自身优势，积极参与投入乡村建设，

---

① 中国新闻网：《两部门：因地制宜在乡村治理工作中推广运用积分制》，https://www.chinanews.com.cn/gn/2020/07-29/9251165.shtml，2020年7月29日。

通过协同治理主体的多方联动、提质增效、优化服务，不断拓宽产业发展渠道、做大做强产业链，让资源要素持续产生经济效益。① 最后，对于许多地区来说，乡村建设尚处于起步阶段，借鉴其他地方的成功经验显然十分重要，但坚决不能把其他地区的成功经验直接照搬过来，在学习其他地区好的经验的同时要结合原有村庄的特点，坚持因地制宜，逐步开展。因此，各地应结合实际，发挥本土优势，不断创造多种多样的乡村治理模式，使得乡村治理不断焕发出崭新的生命力。总之，我们只有不断尊重和发挥农民的首创精神，才能够使得在新时代乡村治理体系构建过程中的多元主体自治更加有效。

二 权利保障与权力制约的乡村法治

为实现全面依法治国的总目标，建设中国特色社会主义法治体系，最终实现社会主义法治国家，需要建立"完备的法律规范体系、高效的法治实施体系、严密的法治监督体系、有力的法治保障体系，形成完善的党内法规体系"②。在乡村地区，法治建设是一个基础性工程，必须把法治建设放在乡村治理的重要位置上，以保障人民群众的合法权益、促进经济社会的健康发展。乡村法律法规是乡村治理行为进行规范的必要前提，需要对乡村法律法规制度体系不断完善。这里从法律法规实施、法治观念的培养、法律公共服务体系的构建以及乡村法治化监督保障体系的建立等方面，对如何构建权利保障与权力制约的乡村法治体系加以阐明。

（一）推进政府涉农法律法规实施

推进政府涉农法律法规的实施是促进乡村振兴的关键措施之一。乡村振兴需要有完善的法律法规保障，才能确保政策措施得以落地实施，

---

① 周燕妮：《乡村产业振兴的浙江模式研究——基于合作治理的角度》，《中共南京市委党校学报》2018年第4期。

② 《中共中央关于全面推进依法治国若干重大问题的决定》，载《十八大以来重要文献选编》（中），中央文献出版社2016年版，第157页。

为乡村振兴注入法治化的动力。

1. 构建健全的乡村法律制度规范体系

在党的十八届四中全会《中共中央关于全面推进依法治国若干重大问题的决定》中，首次将"依法治国"作为主题，将依法治国推向一个新的高度，开启了中国法治的新时代。孟德斯鸠在谈到法治制约时曾提出，"要防止滥用权力，就必须以权力制约权力"①。然而，目前，在依法治国背景下乡村法治仍然面临许多问题，在乡村发展过程中法律作用尚未完全发挥，在民主监督、行政管理、权益保障等重点发展领域，依然缺乏有效的法律保障。因此，需要进一步完善乡村治理法律体系，增强适用性和可操作性。一是构建健全的乡村法律制度规范。需要结合实际出发，在调研的基础上进行修改，需要依照法律法规清晰地划分村两委与基层政府的关系，明确其权力的界限，在乡村治理体系构建的过程中，需要以法律作为护航的保障。二是重视村规民约的制定和规范。乡村法治的大背景下，并不是所有的法律法规都适应当地的具体情况，在法律的框架下，需要结合当地的风俗习惯、伦理道德等，健全当地的规则体系，以适应不同地区的乡村治理规则体系构建，并且把这一个体系作为引导基层组织和村民行为的重要前提。三是保障乡村治理规则体系和法律法规的有机衔接和共同作用。乡村治理规则体系的主要内容是村规民约和法律法规这两大部分，乡村法治化的背景下，需要村规民约和法律法规两大体系相互融合，并以此扎根于乡村治理的土壤中。需要正确认识和充分利用好村规民约，在其制定的过程中需要认真考虑民众的意见，更好地落实程序，做好民间规则体系与国家法律法规的有效衔接，努力构建法治乡村。

2. 实行权力运行规范的乡村法治机制

权力的运行情况可以直接反映乡村治理过程中的法治工作的推进程度，在乡村治理的大背景下，需要在乡村建设法律框架下，使得权力得以规范运行，在法治乡村建设的过程中，权力运行是其中必须得以规范的一部分内容，用以实现基层公共权力的有效制约。以"宁波三清单"为例，宁波市鄞州区的"三清单"的主要内容是将规范用权与民主治村

---

① [法]孟德斯鸠:《论法的精神》(上)，张雁深译，商务印书馆1982年版，第154页。

相结合，利用好说事走廊、文化礼堂等来积极地收集群众生活中出现的问题，集中处理群众提出的意见，在乡村治理的关键领域，包括工程招标、项目建设等及时进行优化升级。"三清单一流程"① 成为当地发展的重要策略，成为乡村治理过程中的典型案例。中共中央办公厅、国务院办公厅印发的《关于加强和改进乡村治理的指导意见》中，将象山县"村民说事"制度写入其中，并向全国推广。始于2009年的浙江象山的"村民说事"历经十年探索实践、深化提升，逐步形成了"说、议、办、评"为一体的制度体系，这一制度体系有效实现了参与主体的多元化、实施的系统化和规范化，并能够有效解决当前乡村法治运行中普遍存在的运行不畅等问题。通过分析以上案例，可以发现如下特点：基层治理制度创新多发生于经济社会快速发展的地区，伴随着大量社会矛盾需要解决，在当前大量资源与项目在乡村落地而引发乡村利益多元化与利益冲突的背景下尤其如此。② 以上实践制度的产生，源于社会利益多元化，为协调各方在运行过程中能够朝着良性互动的方向发展，进而推进乡村治理现代化从实践上升到法规制度，并为全面推广提供了有效样本。

从上述案例中可以看出，村民自治、社会组织参与治理是发展基层民主法治的中坚力量，在村级法治的建设过程中，需要积极对治理方案进行创新和探索，使得村级的民主决策权真正地归属于人民，推动村级法治秩序的建设和完善，减少"村官"的自由裁量权，提升村民自治的根本治理方案，密切干群关系。为了实行权力运行规范的乡村法治机制，有必要做到以下几点。

一是建立健全依法决策机制。依照现有的法律法规，对村级法治建设的决策机制进行重新梳理，对现有的决策过程中不同环节的决策主体，进行明确的责任划分，健全责任制度和追责制度，对决策的合法性进行详细的划分，确保决策的合法性、科学性、有效性。二是完善权力制衡机制。在乡村治理的大背景下，构建乡村多元治理的机制需要对参与治

---

① 注：关于"三清单一流程"中，三清单是指权力清单、责任清单、负面清单；一流程是指权力运行的流程图。

② 王国勤：《乡村协商民主的系统化再造——以象山"村民说事"为例》，《浙江社会科学》2018年第12期。

理的多元主体进行权力的明确划分，明确治理主体的权力和义务，在多元主体进行治理的过程中，重构乡村多元治理主体间相互制约的关系，达到多元治理的目的。三是对利益表达机制进行优化。一方面需要对现有的村民意见收集反馈机制进行优化和规范，在乡村治理中，通过对民意收集制度进行优化和改进，保障村民的意见可以及时得到反馈，可以及时发现问题、解决问题，提高村民表达自己意见的积极性；另一方面，需要完善利益评判的标准和制度，推进利益补偿的透明度，引导村民形成合理合法、公平公正的表达利益诉求的观念。

总之，推进政府涉农法律法规的实施是乡村振兴的必要条件之一，需要政府部门在政策制定、执行和监督方面都加强力度，提高政策的有效性和可操作性，为乡村振兴注入更多的法治化的动力。

（二）增强基层广大干部和群众的法治观念

增强基层广大干部和群众的法治观念是加强乡村治理、促进乡村振兴的重要任务之一。法治观念是人们对法律法规的认识、理解和遵循程度，是建立法治社会的基础，是提升乡村治理水平和推动乡村振兴的必要条件。

1. 培养基层干部的法治意识

习近平总书记指出："我们要把宪法教育作为党员干部教育的重要内容，使各级领导干部和国家机关工作人员掌握宪法的基本知识，树立忠于宪法、遵守宪法、维护宪法的自觉意识。"[①] 农村行政人员更需要具有一定的法治意识，将会更加有利于其依法治理村庄。基层党组织和村干部是法治体系框架下的践行者，同时也是离群众最近的执法人员，具有特殊的政治责任，并且必须在实施国家法律和法规中发挥领导作用。提高地方法律负责人对法治的认识，可以提高地方政府的管理能力和权威，并提高村民对地方政府的信心。它可以改善和改变村民对地方政府形象的政治信誉。[②] 具体到落实中来，对于乡村出现的腐败和贿赂等腐败犯罪现象，可通过各种形式的法治讲座，案例报告和特殊培训，辅以实际生

---

① 《习近平谈治国理政》第 1 卷，外文出版社 2018 年版，第 141 页。
② 谢治菊：《西部民族地区乡村治理的逻辑与实践》，社会科学文献出版社 2014 年版，第 48—52 页。

动的案例进行讨论，向村内执法人员敲响警钟。同时，能够促使乡村各级管理人员，根据当地行政法规有效提高法律素养，法律和行政意识的水平，使得村内干部准确地了解和理解法律，遵守法律，在科学合理的法律框架内有效地运用法律手段。

同时，完善规章制度，加强民主监督，严格财政管理，切实为社会落实"三务"公开，不断完善公开信息，提高法治水平，确保民主治理和农村行政人员在民主治理中实现透明的行政管理，提高服务水平以及抵制各类权力诱惑。可以利用现有的即时通信工具QQ或者微信等，建立全体村民微信群、党委会工作群等便于交流和发表意见的群，在村内发生重大事件的时候，可以通过网络发布即时通知。比如在召开村民大会或者进行村民代表大会的时候，可以在建立的微信群里面进行通知，这样的方式可以取代以往挨家挨户或者挨个打电话通知的方式，大大提高了工作效率。在开会或者进行其他活动的过程中，可以在会后对会议进行总结和整理，安排专人将会议的核心精神发送到群里，帮助一些未及时参与会议的村民了解会议的核心精神。这一安排可以有效提升村务公开能力。同时，可以在村中设置村民小组组长，以居住的范围进行划分，可以由小组组长接受通知然后对本组的村民进行通知，这样有助于提高村民的参与度和加强沟通。

2. 加强现代农民的法治教育

在我国的广大农村地区中，向乡村农民群众开展法治教育的根本目的在于维护农民合法权利，将公平正当的权利理念融入农民维权的基础制度体系，农民权利的维护，可以使得一直以来的弱势状态有所转变，并在具体可实现的维权制度体系中拥有公正维权的底线。

一方面，对农民普及法律常识。习近平总书记在首都各界纪念现行宪法公布施行30周年大会上的讲话上指出："我们要在全社会加强宪法宣传教育，提高全体人民特别是各级领导干部和国家机关工作人员的宪法意识和法制观念，弘扬社会主义法治精神，努力培育社会主义法治文化，让宪法家喻户晓，在全社会形成学法尊法守法用法的良好氛围。"[①]在农村基层法治薄弱的地方，更应该通过多种宣传途径展开形式多样的

---

① 《习近平谈治国理政》第1卷，外文出版社2018年版，第141页。

法治宣传,激发村民学习法律、了解有关法律常识的动力,并且能够利用法律来维护自己的权益。可以定期开展法治宣传月,尤其是在网络媒体发达的当今社会,在有条件的地区,要善于运用多种媒体手段进行宣传,在网络上采用多种多样的形式进行法治宣传,进而提升基层广大干部和群众法治观念。因此,可在乡村基层组织中拍摄一些老百姓喜闻乐见的法治宣传剧,特别是在教育环节进行法律普及非常必要,要针对新时代村民需要知道的基本法律常识对农民进行基本的知识普及,并且根据农民生活的实际情况,通过与各地区农村的风土人情和自然环境相结合的教育方式和内容进行普法,形成当地的法治文化新风尚。

另一方面,培养农民形成良好的法律意识。卢梭认为:"一切法律中最重要的法律,既不是刻在大理石上,也不是刻在铜表上,而是铭刻在公民内心里。"[①] 在进行普法教育和法律知识宣传的工作上,需要结合当下富有创新性的教育方式和适合的载体环境来进行有针对性的引导,培养农民对于法律的深入的思想认同,使得农民从心理层面形成敬畏感、认同感,培养自觉遵守法律的意识。通过对法律的宣传和宣讲,厘清法律意识和日常生活之间的密切关系,引导农民可以自觉摆脱封建固有思想,逐步建立起现代化的法治思维,能够自觉运用法律的知识来解决问题,对农民生活生产过程中出现的法律纠纷以案例的方式传达到群众中去,提升农民的法律知识水平,使得农村各项事业能够依法有序进行。

总之,增强基层广大干部和群众的法治观念是推进乡村治理和促进乡村振兴的必要条件之一。政府部门需要加强法律法规宣传教育、建立健全法治宣传网络、加强法律服务和落实法律法规等多个方面的工作,为提升基层干部和群众的法治观念和遵法意识注入更多的动力。

(三) 构建农村法律公共服务体系

党的十八届四中全会《决定》提出:"推进覆盖城乡居民的公共法律服务体系建设,加强民生领域法律服务。"[②] 十九届四中全会《决定》进

[①] [法]卢梭:《社会契约论》,何兆武译,商务印书馆2003年版,第15页。
[②] 《中共中央关于全面推进依法治国若干重大问题的决定》,载《十八大以来重要文献选编》(中),中央文献出版社2016年版,第173页。

一步提出,健全国家基本公共服务制度体系。以上从国家层面的部署为我国建设公共法律服务体系确立了总体目标,也为构建农村公共法律服务体系明确了方向。

1. 构建政府主导、多元协同的公共服务体系

政府作为农村法律公共服务的主导者,应当确立在法律公共服务体系中的主体地位。"政府的职责是向群众提供以维护农村社会公共利益为宗旨、以农民为服务对象的基本公共法律服务。"[1] 健全与完善基层法律公共服务体系建设,要发挥政府的协调引导作用,组织社会力量广泛参与到农村公共法律服务体系的建设中来;同时,依托司法机关,鼓励其他中间自治组织参与其中,通过奖励和激励等手段,充分挖掘社会专业资源,包括律师事务所、公证处、法律援助中心、司法鉴定中心、仲裁委员会、人民调解委员会等法律机构的作用,使得这些专业机构在解决乡村矛盾的过程中产生积极意义;在积极建设基层法律公共服务体系的过程中,需要积极利用有效的法律援助途径,结合法律咨询室、法律咨询网络平台等多种方式,来帮助村民构建有效的法律咨询途径。在基层法律服务体系的建设中需要考虑到农村发展的基本情况,以较低的收费或者提供免费服务降低法律咨询和援助的门槛。招募普法和法律援助志愿者,以及大学生村官等群体力量,通过政府有效整合多元协同的服务协调作用,打造组织形式多样,服务主体多元的农村公共法律服务体系。

2. 优化公共法律服务平台与人才保障机制

优化公共法律服务平台,一是推动乡村公共发展服务平台发展。在基层建设的过程中,需要进一步加强城乡一体化建设,将城市法律资源向乡村倾斜,应对乡村法律意识薄弱、法治观念有待提升的现状。同时,需要进一步加强法务工作站等相关机构的建设,让这些具有专业化的机构成为基层组织进行治理过程中的帮手。同时,也可以为群众提供专业的法律援助。考虑到乡村人员组成的复杂性,需要对具有特殊情况的群体开展特事特办的渠道,包括老年人、残障人士、流动人口等,充分运用法律,积极调解存在的纠纷和问题。二是培养乡村治理法治化的人才。由于乡村地区的发展不够均衡,很多人才在考虑就业时候不会主动选择

---

[1] 狄邦建:《农村公共法律服务体系建设的实践与思考》,《中国司法》2014 年第 10 期。

乡村地区。为保障乡村专业人才的供给，可以与定向院校展开合作，以定向、委培的方式与高校联合培养人才，提高农村地区人才数量，打造具有专业优势的人才队伍。另外，出台一系列的相关措施，鼓励法律专业学生利用寒暑假等时间深入农村进行法治实践活动，提高农村地区的法律水平。三是培育"法律明白人"，在进行乡村治理的过程中利用新乡贤等的教化能力，向村民宣传法律，提升其法律意识。乡村在发展的过程已经形成了一定的特性，在进行乡村法治的建设过程中，可以借助村民对于乡村精英权威的依赖和服从，借助乡村精英和村委会等的威望和话语优势，积极进行法治教育。

（四）健全乡村法治化监督和保障体系

加快健全农村法治监督和保障体系的形成，对于全面推进依法治国至关重要。"政府权力运行逐步科学化和规范化，公民权利保护不断制度化和法治化，国家治理的主体、取向、方式以及结构等迈入波澜壮阔的转型过程，重塑着社会、市场与政府间的关系。"① 乡村法治实施具有一定的复杂性，需要以公开和有序的方式实施，以确保法律监管和职能的正确履行。"中国转型时期的社会危机是经济发展和社会变革不可避免的现象，但传统的管理模式是根据现代社会矛盾而完成的，主要是不同利益和利益要求之间的平衡。其需要通过使用法律手段，以社会福利分配机制和社会冲突监管机构的调节与平衡来解决。"② 具体而言，有必要从民主法治监督的强化以及法规制度的健全等方面，对乡村法治化监督保障体系进行健全和完善。

1. 强化乡村民主法治监督

马克思提出，无产阶级取得政权后要在尽可能快地增加生产力总量的同时"争得民主"，巴黎公社政权还进行了民主选举和建立民主政权、进行民主管理的实践。列宁指出："民主仅仅意味着在形式上的平等。"③民主法治监督是确保民主选举、民主决定、民主管理执行的重要基础，

---

① 夏志强：《国家治理现代化的逻辑转换》，《中国社会科学》2020 年第 5 期。
② 巫建忠：《新时期对社会治理法治途径选择的思考》，《法制与社会》2018 年第 4 期。
③ 《列宁选集》第 3 卷，人民出版社 2012 年版，第 201 页。

在有效的民主法治监督过程中，村民才能真正享有自己的权利，保障乡村社会实现民主和民主选举。从各地的现行做法来看，可以通过以下形式实现对村民的民主法治监督。一个完整有效的法治监督系统的重要意义在于监督党内和党外，使得上级监督、统计监督和下级民主监督三者相结合，监督体系能够发挥作用。多元共治的乡村治理体系存在权力交织的问题，因而在实际的权力监督上存在难以共同管理多类监督力量的问题，并且容易使得若干权力执行和政府监督混为一谈。为了整合内部和外部监控，并形成一个将高层监督，同级别监督联系起来的高效系统，有必要坚持在党的领导下进行各种监督协调。在法治监督过程中，其监督的主要内容要依照"四民主""两公开"，对于自治范围内、涉及群众利益的、依法需要公开的必须全部透明公开。村委会需要自觉接受乡村治理中多元主体的监督，保障其监督权和知情权的实现。对于村资产资金的管理和使用，村相关公共工程的招标、建设等涉及人民根本利益的相关政策，都需要自觉接受村民和其他主体的监督，实现乡村监督体系的全覆盖。

在监督过程中，要不断丰富监督方式。当前的乡村社会的监督方式较少，手段单一，对于"两公开"也只是张贴在宣传栏上，这一监督方式未免流于形式，并未取得很好的效果。结合当下互联网的发展，在有条件的地区可以采用网络的手段进行监督，发展线上与线下相结合的监督方式。通过建立村、镇专属的微信公众号、微博平台等方式进行公示，保障乡村治理的多元主体的监督权。

2. 强化法律法规的制度保障

第一，要健全和完善现有的法律法规。我国的根本法律规定了村级自治制度和村民当家作主的权利。但是对于现实状况中如何进行治理和如何进行职权的划分等并未作出清晰的规定，这些制度的具体内容还比较模糊。在乡村法治建设的过程中，进一步对法律条文进行细化处理可以有效避免治理过程中矛盾的出现，另外，对先行的村民委员会组织法进行广泛征集意见，落实修订意见，使得各类法律实行条例更加贴近村民组织的操作行为，同时再修订村民委员会组织法时，应当以继承与创新的改革理念，将已有法律中的有效条例和运行体制予以保留，同时也要吸收近年来各类实践活动中的优秀经验和政策，并能够充分纳入新规的制定中。在修订法律条文的过程中，要具备长远的发展眼光，对于有待确定的、具有发展意义的问题，可以做出具有导向性的规定，使得修订的版本可以在一定期限内满足乡村发展的需要。同时结合不同区域的发展特点，地方政府需要出台具有针对性的细化措施，将法律法规落实到位。

第二，规范民主选举制度，保障村民有效参与。在进行选举的过程中，需要严格按照《村民委员会组织法》进行选举，同时也要结合本地的发展实际，对于村民发展各个环节的做法进行具体化。在选举的过程中，需要保障其公开、公正、公平，因此，有必要建立完善的监督体系，对于选举的过程要做到公开和透明以及细化。民主制度是否能够有效实现，关键在于能否落实参与权。市场经济的确立过程是一个社会逐渐发育，民众个体民主权利意识、参与意识、表达意识逐步增强的过程。[①] 党的十九大报告指出："发挥社会主义协商民主重要作用。有事好商量，众人的事情由众人商量，是人民民主的真谛。协商民主是实现党的领导的重要方式，是我国社会主义民主政治的特有形式和独特优势。"[②] 协商民主是实现党的领导的重要方式，可以通过充分发挥各级党组织的领导作用，组织协商和调解社会矛盾，提高党的执政能力。规范乡村社会民主政治形式，可以通过协商民主的形式去实现，最终才能够真正保障村民广泛地、最大限度地参与进来。

第三，完善村民会议和村民代表议事制度。根据《关于加强和改进乡村治理的指导意见》中提出的要求："到2020年，现代乡村治理的制度框架和政策体系基本形成，农村基层党组织更好发挥战斗堡垒作用，以党组织为领导的农村基层组织建设明显加强，村民自治实践进一步深化，村级议事协商制度进一步健全，乡村治理体系进一步完善。"[③] 一方面，通过建立村民会议制度，明确会议召开的程序和规则，确保村民会议的民主性、科学性、有效性，让村民充分发表意见、表达诉求，促进

[①] 陈蔚：《马克思主义政治意识形态制度保障力面临的挑战剖析》，《当代世界与社会主义》2011年第3期。

[②] 习近平：《决胜全面建成小康社会 夺取新时代中国特色社会主义伟大胜利——在中国共产党第十九次全国代表大会上的报告》，人民出版社2017年版，第37—38页。

[③] 《关于加强和改进乡村治理的指导意见》，人民出版社2019年版，第3页。

村务公开和民主决策。与村民根本利益相关的问题必须经由村民会议和村民代表会议进行审议批准。在村务决策的过程中，需要让村民代表广泛参与决策，而不是经由乡村干部来代替行使。另一方面，通过制定村民议事规则，明确议事流程、程序和制度，让村民代表可以充分发表意见、提出建议，让村民决策更加科学、民主和有效。在进行村民会议的过程中要做到信息透明公开，拟定议事规程，使得这一制度更加规范化。这将有助于确保村民代表会议和村民会议的决策具有可行性和公正性，同时也能够增强村民代表的责任感和使命感。

三 传统与现代文明相结合的乡村德治

为了构建传统文化与现代文明相融合的德治体系，要从如何传承农村优秀传统文化、强化公共文化建设、重视社会主义核心价值观宣传、发挥村规民约的治理功能，以及建设村民"精神共同体"、调动新乡贤人才支撑等方面来实行。

（一）传承提升农村优秀传统文化

农村是中华优秀传统文化的重要传承地。因此，传承和提升农村优秀传统文化是乡村振兴战略的一个重要内容。需要通过弘扬优秀传统道德文化与风俗习惯、发掘新乡贤文化资源的价值、加强对青年的乡土传统文化教育等方面进行不断推进。

1. 弘扬优秀传统道德文化与风俗习惯

中国乡村传统文化的基础是农业文明，其核心是伦理道德，以风俗习惯作为其内在的规范。在乡村发展的过程中，伦理道德和风俗习惯一直发挥着重要的作用，它们调节着多元主体的利益，约束主体间的行为，是中华民族精神力量的重要部分。在新时代乡村振兴战略发展过程中，突出"德治"的引领作用，作为治理的重要环节，对乡村治理提出更高要求。在新时代浪潮的冲击下，市场经济发生了一定的改变，导致了现代乡村中部分群众的价值观发生异化。这种异化主要表现在功利主义、个人享乐主义，一些村民内心背离了社会发展的价值观念。因此，需要在新的社会发展背景下，乡村治理的多元主体积极寻找传统道德文化在乡村治理过程中的重要表达方式，建立起适合乡村治理的伦理秩序，以"德治"来引导村民对自己的行为进行自我规范，树立积极的价值取向。在"德治"体系建立的过程中：一是要做到坚定文化自信。乡村的传统文化维系了乡村特色发展历程，其中一些核心的价值观至今对乡村治理仍具有指导意义。比如诚信、勤俭等理念可以设计到乡村文化建设的过程中，影响村民的行为习惯，如四川阆中古城曲艺苑文化节[1]，通过"旅游+曲艺"的方式，传承中国文化；接近村民的真实生活。通过"最美丽的大家庭""周围的好人""最美丽的乡村人""好女儿"等各种形式的道德评估和评估活动，建立和推广良好的道德模式。二是在农村地区，需要促进乡村居民培养真善美的优秀品质。用榜样的力量来鼓励人们实践和推进道德建设，在农村社会营造强烈的美德氛围。三是创新道德教育方式。通过开展与道德有关的讲座、表演等文化活动，这些群众接受度较高的活动可以有效推进德治的进程。例如，2018年，浙江省已经建成8000多个农村文化礼堂，上田村农村文化礼堂的建设引起省委省政府的高度关注。不少农村文化礼堂突出"以身边人讲身边事，以身边事教身边人"，将评选表彰道德模范、好人好事充实到农村文化礼堂的活动中来，增进道德感染力。此种形式有利于丰富村民精神文化生活的同时寓教于乐，将优秀美德潜移默化地融进乡村治理中，并使之内化为村民的自觉意识。

2. 发掘新乡贤文化资源的价值

乡贤会是把握新乡贤文化资源的良好运用形式，同时乡贤的文化事迹和历史遗留也是激发民众乡土情感的重要资源，与乡贤有关的文化资源和乡贤会可以促进民众践行德治。[2] 在当前乡村治理的过程中，不难发现乡村"空心化"的程度日益严重，随着大批的乡村青年进入城市谋生，乡村治理过程中缺乏了专业性的人才，而乡贤在乡村中具有较高的声望，可以发挥乡贤具备的凝聚力。建设乡贤文化主要有以下两方面的措施。

首先，赋予新乡贤新的时代内涵，明确新乡贤的判断标准。在政府

---

[1] 中国新闻网：《"大笑古城"IP文创吸睛 阆中旅游休闲热闹非凡》，https://www.chinanews.com.cn/cul/2019/02-25/8763690.shtml，2019年2月25日。

[2] 闫丕川：《创新发展乡贤文化 助力基层社会治理》，《中国政协》2018年第17期。

进行乡村治理的过程中，需要积极挖掘新乡贤文化资源，保护继承新乡贤文化，并且以新乡贤文化作为当地发展的文化名片，而一些传统民间习俗和活动与新乡贤文化密不可分。例如，乡村举办的火把节、宗亲联谊节等具有特色的活动，都与当地的新乡贤文化有着莫大的关系。在新乡贤文化发展的过程中，主要以亲情、血脉、乡愁等因素作为纽带。这些因素充分表达了村民与新乡贤之间的连接，他们共同诉说着对于先贤的追思，积蓄着新乡贤文化发展的能动性。从这一角度可以分析得出新乡贤对于广大的群众具有带头作用，是典型的模范案例。在乡村治理体系构建的过程中需要加强村干部对新乡贤的宣传力度，紧抓基层群众"绝大多数"，为了营造一种尊重乡贤、效仿乡贤、赞美乡贤，使整个社会保持健康良好风气的现代农村良好氛围，促使乡村建设主体自觉接受道德文明和素质提升的要求。并通过改善自身的日常工作和生活行为，提升村民的道德水平，增强乡村治理的内部驱动力。

其次，在普及乡贤文化的过程中，可以对于典型事例加强宣传，特别是突出其内在的优良品德，促进文明乡风建设。乡贤在乡村治理体系构建的过程中具有较强的权威性，村干部要积极发动乡贤的力量，运用乡贤自身的带动力，积极指导乡村文化生活，为乡村文化生活中进行的文艺活动提出相关对策和建议。比如，以孝道文化作为活动展开的主题和基础，以"家风家训"作为载体，开展讲家风、晒家书等活动。这些活动有助于乡村乡贤文化的建设和创新。同时，还应主动激发乡村主体的动力，发挥乡贤在乡村文化建设过程中的优势，以鼓励当代青年继承和发展乡贤精神，建设健康向上的乡村文化精神。

3. 加强对广大青年的乡土传统文化教育

不少地区乡村文化在继承和发扬的过程中出现了断代和消失的现象，特别是当代的青年对于乡村文化缺乏认同感，由此，在乡村治理体系构建的过程中出现了乡村文化的"空心化"现象。为了解决这一问题，需要加强村民的乡土文化教育，特别是需要加强对于青少年的乡土文化教育，这一教育需要从小抓起，才能为乡村治理的长久发展奠基。"一是坚持治学报国，履行社会责任；二是坚持问题导向，深化对策研究；三是坚持立足中国，确立世界眼光；四是坚持严谨学风，提供真知灼见。"① 因此，在学校教育的过程中，融入乡村教育的环节非常重要。一方面，学校具有系统化教育的作用，可以帮助青少年建立起对于乡土文化的认可；同时，青少年作为传承和发扬乡土文化的重要主体，无论以后其发展的方向在哪里，青少年都是未来乡村文化继承的中坚力量。在进行乡村文化教育的过程中，需要结合当地的社会文化资源进行教学，比如进行社会实践活动，将课堂放在图书馆、博物馆等地方。在乡村教师进行乡土文化教育的过程中，需要积极引导学生培养乡土情怀，建立对于乡土文化的热爱。同时有关部门可以加强教师在乡土文化建设的培训，培养懂得乡土文化、热爱乡土文化的一批教师。另一方面，需要重视农村大众化教育，提高农村群众的素质水平。通过建设和培养一批水平较高的教育团队，对农村职业技能进行培训。对于技能培训的方向和领域需要结合当地的特有资源和发展方向实现人才培养的因地制宜。最后，需要新乡贤文化与乡村学校教育的衔接和联系，致力于加强与青少年道德思想培养相结合，通过开展主题教育，运用多种多样的活动形式，使得更多的人了解到新乡贤文化的精神和内核。

因此，要加强对农村优秀传统文化的创新和发展。传承和弘扬优秀传统文化，并不是简单地照搬复制，而是要在传承的基础上，进行创新和发展，让它更好地适应现代社会的需要。政府和文化机构可以通过组织文化创意比赛、资助文化创意企业等方式，激发农村文化创意的活力，推动农村优秀传统文化与现代文化的融合发展。

（二）强化乡村思想道德与公共文化建设

乡村思想道德和公共文化建设是乡村振兴战略中的一个重要方面。随着城乡融合发展的深入，农村社会面临着日益复杂的文化环境和价值观念的多元化，需要积极加强乡村思想道德和公共文化建设，提高农民文化素质和道德水平，增强乡村的文化软实力。

1. 引领乡民思想道德与精神价值

在推进乡村道德建设中要致力于借助国家的力量构建优良的道德文化。同时，考虑到道德建设力量的多元化存在，我们完全可以把建设优

---

① 王利明：《法治：良法与善治》，北京大学出版社 2015 年版，第 325—327 页。

良道德文化的主体落实在非政府组织和机构那里。[1] 建立多元化的乡村文化建设主体，在思想道德和精神价值的引领下，加快推进乡村文化振兴，并最终实现全面建成小康社会的目标。对于提高农村群众的文明素养，引领农村群众的思想道德精神需要从以下几方面进行。

首先，找准社会主义核心价值观与乡村公共文化之间存在的异同点，乡村公共文化属于社会主义核心价值体系的一部分，核心价值体系包含国家、社会、个人三个方面的层次，而乡村公共文化构建立足于乡村社会和乡民。在建设乡村公共文化的基础上，需要融入社会主义核心价值观的内容，让广大的村民充分了解到我国国家建设宏观层面的目标，也需要看到基层文化建设过程中的目标，以简单的概念了解到我国社会公民应该具备的道德规范。这些基本的价值观是指导乡民进行生产生活的重要理念，使得乡民可以成为社会主义核心价值观建设过程中的中坚力量，更好地扎根于基层，建设乡村公共文化；以达到更好地提升自我的思想道德水平，更好地参与到现代化进程中来的目的。

其次，紧紧围绕新乡贤的力量，通过其话语的权威性来提升乡村文化发展过程中的自我修复。新乡贤是乡村公共文化发展的重要资源所在，是更加贴近乡民的道德行为规范体系的重要组成部分。在以往乡村建设中存在的陈规陋习需要在新乡贤的带领下进行自我修复，而重新构建适应新时代乡村治理背景下的乡村公共文化。"利益表达要想最大可能地影响国家政策，必须要有一定的影响力，这取决于为此而进行的政治参与的强度和持久性，如果这类政治参与是以公民个人分散零星地进行的话，那么他们的利益表达便难以达到预期的目的，难以引起政府的重视。"[2]加强对村民的思想道德教育，带动村民提升其思想道德和精神境界，使得村民可以明辨是非，充分表达利益所求，从而构建良好的乡村文化氛围。

最后，依据乡民的精神价值需要，通过制度进行约束。通过制定合适的规章制度，同时，设立奖惩制度，通过奖惩制度来奖励身边的典型人物，使得更多的村民参与到公共文化建设的过程中来。通过内外合力

---

[1] 杨伟清：《道德的功用与以德治国》，《中国人民大学学报》2019年第2期。
[2] 施雪华：《政治科学原理》，中山大学出版社2001年版，第792页。

来共同加强对乡民的精神引领，有效地继承乡村的优秀传统习俗，建立以现代民主作为基础的乡村公共文化。通过大众容易接受的活动方式，并且在这些文化的培育过程中植入现代的规章、规范以及价值观念。同时，通过提升村民对于乡村社会的认同感，进而提升乡村的整体凝聚力。

2. 加强乡村公共文化活动建设

随着市场经济形式的快速发展，村民间的联系变得越来越少，乡村凝聚力也逐渐降低，原有的村庄意识以及相应的归属感出现了前所未见的困境。建设乡村公共文化活动，是增强村民凝聚力的有效方式。可以有效地增强村民间的感情联系，增强村民之间的互动交流。

一方面，健全乡村公共文化服务体系。在基层党组织的领导下，充分利用各种形式的乡村文化活动，例如乡村文化大舞台和乡村文化剧院，开展多种形式的文艺和体育活动。我们应该以人民容易接受的方式编排这些活动，从而增加乡村文体活动形式。此外，我们还可以通过文化讲座、经典诵读等多种活动提高村民的道德文化素养。我们需要创造性地建设村民文化活动，采用多种不同的手段和方式来丰富村民的生活，满足他们对文化的需求，建设一个充满文化氛围的乡村基层社会。另一方面，大力展开农村公共文化活动。以民间的文化优势作为文化活动开展的重要资源，以群众喜闻乐见的形式进行活动，要充分重视本区域的传统特色文化。同时，能够将乡村政府的行为镶嵌于本地的"文化网络"①之中。另外，可以运用新媒体与传统媒体相结合的方式来推广优秀文化，以积极向上的文化作为主流，利用乡村文明建设中的重要资源，引导村民积极向上，继承和发扬优秀的乡村文化精神。通过这些手段增强乡村基层文化，提升自我发展能力。村干部可激发社会文化团体和组织的活力，激发乡村社会自我创新的能力，能够使得村民在喜闻乐见的文化活动中培养良好的道德素养，形成科学文明的生活方式，促进乡村公共文化活动建设顺利进行。

3. 鼓励乡村公共文化创新

开展乡村文化活动和鼓励文化创造是两条并行的线，这两条线相互

---

① [美]杜赞奇：《文化、权力与国家：1900—1942 年的华北农村》，江苏人民出版社 1994 年版，第 1—3 页。

交织。一方面，鼓励开展乡村文艺活动，是对原有文化的继承，创新是发展的不竭动力，鼓励文化创造是在原有文化的基础上进行文化创新；另一方面，只有不断地与时俱进，进行创新，才能实现文化的源远流长，不断发展。但是，在目前乡村治理的背景下，乡村文化创造力较低，因此，鼓励文化创新是必要要求。同时，"加强基层文化建设，推动优质公共文化资源向农村地区倾斜，提升农村公共文化服务效能，是加快推进城乡公共文化服务体系一体化建设的关键举措，也是实现乡村文化振兴、激发乡村振兴内在动力的必要条件"[①]。乡村振兴是当前中国的重要战略，而文化是乡村振兴的重要支撑。乡村地区的公共文化服务体系需要得到完善，让广大农村居民也能够享受到高质量的文化服务，从而促进农村经济社会的发展。

第一，要鼓励农业技术创新。农业技术创新与文化创新之间存在紧密的联系。农业技术创新可以促进农业生产的效率和质量，从而提高农村居民的生活水平和文化素质。同时，文化创新也可以促进农业技术创新，通过文化创新来激发农业科技人员的创新意识和创造力，推动农业技术的发展。在乡村治理体系构建的过程中，必须维护广大村民的利益，而农业是农民的立身之本。因此，要鼓励农业技术创新，解决农民生存的根本问题。而随着社会经济的快速发展，乡村的经济也需要提高，随着信息技术不断渗入人民的生活过程中，积极地鼓励农民运用第三产业技术创新是激发农民创造性的有效手段之一。比如运用信息技术，建立起服务和农业一体的现代农村，以特色产业作为乡村发展的重要支柱产业，使第三产业的发展成为当地农村致富的又一途径。当前第三产业在乡村的发展尚处于探索阶段，实现农民的技术创造，是乡村长久发展的必要基础之一。

第二，鼓励农民进行文化创新是推动农村文化发展的重要一步。为了帮助农民更好地进行文化创新，基层党组织和乡镇政府可以采取以下几个措施。首先，建立奖励机制。可以通过设立文化创新奖、创业奖等奖项，鼓励农民进行文化创新和创业。这些奖励可以包括一定的奖金、

---

① 尚子娟、陈怀平：《农村公共文化服务与乡村振兴双向赋能的价值逻辑和推进路径》，《中州学刊》2022 年第 11 期。

荣誉证书等，以激励农民积极参与文化创新和创业。其次，提供培训和指导。基层党组织和乡镇政府可以组织相关的文化创新和创业培训，为农民提供必要的知识和技能。此外，还可以派遣专业人员到村庄提供专业的指导，帮助农民解决文化创新中遇到的问题。最后，支持文化创新项目。基层党组织和乡镇政府可以提供资金、场地等支持，帮助农民实现文化创新项目的落地。同时，还可以通过政策和法规的制定和调整，为农民创新和创业提供更加优惠的政策支持。总之，通过建立相应的激励机制、提供培训和指导、支持文化创新项目等方式，可以有效地激发农民的创造力和积极性，推动乡村文化的发展。

（三）注重社会主义核心价值观的宣传

乡村振兴战略强调要注重社会主义核心价值观的宣传，培育和践行社会主义核心价值观。为进一步提升乡村社会文明程度，推动乡村振兴战略不断向前发展，具有重要意义。在乡村振兴战略中，注重社会主义核心价值观的宣传，可以通过以下几个方面实现。

1. 增强社会主义核心价值观宣传的创新力

习近平总书记指出："要切实把社会主义核心价值观贯穿于社会生活方方面面。要通过教育引导、舆论宣传、文化熏陶、实践养成、制度保障等，使社会主义核心价值观内化为人们的精神追求，外化为人们的自觉行动。"[①] 社会主义的核心价值是中国民族文化软实力的体现和现代中国精神的结晶，体现了整体的价值和思想意识形态。在社会治理和基层建设中起着重要作用。当前，由于西方资本主义思想的传播和邪教腐败思想在农村社区的传播，一些村民信仰精神空虚，缺乏基本的思想宣传能力和现代精神。符合现代精神需求的乡村文化体系缺乏。因此，在发展农村文化的过程中，应将社会主义的基本价值体系纳入其中，形成中华民族优秀文化的精神文明建设，以及丰富伦理道德资源有关的各种活动。同时，深入研究主流先进文化，开展各类移风易俗的文化建设活动，使其成为乡村社会中急需的精神文化。社会主义价值体系可以作为农村文化管理的重要思想指引，通过文化融合，团结乡民的共同行为和心理，

[①] 《习近平谈治国理政》第 1 卷，外文出版社 2018 年版，第 164 页。

转变与凝聚当地农村意识形态并提高道德素质，保证基于本土化治理的正确方向。例如，杭州富阳通过红星会的微信公众号平台定期发布党员的活动，打造了一系列的特色品牌。这些品牌吸引当地的村民积极参与这些活动，目前已经开放式互动87次。通过这些方式开展了多种多样的社群志愿服务活动，组织小镇的党员参与到小镇发展的各个领域，比如环境美化、爱心帮扶等志愿服务活动，并且以此来激发和培养当地党员的核心价值观念。

在宣传方面，首先社会主义的核心价值观是坚持"走进村民的生活，接近村民现实"的原则，积极树立基本思想宣传立场，使得其在引导中能够满足核心社会价值，成为乡村社会的基本主流价值取向。村民们提高了识别和抵制不良风气与思想的能力，形成了善与恶的标准，并培育了道德情感和健康的生活品位，并自觉提升自我道德情操，同时培养更为有益身心的各类活动。其次，引入乡村管理方法和治理方式，加强乡村道德管理和社会主义核心价值观教育，将其作为乡村道德建设的灵魂，并在乡村规章制度中，促使村民们在规范体系下实现相互交流，从而提高农村社区的文明水平，并使得乡村文明在新时代中释放出更多活力。

在发展农村各类宣传教育过程的同时，需要提倡农村村民自律习惯，将法治、德治与个人的自律相结合起来。农村基层党组织的重要任务在于鼓励和引导村民培养社会主义核心价值观，而实现这一任务主要有两个途径。一是村民与党员干部要自觉地学习国家法律，乡村的政策以及村规民约，要正确理解党的政策和文件中的核心精神，理解习近平新时代中国特色社会主义思想的核心内容。二是通过对于这些最新的政策和文件的学习和理解的过程，增强自己的自律性，在对乡村村民治理的过程中，需要引导村民发挥自己的自律性与自我教育，作为乡村建设的重要内容，同时，发挥村规民约的价值领导精神，激励道德行为规制等功能。

2. 加强社会主义主流价值观的合理引导

培育和践行社会主义核心价值观，推动村规民约的现代转化，发挥村规民约的道德教化功能，是加强社会主义主流价值观合理引导培养的重要方式。通过树立典型的道德模范和先进典型，来引导村民树立正确的价值观。随着互联网的发展，网络媒体已经成为人们获取信息和传播信息的主要途径之一。利用网络媒体宣传社会主义核心价值观可以让更多的人了解和接受这些价值观，从而促进社会主义核心价值观在社会中的传播和推广。还可以通过开展一系列的文艺活动，来树立村民的核心价值观，比如在村内进行先进人物、典型事迹的报道；在村民文化活动中心放映相关题材的电影和纪录片。这些措施都可以帮助村民拓宽视野，更加理解社会主义核心价值观的内涵和意义。此外，还可以通过道德舆论引导。道德舆论引导是一种重要的方式，能够使得人们正确认识社会主义核心价值观的理念。如今，在网络上充斥着各种各样鱼龙混杂的信息，部分村民由于缺乏辨别意识，容易盲目地相信，并在网络上引起混战，或者是暴力行为，要引导村民对网络行为进行一定的选择。同时村党组织和村干部可以运用广播电视，手机微信平台或者其他建立的平台，对社会主义核心价值观和相关的政策制度进行宣传，确立自己的道德舆论高地，积极传播正能量，保证引领村民树立正确的价值观念和道德观念。创新农村村民的风俗习惯，同时，应增加文化引导在当前模式和道德模式中的作用。结合媒体宣传，使得村规民约在符合社会主义核心价值观的前提之下成为引领村民实现现代价值观培养的有力武器。

（四）发挥习俗和村规民约的独特治理功能

村规民约是乡村居民立足于本村的实际，依照自愿原则参与制定，并且要求全体村民共同遵守的行为规范。这一行为规范，要求全体村民必须牢记于心，认真遵守共同创建良好的乡村氛围。在2003年，浙江省首先开展了民主法治村的创建活动，制定了一系列的村规民约和村民自治章程，而这些村规民约都是基于不同村镇的实际状况来制定的，并且继承和发扬了当地的特有传统。在浙江乡村治理的过程中，村规民约发挥了重要的作用，注意从源头上预防化解村民间的矛盾，具有重要的引导职能。首先完善的村规民约内容应包括以下几个方面。（1）宣传法律法规。村规民约基于国家法律的指导下进行基层的自我规范，同时提升了村民的法律意识。（2）保护村民利益。村规民约是在村民共同协商的基础上制定的标准，有助于维护村民利益，减少村民间的矛盾纠纷。（3）村庄公共事务管理。村级自治的主要内容在于使得村民成为"主人翁"，鼓励引导村民参与到村级事务中去，在村庄事务的决策方面，需要做到以村两委引导，村民集体决议，体现村民自治的过程。(4) 倡导精神文明。不同时期的村规民约体现了社会发展和进步，村规民约的根本作用在于维护国家的社会主义精神文明，要与社会和谐发展的基调相一致，体现出社会德治和社会法治共同发展的局面，提高村民个人的全面发展。(5) 发展村级集体经济。村规民约的作用也对村民的生活环境提出了一定的要求，促进了村庄环境和村民风貌的改善，有助于吸引投资，推动集体经济的进一步发展。

而具体到应用上，发挥村规民约、优良传统和风俗习惯在约束村民的行为上起到重要作用，帮助村民形成良好的作风习惯。"培育和弘扬社会主义核心价值观必须立足中华优秀传统文化。"[①] 村规民约在制定的过程中，一方面要注重对当地的优秀传统文化的挖掘和继承，要遵循中国的良好道德文化规范，比如尊老爱幼，诚实守信等中国优秀的民族文化品质。另一方面，在这些村规民约中，要依据地方的差异，对不同领域做出明确的规定，比如绍兴按照四边三化的要求，对垃圾分类等做出明确的规定，可以有效地改善当地环境，改变以往农村脏乱差的现象。

"制度重在激励生活，生活不断造就制度。"[②] 因此，为发挥其在乡村治理中的独特作用，需要按照当地发展过程中出现的问题，将村规民约与这些问题相结合，制定出具体的规定，比如与村民的婚丧嫁娶、邻里关系、美丽家园建设等方面的内容相结合，制定更加细化的具有层次的规章制度。村规民约作为建设美丽乡村的框架之一，反映了人们的内在精神需求和价值需求。在制定乡村民约的过程中，要以社会主义核心价值观作为导向，树立良好的价值观念，起到增强文化自觉、文化自信，推动乡村公共文化的建设作用。村干部要充分发挥村规民约在人民生活过程中的作用，利用村规民约解决人民生活中产生的矛盾纠纷。同时，也要在发展的过程中对其进行修订，充分地体现村民的智慧。如桐乡、嘉善、诸暨、浦江等4个县（市）分别将制订修订"两约"工作纳入创新基层社会治理、县域科学发展观、社会治理创新和"四个全面"战略布局与规划工作，并作为重点项目加以推进。为了落实村规民约的有效

---

① 《习近平谈治国理政》第1卷，外文出版社2018年版，第163—164页。
② 夏志强：《国家治理现代化的逻辑转换》，《中国社会科学》2020年第5期。

作用，要将各个村级、乡级、镇级的村规民约活动纳入年度平安综治考核，并且安排督察部门对这一活动进行考核和通报。根据乡村自身的发展现状，在修订过程中，需要将道德规范的内化作用逐步融入其中，加深乡村治理过程中德治的重要作用，使得村规民约成为解决村民矛盾和纠纷的重要原则，同时，激发培养村民的道德观念，使村规民约内化于心，外化于行。

（五）建立村民认同的乡村"精神共同体"

所谓"精神共同体"是指那些拥有共同信念和共同价值观的人，以寻求满足诸如心理、情感和意志等主题的精神需求。乡村精神共同体是农村发展中社会管理的基础。建立新的乡村精神共同体主要目的在于解决现有乡村中出现的各类心理危机，例如缺乏信仰、违反价值观、道德上的不和谐、冷漠和精神空虚等，这些都是在重大社会变革期间乡村普遍存在的问题。在传统村庄中重建传统的"守望相助"的道德生活氛围，能够使得村民相互之间感受到本体的安全性和同一性，进而增强幸福感。

1. 唤醒村庄意识，实现乡村文化自觉

村民长期生活在同一地区，彼此依赖，从而形成了共同的理想目标、价值观、风俗、信仰、隶属关系或完整的村庄意识，具体则体现在乡村伦理、村规民约、风俗习俗当中。乡村精神共同体的重建必须唤醒乡村意识，从而实现乡村文化意识与文化自觉。

鉴于当前我国城乡文化之间的差异，在实践中唤醒村庄意识并强调乡村文化意识就显得十分重要。乡村文化意识不是一成不变的，是在传统与现代的互动中实现乡村文化的可持续发展，并为乡村生活提供重要的文化基础。家族意识作为一种传统的文化观念，长期以来已经深深地沉淀在人们心中。由于我国具有重视宗法血缘关系的历史传统，尤其在广大农村地区家族宗族组织迄今仍在社会政治生活中发挥着重要的作用。[①] 一方面，通过这种家族和宗族组织可以在一定程度上保持乡村传统和历史记忆的连续性。包括有形或无形的文化资产，例如传统的节日仪式，春节的新年问候，民间宗教的祭祀互动，儿童传统的儿时游戏，各

---

① 程同顺：《农民组织与政治发展》，天津人民出版社 2006 年版，第 236 页。

类戏剧杂耍,等等。仪式和象征是家族几代人互相传递情感和延续文明的基础,已经成为村民维系其安身立命、修德修身的道德情感。宗族也是历史上存在时间最长、流布最普遍的社会组织。宗族关系是人们最主要的社会关系,它作为民众自己的组织,在其内部实行自我管理、自我教育,难能可贵地具有某种"自治"性质。[1] 宗族无论是在为农民提供表达自我声音的政治渠道,提供价值支撑,减少心理失衡;还是促进族内互助合作,加快乡村经济发展,抑或是承担社会事务,维护社会稳定等方面都可发挥特殊作用。[2] 其在村庄文明的生活意义正是乡村传统和记忆中关于怀旧文化中的记忆感受。这一切都是不能随意丢弃的,在重建新的乡村精神共同体的过程中,不能与旧的乡村精神共同体分开,需同时加强两者之间的延续和链接。另一方面,文化传统的流动性与乡村文化需要包括新的要素、新的内容和新的形式。首先,基于平等、自由、独立、民主等基本特征的现代价值观,以克服长期存在的如官本位思想、等级制度、人身依附以及公共道德缺失等。其次,诸多传统文化元素即使经过转换和转化,仍然可以发挥自身的功能。保留"尊重"和"敬爱"元素的"孝"文化,使其在当代乡村社会继续被传承和延续,同时,可以添加关于平等理念的新内容。因此,发展农村地区的社会关系,发展非政府组织和团体,系统地传达相互合作和组织成员积极参与的道德风气,增强相互协助的自治精神,并最终形成相互支持、相互爱护、团结与独立的道德观。

2. 依托乡土文化重塑精神寄托

当前,新农村精神社区的重建需要进一步解决农村文化结构的问题,诸如落后的基础设施,行动手段得不到保证,控制机制得不到完善,文化人才储备不充足,文化活动没有广泛传播,形式单一,气氛不浓,以及主体性发挥不强等。

在这方面,依靠当地文化,改变精神信仰,同时通过社会主义的核心价值观带动农民精神社区的建设,依托乡村文化重塑其农耕文化中蕴含的优秀思想观念、人文精神、道德规范等精神寄托。这些内容包括进

---

[1] 冯尔康:《中国宗族史》,上海人民出版社2009年版,第1页。
[2] 饶静:《农村组织和乡村治理现代化》,中国农业大学出版社2019年版,第155页。

一步加强社会主义理想信念，对有意识的精神生活的强烈需求，与市场经济相适应的各种现代意识的形成，以及各种精神资产的拥有。建立乡村精神共同体，离不开中国的精神力量和优良传统文化的灌溉，同时，也在消除市场经济的特定规律造成的负面影响中发挥着至关重要的作用。此外，还必须明确政府对地方文化发展的责任，从制度假设、资金配置和政策执行出发促进文化建设，并简化地方文化建设管理体系，充分发挥公民的作用，开展广泛的文化活动。鼓励村民参与，重视民族文化的保护和传承，注重传统节日和重大节日庆祝活动，恢复农村传统文化节日，使得村民能够充分体验乡土生活的文化意义和幸福感。

综上，良好的村风是反映村民整体的精神风貌，体现乡村精神的内核。同时，乡村社区精神共同体的概念是建设乡村的重要内在要求，也是乡风文明建设过程中的逻辑归宿，可以成为引导农村生活共同体在新时代继续前进的风向标。

（六）充分调动"新乡贤"的人才支撑作用

现代乡村治理中新乡贤发挥着补充村委会的作用。[①] 新乡贤通过建立各类社会组织，能够与城市社会组织相互合作共同发展，培育乡村公共精神，增强乡村的认同感。因而有必要充分调动"新乡贤"的人才支撑作用。

1. 培育新乡贤社会责任意识

现有农村乡贤的年龄趋于老龄化，在这个情况下，就需要培养新的乡贤加入乡村治理。年轻的乡贤更加容易接受新鲜事物，对于新政策、新知识的掌握能力和理解能力更快，对于新技能的上手能力更强。在乡村治理体系构建的过程中，需要加入更多的新乡贤参与治理，而年长的乡贤，则具有更多的社会经验，在处理事务上更具有权威性，因此，可以采取年长的乡贤与新乡贤共同结合的乡贤治理手段。新乡贤可以利用网络平台建立老乡群或者乡贤群，加强与村民间的联系和沟通。而新老乡贤之间可以取长补短、互相学习，共同参与到乡村的建设和治理中。同时，在当地可以建立本村的乡贤资料室，组织青少年观摩和学习，增

---

① 李金哲：《困境与路径：以新乡贤推进当代乡村治理》，《求实》2017 年第 6 期。

强对本村乡贤文化的认知和理解。

要想强化社会责任，新乡贤要提高自身参与乡村治理的水平。当前的乡村治理对新乡贤的治理水平提出了更高的要求。新乡贤需要进行培训学习，强化自己的基础理论知识。通过对自己文化素养的道德能力的提升，有效地参与到乡村治理的过程中来。作为乡村治理体系中的主体之一，新乡贤的作用就是为了弥补国家政府机关对于乡村治理工作中，公共服务资源不足的问题。在新乡贤参与乡村治理的过程中，必须引导鼓励农民参与到乡村治理中。乡贤更倾向于培养教育村民具备当家作主的意识，培养一定的政治素养，能够参政议政，促进基层民主的发展。

2. 发挥农村精英的协同作用

在新时代的历史背景下，农村精英对乡村治理有着重要的意义和作用。精英具有非凡的魄力、超前的胆识和较强的能力，可以领导村民在集体协作的背景下发展进步，能够在思想上起到引导和榜样作用。在乡村治理体系构建的过程中，要通过合理发挥少数人的潜在能力推动集体进步。

首先，要通过出台一系列的优惠政策来鼓励乡村精英返乡贡献。要完善乡村的人才流动机制，促进精英在城乡间的流动，这需要基层政府发挥调节作用，鼓励乡村精英积极地参与到乡村治理的工作中。在浙江省的"能人治村"的实践过程中，充分发挥能人的优势和作用，积极贡献乡村，使得能人治村模式具有很大的实践意义。在推动乡村建设和发展速度的同时，也使得村庄结构更加稳定。但是这一模式的发展受制于治理主体能力的素质和道德观念的影响，因此，政府可以通过出台相关优惠政策，完善激励机制，进而吸引乡村精英投身基层建设。同时，通过制定优势政策来支持鼓励乡村精英，给予其足够的权力，使得乡村精英可以在基层自治和乡村社会建设的过程中起到足够的作用，充分发挥其才能。

其次，要优化基层党组织与农村精英的协同和互动。在近年来乡村治理的过程中，乡村精英对于乡村作出了巨大的贡献，乡村精英在乡村发展的过程中受到了更多的重视和关注。因此，作为基层党组织要注重基层权利代表和公权力代表的对接作用，要在基层建设的过程中，确定好农村精英的所处位置，为其所拥有的权力厘清界线。乡村精英在农民群体中具有较大的权威性，可以广泛弘扬和传播主流价值观，特别是乡贤的领导作用，可以帮助乡村在建设公共文化体系中发挥道德模范的作用，为乡村的发展和建设作出贡献。同时，基层党组织要激发农村精英的服务意识，鼓励农村精英参与农村基层的治理，积极投入公共事业，强化法治意识，必须深刻理解社会主义农村建设的核心理念，并始终以广大农民群众的根本利益为出发点。只有这样，乡村精英才能真正有效地发挥他们的带动作用。

3. 助力乡村精英与村民实现"再嵌"

促进农村精英和村民的"再嵌"关系形成，同时加大农村公共事务的发展力度，并形成农村地区进行内生性发展的动力。市场化的到来使得村民个体之间变得更加原子化，因而打通乡村精英同村民逐渐连接的桥梁，将是建设精神共同体的重要基础。在乡村公共事务发展过程中，农村公共服务的建设是重建村民与村民关系的最佳中介，村民合作是恢复共同社会资本的最佳途径。农村公共设施建设必须发挥村民组织的带头作用。新农村建设通常由地方乡村政府组织管理，而且在许多情况下，政府没有真正考虑乡村居民的真正需求，导致资源浪费和公众满意度下降。乡村公共建设可以改变政府适当授权的方式，利用多种资源让地方精英组织资金和引导的村民参与到建设中来。开展当地的公共文化活动，并逐步建立当地精英和村民的互动平台。一是提升农村社会的整体素质和发展水平。通过积极组织社会主义核心价值的深入学习，村民可以增强自身的道德素质和法治意识，更好地遵守法律法规，规范自己的行为。同时，通过选拔村民代表和建立权力管理体系，可以有效地实现自治和民主管理，让村民的利益得到更好的保障和维护。二是利用当地文化资源和传统节日开展文化活动，这可以增强乡村精英和村民对于村庄的归属感和认同感。此外，这些活动还可以促进村民之间的交流和互动，进一步增强了村庄的凝聚力。

乡村的自治实践可以有效地帮助农村地区实现经济发展和社会进步，但同时面对乡村治理过程中出现的现实问题。各地的乡村社会在探寻构建新时代乡村治理体系和治理能力现代化水平的过程中，积累了诸多经验，其主要思路包括改善村民自治，推进乡村法治和发挥德治的力量，等等。要实现乡村振兴战略，还需从根本上对乡村治理思路和方式进行革新，建立健全和完善自治、法治、德治体系，将三者的力量相互融合，为基层建设打下坚实的基础，从而最终实现乡村善治格局。

四　共建、共治、共享的乡村善治新格局

为提高乡村治理体系的实效，在把握基层党组织领导的"三治"融合路径的同时，可以进一步完善基层治理方式和村级权力监管机制，创新村民议事协商形式和现代乡村治理手段。积极探索政府、市场、社会多元协同的共建平台，依靠群众化解基层矛盾的乡村共治机制，发展成果惠及人民的乡村共享分配福利制度等方面，最终打造共建、共治、共享的乡村善治新格局。下面对如何走向共建、共治、共享的乡村善治新格局做出详细分析。

（一）政府、市场、社会多元协同的乡村共建平台

政府、市场、社会三者是乡村共建平台的重要组成部分。政府是主导力量，市场是资源配置手段，社会是参与主体，三者的协同作用可以促进乡村发展。通过政府、市场、社会三者的协同作用，可以构建起一个多元化的乡村共建平台，提供全方位的服务和支持，并最终促进乡村振兴的全面发展。

1. 完善共建平台的配套制度规范

新型乡村治理体系的建设最为重要的部分在于制度创新，需要利用构建好的新型制度体系对各个治理主体部分进行约束，运用法律的工具对其权力范围进行界定，构建新的制度体系，形成新的稳定性的乡村治理体系。在新农村建设的过程中，必须将自治、德治、法治这三方面相融合，才能构建一个和谐稳定的乡村善治新格局。以自治为基础、以法治为保障、以德治为支撑，依靠顶层设计来实现乡村治理的现代化，将农民自治放在基层治理的首要地位，建设上下一体的乡村治理体系制度，积极鼓励农民参与到制度建设过程中，使得乡村治理的利益主体都可以切实参与到治理、决策的过程中。

要坚持推进农村基层治理的制度建设，在现有行政决策机制上进行优化和完善，包括协商程序和规则。以舟山市"网格化管理、组团式服

务"为例，在重新规划原有的街道、行政区后，舟山市的行政管理工作实现了从条状到网状的转变。每一个乡镇街道都划分成了若干个单元网格，在党建体系构建的过程中，以各个单元网格作为基础，每个单元网格的党员联户形成了网格、党小组、网格格长、服务团队等层层递进的工作模式。党组织要积极动员党员参与到网格基层服务过程中，充分发挥在社会治理中的重要作用，巩固网格建设力量，发挥网格行政模式的优势。网格化的管理模式可以有效建成社区内的动态服务体系，更容易展开定期走访联系的制度，可以更深入地进行上门服务，是治理社区和乡村管理工作中的重要体系。同时，在推进农村基层治理制度化建设的过程中，党组织发挥了网络平台的作用，建设了高效便利的网络互助交流平台。这些平台成为民众反映心声和意见的重要渠道，将政府与群众连接起来，可以更好地帮助政府传达思想，收集群众心声。同时，还推行"民情工单"制度，对群众提出的问题及时解决，并且进行反思和总结，由群众和网格服务团队这两部分对问题的解决进行评分，实现"一事一诺一评议"。

根据上述案例可知，为了做到三治融合的制度机制在实践中的规范运作，有必要做到如下几点。第一，健全以自治为基础的制度体制，要挖掘当前机制中不健全不合理的部分，广泛收取群众的意见。以本区域的发展状况和现存问题来完善自治制度机制。第二，健全德治和法治的制度机制，法治是保障，德治是支撑。在乡村治理体系构建的过程中，要用法治的力量来对权力主体进行约束，也要重塑乡村道德观念，提高群众的道德意识，增强其遵守规范的自觉性。第三，要健全三治融合，三治是乡村治理的重要部分，针对三治中的每一个部分，都要在基层治理中充分发展、充分完善，这样有助于解决基层治理过程中出现的矛盾和问题。

2. 实现共建平台治理主导的转换

在政府、市场、社会多元主体投入的乡村共建平台中，为了满足市场引导的农村治理的特点和要求，应当做到如下几点。

第一，要建立完善的农村市场经济体制。随着市场经济制度的发展和完善，农村市场经济体系在发展的过程中，促进乡镇政府职能的发展和变化，使得农村市场经济由管理职能向服务转变。乡村社会中的经济组织也在逐渐地发展完善,其有效提高了乡村社会的发展现状。作为乡村治理过程中的权力主体之一,积极地参与到乡村治理的过程中来,并在当前的乡村治理发展过程中,通过农村合作经济组织有效地改善乡村治理水平和模式。但是依然要重视政府在乡村经济发展过程中的管理职能,基层党组织的引导作用,才能使得乡村治理体系在市场经济发展完善的背景下得以更好的实现。

第二,要推广实施市场引领的乡村治理体系。乡村治理制度的发展,必须立足于当前乡村发展的现实状况,要通过对现有的优势和劣势进行分析,以科学的方式进行设计和规划,这样乡村治理才能取得良好的成效。具体而言,要通过以下几个方面来推动其变革和转变:一是要按照我国《村民委员会自治条例》的相关规定进行基层政府职能改革,厘清乡镇政府与村委会之间的直关系,划清职权范围;二是要强化制度建设,特别是要注重乡村市场经济体制建设,依据乡村治理过程中出现的问题,因地制宜进行各种制度的建设和完善;三是要推动农村经济合作组织的运行体制,在乡村振兴的大背景下,大量的社会经济组织在农村发展起来,政府要有效地引导和鼓励这些组织参与到乡村治理的各个阶段中去;四是要探索构建市场引导为主的乡村治理模式,市场引导模式主要包含以下内容。首先是"农民专业组织(协会)+农户+乡村正式组织"的治理模式。农民专业组织(协会)可以提供专业的知识培训和技能培养,可以有效提高农户的专业技能进行科学化的生产和经营,乡村正式组织则可以从政策等方面进行引导和鼓励,激发农户的能动性和积极性。其次是"经济能人+农户+乡村正式组织"的治理模式。经济能人指的是乡村中的精英和知识分子,这些人具有一些专业的技能和优良的品质,是乡村治理过程中的典型范例,可以有效地提升农户发展的积极性,有效地提高农村社会经济的活跃性。维护广大农户的根本利益,在乡村治理中发挥核心作用。最后是"企业+农户+乡村正式组织"的治理模式。企业可以为农户提供稳定的市场,农户也可以为企业提供稳定的原材料供应,而乡村正式组织则可以保障农户和企业双边的利益,这种治理模式可以有效连接起分散生产的农户,同时企业也可以代表农户的根本利益。

(二) 依靠群众化解基层矛盾的乡村共治机制

人民群众是社会发展的重要力量，是历史的缔造者，也是乡村治理过程中的重要部分，新时代乡村治理的发展离不开人民群众，社会主义民主需要上下互动联动。[①] 实施乡村振兴的发展过程中，人民群众是主要的力量，要探索农村发展的善治途径，首先要以三治融合作为基石，发挥群众自治的能力，从农村现有的基本情况出发，通过全面提升农民的整体素质，并与农民一同不断谋求乡村发展的崭新路径。2013 年，桐乡高桥镇在镇级层面运行百姓参政团，通过建立百姓参政团的这一制度，为群众提供了参与公共事务的平台；在村级层面运行道德评判团，突出村民的德治能力，培养村民的道德观念，形成良好的乡村氛围；通过整合网格力量组建服务体系，形成互帮互助的局面。[②] 同时，在网格整合中建立的百事服务团，有效整合了志愿者、义工资源，有效地帮助村民解决存在的纠纷和矛盾，为村民提供法律服务和民生服务。

从上述案例可知，自治、法治、德治"三治融合"的探索代表新时代基层社会创新治理的方向，现代治理中的多元主体，不仅乡镇政府、基层党组织、村民委员会等要参与到"三治融合"的治理过程中，更要村民主动、积极地参与到治理中，实现"大事一起干，好坏大家判，事事有人管"，从而真正构建起多元"共治"的乡村治理格局。

1. 夯实社区文化建设与创新，促进多元参与的乡村治理

为了充分发动群众建设社区文化，在进行乡村治理过程当中，需要充分尊重当地群众的意愿，考虑到当地的风俗习惯、生活状况等现实情况。要从农民的所知出发，真正理解村民的想法。从实际情况来制订具体的方案，农民群体文化水平虽然不是很高，但是他们理智、实务。因此，在制订方案的过程中，要进行深入调查了解，基于调查现实，了解到农民真正的需要，进而调动农民的积极性。在新时代乡村治理和社区

[①] 张厚安：《村民自治：中国农村基层民主建设的必由之路》，《河北学刊》2008 年第 1 期。

[②] 人民网：《桐乡"三治"从源头预防矛盾纠纷》，http://legal.people.com.cn/n1/2018/0411/c42510-29919022.html，2018 年 4 月 11 日。

文化建设过程中，需要构建一个具有强烈的凝聚力和认同感的精神家园。要积极地引导农民进行自治，激发他们的组织能力，鼓励农民参与到乡村治理的进程中去，通过制定相关的政策，提升乡村经济合作组织的治理能力。

目前面临着社会转型时期，社区居民保留着传统文化心态，特别是部分乡村村民的整体文化素质并不是很高，在实现村民自治的过程中，对于自治的理解存在一定的困难。因此，加强社区文化建设具有非常重要的意义，要增强村民角色的转换。在公民社会理论中，塑造公民精神是构建市民社会的基础条件，要构造积极健康完善的社区文化，必须以社区公民精神作为基石，提高村民参政议政的自觉性，提升村民的思想文化素质，打好自治的思想基础。社区文化建设的过程中，要从发展民间组织培育，弘扬社区文化精神这些方面来着手，促进社区居民的互动，增强信任感和集体意识。同时，可以创造性地运用一些方法来提升村民的自治意识，通过社区援助等方式来加强居民的交流，增进人与人之间的关系，增强信任感；通过配备文化设施，教育设施等，来促进居民生活区的文体活动开展，丰富精神家园；通过整合社区人力资源来进行社区安全防护，打击犯罪，维持社区安全，促进社区和谐。以上的这些做法，对于社区文化的建设具有一定的积极意义，同时，又能从侧面减轻基层政府压力。

2. 推进乡村社会组织发育，构建农民主体的共治组织依托

在当前乡村社会的发展过程中，特别是在经济发展水平较低的偏远地区，农民多处于原子化的状态，也就是说农民的组织化程度相对比较低，没有形成有效的乡村治理的联动性。村民都是按照自己的意识和行为进行行动，多数都是个体经营，分散经营。这也意味着在这些地区乡村治理的能动性不足，没有发挥有效的作用。因而，要推进乡村社会组织的发育，一方面，拓展基层协商民主实践。以浙江温岭村级恳谈为例，其在基层协商民主的基础上，发展出了参与式预算协商，即民主恳谈的延伸和拓展，更加落实到基层群众之中，更容易倾听到民众的心声。参与恳谈的主要有村民代表，其他村民可以根据自己的意愿选择参加或者不参加。在村公共事务的重大事项中，召开全体村民的恳谈会，进行公议公决。论坛的内容包括村规民约的修订和修正，进行村民自治章程的

投票等；大到村财务年度、半年度收支情况；小到村集体资金使用安排；村建设规划的编制和调整均由村民同村委组织之间共同组织协商，充分发挥了村民参与公共事务治理的能动性和决策权。所以，激发乡村公民参与乡村治理的积极性和主动性，推动乡村公民更大限度地参与到事务处理过程中去，提高农民集体的组织化程度，以乡村社会组织发展作为现有的依托，需要在该前提下发挥重要作用，不断完善协商民主建设。如新时期浙江省的"枫桥经验"注入现代协商民主新元素，从乡镇、村（社区）和企事业单位各个层面开展协商，从源头上预防化解矛盾纠纷，走出了一条基层协商民主的新路子。解决社会治理领域的问题时，不能"头痛医头、脚痛医脚"。各地各部门坚持系统治理的理念和方法，注重提升基层社会治理的实效，努力达到事半功倍的效果。[①] 同时，在乡村治理体系构建的过程中，要不断地创新和创造社会治理方式。社会治理不仅仅需要依靠党和政府，也需要依靠基层民众进行自治，实现社会治理多方面合作获得成效。公民可以依照法律赋予的权利来发挥领导和主导的作用；社会组织要明确自身具有的优势，发挥自身的能动性和主体作用，积极地推动乡村社会建设过程中各个方面的发展，不同领域的进步。只有这样才能实现政府治理与村民自治齐头并进，社会能够进行自我调节，村民自治能够良性互动，进而形成治理的强大合力。

另一方面，培育新型职业农民组织团体。即意味着在农村地区建立起新型的、具有职业特点的、有机化组织形式的农民组织。在现代农业发展的背景下，传统的村委会和农民互助组织已经无法满足新农民的需求。因此，需要建立更加专业化、精细化、有机化的新型职业农民组织，以适应现代农业的发展和农民群体的多元需求。这些新型农民组织应该具有以下特点：一是聚焦职业特点，以农民的职业需求为导向，提供专业化的服务和支持；二是有机化组织形式，以共同利益为纽带，建立起互助合作、信息共享、资源整合的机制；三是注重培训和提升农民素质，提高农民的专业技能和创业意识，帮助他们实现可持续的发展。通过这些措施，可以促进农村经济的发展，提高农民收入水平，增强农民的组

---

① 新时代"枫桥经验"的浙江实践编写组：《新时代"枫桥经验"的浙江实践》，浙江人民出版社2018年版，第13页。

织力和自我发展能力，推动农村现代化进程。同时，新型职业农民需要具备良好的政治意识和法律意识，需要主动地参与到农村发展的过程中去。乡村的青壮劳力主要外出务工，留守在家的主要是中老年人，这些人教育水平不高，而且道德观念较为薄弱。因此，在乡村治理体系构建的过程中，必须加强对留守农民的思想教育，组织专业化人才队伍，进行专业技能的培训，提高其技能水平，同时，也提升其思想道德意识。在乡村发展的过程中，也要积极引入青壮劳力，吸引青壮劳力回乡创业投资发展乡村经济。

（三）发展成果惠及人民的乡村共享分配制度

为了保障改善民生，实现发展成果的乡村共享，有必要设计和构建提升农民获得感的乡村共享分配制度。通过中国特色社会主义生态文明制度的发展与完善，让农民平等享受社会主义现代化建设创造的优美环境；通过对中国特色社会主义文化制度的发展和完善，可以共享发展成果，惠及人民的乡村共享分配制度，让农民可以平等地享有社会建设的成果，由此要对基层治理从三方面进行改革：提升制度公平正义性，完善农村基本经营制，改革分配制度。有效构建良好的制度供给和保障体系，提升农民群众的获得感，实现发展成果惠及人民的乡村共享分配。

1. 落实农村农地制度改革，构建农民利益共同体

首先，在巩固和完善农村基本经营制度上，落实农村土地集体所有权，构建农民利益共同体。对农村土地集体所有制的坚持要重点把握两个方面：一方面，守住农村土地属于农民集体所有的原则，不得损害农民利益；另一方面，要充分尊重农民的想法，保证农民的基本权利和正当权利，严格遵守政策要求和法律要求，积极鼓励农民进行多种多样的生产经营，培育新型农业，鼓励适度经营。在构建农民利益共同体的过程中，要以基层党组织为核心，引导农民作为新型农业发展的主体，通过家庭经营进行自我监督，实现新型农业的良好发展。但是，也存在一定的现实问题，比如农民的专业知识技能落后，营销能力不足，缺乏后续发展能力。而这些缺陷需要通过构建完善的社会服务体系来打造良好的乡村新型农业发展，加强农民个人与组织的联系，以更加现代化的发展方式来实现乡村治理体系的发展，促进农村基本经营制度的完善和创新。

其次，为了实现农村土地制度的创新。2016年，国务院颁布《关于完善农村土地所有权承包权经营权分置办法的意见》，将农村土地产权中的土地承包经营权进一步划分为承包权和经营权，实行所有权、承包权、经营权分置并行，这一意见的出台在现阶段具有非常重要的意义，是继家庭联产承包责任制后农村改革又一重大制度创新。[①] 未来进一步完善农村土地"三权分置"制度，必须对现实存在的问题提出应对：一是推进土地产权制度改革和确权登记工作，稳定农民和土地的关系，通过确权登记和公示制度，可以确立权力的主体和相互关系，使得农民更加放心地经营自己的土地。二是修订有关法律为构建三权分置提供法律制度保障。要通过修改相关法律法规来保障农民对土地的所有权提供土地流转的合法程序，在制定法律的过程中，要广泛收集群众的意见并结合当前的经济发展状况来进行修订。三是放活农村集体土地经营，通过对集体土地经营权的下放，可以有效提高农业生产的现代化提升，提升农民参与市场的积极性，更多地保障自己的权益，获得农地制度红利。

2. 实行新型农业经营体系，构建经济财富共同体

在现阶段，村庄共同体的发展和管理要靠其自身的经济水平，要立足于村庄现有实际情况，因地制宜地发展农村特色产业。各地村庄都有自己先天独特的资源优势，要充分利用自己的特色资源优势，大力发展适宜的村庄产业，持续增加村民的经济收入。

另外，根据浙江省农村新型组织参与村庄治理模式实践经验可知，农民合作经济组织参与到村级治理，有助于村级事务治理效率的提升。浙江省示范合作社参与村庄治理状况的调查分析显示，"专业合作社能够成为未来我国农民制度化参与政治的有效组织载体，积极引导其政治参与行为有利于农村稳定"[②]。因此，在新型农业经营体系的建立上，要发展适应现代化需求的体系，通过发展不同形式的经营规模，大力扶持新型农业、现代化农业的经营主体，加强农业供销合作社的改革和发展，

---

① 《关于完善农村土地所有权承包权经营权分置办法的意见》，《人民日报》，2016年10月31日第1版。

② 董进才：《专业合作社农民政治参与状况分析——基于浙江省示范合作社的调查》，《农业经济问题》2009年第9期。

提升农业经营过程中机械化和自动化水平。在建立新型农业经营体系的过程中，首先要注重对农民专业技术的培养，提升他们的理论知识能力，同时要引入专业人才，对他们进行技术指导，实现产业绩效大幅度提升。其次，可以从经营理念入手，提供相关的营销技术，使其产品可以具有销售的渠道。最后，可以提供农产品深加工服务，与相关的企业和公司进行合作，或者利用乡村精英带动乡村自行发展深加工产业。

此外，构建村庄经济财富共同体。村民不仅仅是乡村治理过程中的参与主体，也是村庄经济财富共同体的主人。因此，在构建乡村经济财富共同体的过程中，如果村庄企业只有部分是集体资源或公有资产，且资金需要通过村民共同募集，或者按照股份分配制度进行分配，通过这种方式，可以使得村民集体享有企业的管理权、经营权。在村民集体企业发展的过程中，发展形势较好，盈利较多的企业可以转变成现代企业，甚至可以像现代企业一样进行上市交易，提升企业的价值，获得更多的收益。

3. 深化服务的均等供给，构建公共服务共同体

公共服务共同体就是满足村民最基本的民生需求，这些需求包括医疗、教育、通信、交通等与民生息息相关的方面。因此，要重视农村医疗教育的发展，深化文娱活动的建设。打造村庄公共服务共同体，是推进乡村治理实现的关键问题。

首先，从政策角度上而言，应从民生建设的公平正义要求出发，实现公平性和法治化的有机结合。要完善基本的公共服务表达需求体制，通过对公共服务平台的建立，来有效地保证村民的知情权和监督权。其一，要发挥农民在构建公共服务共同体过程中的作用，积极地满足农民的需求；其二，要深化服务的均等供给，还要依靠相关法律规定和规章制度的完善，而这些都需要立足于当地发展的水平来进行制定，同时要结合乡村振兴的总目标，制定长久有效的法律体系；其三，要建立公共服务型财政，对现有的机制进行重建，在乡村和城镇之间仍然存在着重重障碍，要打破这些体制阻碍，实现乡村公共服务共同体，为乡村群众和城市居民提供等值的服务。

其次，从基础服务设施与娱乐设施建设而言，随着农村交通的便利和发达，在农村地区的交通道路建设过程中，取得了较大的成就，但是

在一些地方，由于经济的发展不均衡，一些村民缺乏交通工具。在新型城镇建设的过程中，政府需要加大投入进行乡村基础设施的建设，特别是要着重解决村民出行困难的问题；另外，要加强网络通信的基站建设，为村民提供便利的通信服务。依据乡村振兴策略的规划，要同时打造积极健康向上的乡村氛围，在建设乡村的过程中，要同时注意到村民对于文体活动的需求增加，对于体育健身和休闲娱乐设施的建设，丰富村民的业余生活。

（四）"三治融合"的乡村善治新篇章

"三治融合"的乡村善治新篇章，主要是通过自治、德治、法治三者的融合，实现政府治理、市场调节、社会协同的有机结合，从而促进乡村治理体系的创新和升级，并最终推动乡村振兴战略的有效实施。

1. 实现社会组织协同治理效能的最大化

2018年中央一号文件在强调构建乡村治理新体系时明确提出，要"推动乡村治理重心下移"，重心下移的主要目的是让基层拥有更多的共享资源，能够提供更广泛的服务，并且参与到社会管理当中去。为乡村社会组织更加广泛地参与公共事务，提供权益保障。在自治过程中，社会组织以治理主体的形式存在，对于帮助激发社会活力，加快乡村治理的进程具有重要作用。

在乡村社会，社会组织是乡村地区资本集中的重要场域。社会组织一方面可以广泛地吸纳农村各界的精英和知识分子包括退休教师、党员干部等，这些精英人员可以为乡村社会服务，贡献出自己的智慧和力量，能够有效地参与到乡村事务的决策中去，他们可以帮助解决社区治理问题，摆脱治理困境。而另一方面也为乡村本土社会的资源，为连接传统与现代找到了结合点，并且依照当地的现实发展状况，结合当地的特色风俗和社区特色，形成了多种多样的社会组织。其可以有效地参与到社会公共事务的解决过程当中，来保障民众的权益，提高民众的生活质量和幸福指数，维持社区的和谐稳定。同时，社会组织在参与社会公共事务的过程中，有效补足了政府不能够参与到的事务中去，成为政府和民众之间合作的重要联系，承担起桥梁作用，可以有效地传达政府的想法和政策，而民众可以通过社会组织来表达自己的意见和想法，更好地维护自己的权益。同时，社会组织也可以提供精确有效的服务来帮助构建公共服务体系。

另外，在多元主体构成的、三治融合的农村治理体系结构框架中，解决公共事务更加倾向于基层党组织发挥主导作用，同社会协同治理，这样可以有效地提升社会治理的效率和速度。在社会组织和政府进行合作的过程中，基层党组织可以通过制定优惠政策进行资助等方式来帮助社会组织在社会上更好地发展，而社会组织承担的桥梁作用，可以更加贴近基层生活，通过组织公民进行志愿活动等方面来参与乡村社会的建设，推动乡村治理工作的开展，最终推进乡村善治。社会组织是乡村治理体系过程中的重要主体，需要进行自我约束和行为规范，同时要厘清自己的权责范围，积极承担自己应该承担的义务，在社会生活中扮演好自己的角色，起到救助困难群众、帮扶弱势群体的重要作用，最终实现社会的协同治理。

2. 提高"三治融合"治理的社会化、法治化与专业化水平

习近平总书记对于加强和创新社会治理在十九大报告中明确指出："加强社会治理制度建设，完善党委领导、政府负责、社会协同、公众参与、法治保障的社会治理体制，提高社会化、法治化、智能化、专业化水平。"[1] 这对于构建新时代乡村治理格局具有非常重要的指导意义。在乡村治理中，建立完善的社会治理体制，实现党委领导、政府负责、社会协同、公众参与、法治保障的有机结合。同时，通过提高治理的社会化、法治化、智能化、专业化水平，加强组织建设和人才培养，构建具有现代化特征的乡村治理体系和治理能力。新时代下的乡村治理工作，需要切实贯彻落实习近平总书记的指示精神，不断完善社会治理体制，提升乡村治理的效能和水平，促进乡村经济发展、社会稳定和人民幸福生活的不断提升。在桐乡市乡村治理的过程当中，率先创立依法行政指数和法律顾问制度，通过创新制度来提高依法决策和依法行政的水平。建立文化礼堂，红色驿站的平台，进行社会主义核心价值观的宣传教育活动，向村民群众宣传法治意识，树立正确的道德观念，同时，对于社

---

[1] 习近平：《决胜全面建成小康社会 夺取新时代中国特色社会主义伟大胜利——在中国共产党第十九次全国代表大会上的报告》，人民出版社2017年版，第49页。

会组织进行严格要求，加强其自我管理能力、自我监督能力、自我教育能力以及自我服务能力。

目前，在桐乡市已经有几百个社会组织登记在案。在进行社会化、法治化与专业化的治理过程中，推动政府向社会组织购买服务，建立更加健全的服务体系。通过创立梧桐义工等群防群治品牌，提升群众自治能力。对社区进行网格化管理，做到社区信息无漏洞，为民服务全方面。在三治融合治理的过程中，要提高社会化，法治化与专业化的水平。要借鉴桐乡乡村三治融合的成功经验，首先要做到乡村治理活动的主体全覆盖，要积极引导村民群众，社会组织参与到乡村治理的过程中来。通过政府引导，社会协同，公众参与的方式来形成完善的乡村治理体系，建设三治融合的乡村治理体系，构建美丽乡村。同时要积极鼓励乡村的青壮年，提升自己的知识文化素养，到其他地方开阔眼界，鼓励乡村青壮年劳动力走出去和走回来。并出台相关的优惠政策，吸引具有专业知识和能力的农村精英回乡创业，激发乡村经济活力，带动村民创业致富，要激发村民的主人翁意识，引导村民积极地参与到乡村公共事务管理的工作中来，真正形成现代化乡村治理格局。其次，提高乡村法治化水平，需要规范乡村治理主体的行为，这就对村民社会组织提出了高要求，政府要对法律规定的权利进行厘清说明，自己展开法律讲座，培养村民的法律意识，提高他们运用法律手段来维护自己的权利和进行乡村治理的能力。另外，运用村规民约来规范他们的行为，完善多种软法性质的治理规范，提高村民的自觉性。最后，在提高三治融合的专业化水平的过程中，要求乡村积极引入专业化人才，培养专业化的团队。通过一系列政策和引入优秀人才，提升本区域的专业化水平，投入社会组织的建设过程，需要注重对成员的专业化能力训练，要继续鼓励专业化人才投入乡村治理的工作，为乡村治理作出自己的贡献，提高乡村治理的专业化水平。

3. 加强三治融合治理体系的教育和引导

在三治融合治理体系教育和引导的过程中，需要加强对村两委基层干部治理理念的优化和更新，其理论知识体系的形成，能强化基层干部和村民的自治意识。首先，通过多种形式提升基层党员干部的政治觉悟能力，培养其组织能力和办事能力以及管理水平，继续鼓励村干部提升自己的学历水平，丰富自己的经验知识。建设一支具有丰富知识、较高素养的乡村干部队伍。其次，要不断学习规章制度，梳理清楚村两委的职责所在，培养与村务监督委员会的良好关系，做好监督管理工作，在群众中树立正面形象，起到良好的领导和带头作用。最后，要增强自己处理事务的能力，在面对利益双方产生矛盾的情况下，要及时进行处理，要认真聆听矛盾双方的意见，了解矛盾的基本情况，要能够在第一时间商讨问题，做出正确的决策。建立村两委在村民中的权威和信任，充分把握意识形态领导的主动权。

在三治融合治理体系建设的过程中，要运用村干部的力量，积极引导多方参与到乡村事务管理和急需解决的工作中去，对于较小的矛盾和事务纠纷，运用村委的能力，尽快解决问题，而当面对涉及金额较高或者纠纷比较剧烈的情况时，要积极联系相关专业的社会组织团体等，通过法律的途径进行解决问题，以更好地保证每一个村民的基本权益。就当前我国农村地区的发展现状而言，由于治理观念陈旧，只有自治理念受到了一定的重视，而德治和法治的观念则相对容易被忽视。但是自治、德治、法治这三者是乡村治理过程中密不可分的一个整体，因此，在乡村治理体系构建的过程中，要做到这三方面的共同发展。必须加强村干部以及村民对三治融合的观念意识的认识。

第一，加强基层党员干部的思想建设是提高基层治理能力的关键。定期组织培训和讲座，可以邀请专家学者和有经验的基层干部开展培训和讲座，对基层党员干部进行理论和实践方面的培训，帮助他们提高政治觉悟和处理问题的能力。并不断鼓励村干部进行深入学习，提升自己的学历水平和知识素养，打造一支具有高素质的基层干部队伍。同时，要贯彻落实三治融合的治理观念，要深入理解三治融合的具体内容和具体策略，并在三治融合的规范之下，不断进行创新。建立以基础法治为保障，德治为支撑的治理模式。需要注意的是，在传达三治融合的观念时，应避免使用过于专业化的术语和概念，采用通俗易懂的语言进行讲解，让农村群众更容易理解和接受相关内容。同时，应注重实践教育，让农村群众在实际生活中感受到三治融合所带来的好处和价值。

第二，在三治融合的行为引导下，需要结合乡村社会实际，加强基层群众自治能力和参与事务的能力，以及解决问题的能力。需要乡村群众具有较好的法律意识，同时在基层干部的带领下，与社会组织进行合作，创建有效的乡村法律服务平台和乡村法律服务体系，提升基层干部解决和处理纠纷的能力，更好地保障群众的基本权益，通过法治的力量来实现乡村有效治理。同时，乡村德治的发展目标是加强对农村地区村民思想道德观念的建设。首先，基层干部要加强对自身的道德观念的培养和塑造。基层干部作为村民的领导者和表率，他们的道德素质和行为举止对乡村的道德建设起着至关重要的作用。同时，在乡村树立道德模范和榜样也是非常必要的，可以激励村民践行正义、做好人好事，提高整个村庄的道德水平和文明程度。同时，通过一系列的评选活动和村规民约等方式来提升村民的思想道德素质，以及增强当地的软性约束力。在评选活动方面，可以采取一些形式多样、内容丰富的方式，例如表彰优秀村民、先进党员、优秀乡贤等，以及推荐优秀农村文艺团体和文化传承人等。这些活动既可以激发村民的创造力和进取心，也可以树立先进典型，引导村民向好的方向发展。在乡村治理体系构建的过程中，村规民约也是建设基层群众道德修养的重要途径，它是由村民自己制定并遵守的行为准则，是当地乡村传统文化的重要体现。通过广泛采纳村民的意见，制定出具有区域特色的村规民约，不仅可以增强当地村民的文化认同感和凝聚力，还可以提升村民的道德素质和行为规范。总之，评选活动和村规民约是乡村治理体系建设中的两个重要手段，它们的实施不仅可以提升村民的思想道德素质，还可以增强乡村社会的软性约束力。

第三，治理技术创新。通过互联网技术，积极将外出务工人员纳入乡村治理的工作环节中。这一部分群体也是乡村治理过程中的主要成员，乡村治理的本质是吸纳广大农民群众，虽然部分农民在现代化的进程中选择了进城务工，但是在乡村环境的大背景下，其仍然是乡村建设的一部分，他们对于自己的家园具有深厚的感情，因此他们具有充分的理由参与到治理的过程中去。而其职业也使得其在外见识到了更多的乡村治理的风貌，可以进行对比分析，找出乡村治理过程中存在的问题。目前网络技术的便利，可以保证村民即使远在他方也可以顺利地参与到乡村治理的过程中来，而为实现这一目的，需要村委会积极调动创新能力，建设网络沟通平台，即时传达乡村治理的过程中的相关信息，吸纳这部分村民的建议，完善本区域的村规民约建设，提升乡村治理的活力。

在乡村治理体系中，自治、法治和德治这三者密不可分、互相联系。虽然这三者之间的侧重点有所不同，也发挥着不同的作用，但是都共同作用于乡村治理体系的构建过程。三治融合是对于乡村治理体系的实践创新，同时为乡村振兴战略的全面实施打下了坚实的理论基础，也为推进乡村治理体系现代化提供了新的思路和具体方向。在城乡融合加速发展的社会背景下，推进三治融合对于实现乡村社会的快速转型、确保基层治理的稳定和谐，以及加快乡村振兴的全面实施具有重要作用。并通过"三治融合"的推进，最终实现共建、共治、共享的乡村善治新格局。

结　语

　　乡村治理体系是国家治理体系和治理能力现代化的内在组成部分，是"中国之治"在广大农村的实践基础。马克思主义经典作家的国家与社会关系理论，中国共产党在国家治理探索中取得的实践经验、中国古代优良的治国理政传统、西方现代治理理论的有益成果，为新时代乡村治理体系的构建提供了坚实的理论依据和解决现实治理问题的理论参照。以马克思主义理论为指导，系统总结中国共产党乡村治理经验，合理继承中国古代的优良传统，有效借鉴西方现代治理理论，才能构建好适应新时代要求的乡村治理体系。

　　在乡村治理体系探索初期，随着人民公社体制解体、家庭联产承包责任制的建立，村民自治开始萌生。1982年《宪法》第111条确立了"村民委员会是基层群众性自治组织"，标志着村民自治作为一项国家的法律制度被确立下来，这是一个由自我探索到制度形成，并最终通过法治化建设有效纳入国家治理体系的过程。自2006年国家取消农业税之后，广大农民民主意识增强，民主参与的主体也在不断扩大，因此，乡村治理主体能力的建设在这一阶段得到了很大程度上的拓展和提升。党的十八大以来，以习近平同志为核心的党中央将德法共治的国家治理思想逐步纳入乡村治理体系，并在十九大报告中进一步提出"健全自治、法治、德治相结合的乡村治理体系"，为新时代"三治融合"乡村治理体系构建提供了依据。一个以党建为引领，更加强调多元主体协同发展的乡村治理体系逐步清晰，并在这一阶段快速发展。

　　新时代我国乡村治理体系是在中国共产党领导下，通过自治、法治、德治有机结合，实现乡村善治所必需的一套现代制度体系。在结构上，协调自治、德治、法治之间的关系，实现根本制度、基本制度和具体制度的系统性和一致性；在实践中，把握治理主体、治理过程、治理结果的发展趋向，以实现共建、共治、共享目标；在运行上，实现顶层设计与基层实践的双向互动机制和多元主体的协同参与机制，以及"三治融合"的内在联动机制。最终形成中国特色社会主义制度框架下的、适应新时代发展要求的乡村治理体系。

当前，中国农村正在经历着传统小农经济的解体和现代大农业萌芽发展的历史性变革，农民正在打破存在几千年的小农思维方式以及生产、生活方式。乡村治理环境的变化复杂多样，要实现乡村治理体系和治理能力现代化，仍然面临着乡村多元主体发育不成熟、乡村自治机制不健全、乡村法治规范不到位、乡村道德文化引领作用不强等诸多困境。造成这些困境的原因集中在主体结构、国家制度、法治保障和精神文化等多个方面，破解这些问题，是构建乡村治理体系的实现目标。

"三治融合"的乡村治理体系是一个系统工程，需要多维构建，协同推进。在乡村自治维度上，一方面需要提高服务型党组织建设，另一方面需要提升基层党组织执政能力建设。通过发挥基层党组织在乡村治理工作中的核心作用，从而进一步提升有效组织多元主体参与共治的水平。同时，乡村民间自治组织具有强大的群众动员优势，通过培育充满活力的民间自治组织，加强现代农民的民主意识和能力，以构建协商治理新机制。在乡村法治维度上，从法律法规实施、法治观念的培养、法律公共服务体系的构建，以及乡村法治化监督保障体系等方面，构建权利保障与权力制约的法治体系，以确保乡村治理是依法治国的有机构成部分。在乡村德治维度上，构建传统与现代文明相结合的乡村德治体系，通过传承农村优秀传统文化，强化公共文化建设，加强对村民的思想道德和精神价值引领；通过重视社会主义核心价值观宣传，发挥村规民约的治理功能，建设村民认同的精神共同体。"三治"的核心是"自治"，而自治实现的前提是处理好与国家治理的有机统一，实现德治与法治支撑下的自治。这样，乡村治理体系才能成为国家治理体系的内在组成部分，并进而提升新时代国家治理体系和治理能力现代化的水平，最终打造共建、共治、共享的乡村善治新格局。

参考文献

1. 经典著作类

《马克思恩格斯选集》第1卷，人民出版社2012年版。
《马克思恩格斯选集》第3卷，人民出版社2012年版。
《马克思恩格斯选集》第4卷，人民出版社2012年版。
《马克思恩格斯全集》第1卷，人民出版社2016年版。
《马克思恩格斯全集》第16卷，人民出版社2016年版。
《列宁选集》第3卷，人民出版社2012年版。
《毛泽东选集》第1—4卷，人民出版社1991年版。
《毛泽东文集》第1—8卷，人民出版社1996年版。
《邓小平文选》第1—3卷，人民出版社1993年版。
《江泽民文选》第1—3卷，人民出版社2006年版。
《胡锦涛文选》第2卷，人民出版社2016年版。
《胡锦涛文选》第3卷，人民出版社2016年版。
胡锦涛：《坚定不移沿着中国特色社会主义道路前进　为全面建成小康社会而奋斗——在中国共产党第十八次全国代表大会上的报告》，人民出版社2012年版。
《习近平谈治国理政》第1卷，外文出版社2018年版。
《习近平谈治国理政》第2卷，外文出版社2018年版。
《习近平谈治国理政》第3卷，外文出版社2020年版。
《习近平谈治国理政》第4卷，外文出版社2022年版。
习近平：《决胜全面建成小康社会　夺取新时代中国特色社会主义伟大胜利——在中国共产党第十九次全国代表大会上的报告》，人民出版社

2017年版。

2. 文件资料汇编类

中共中央文献研究室：《建国以来重要文献选编》第1册，中央文献出版社2011年版。

中共中央文献研究室：《建国以来重要文献选编》第2册，中央文献出版社2011年版。

中共中央文献研究室：《十七大以来重要文献选编》（上），中央文献出版社2011年版。

中共中央文献研究室：《十七大以来重要文献选编》（中），中央文献出版社2011年版。

中共中央文献研究室：《十七大以来重要文献选编》（下），中央文献出版社2011年版。

中共中央文献研究室：《十八大以来重要文献选编》（上），中央文献出版社2014年版。

中共中央文献研究室：《十八大以来重要文献选编》（中），中央文献出版社2016年版。

中共中央文献研究室：《十八大以来重要文献选编》（下），中央文献出版社2018年版。

中共中央党史和文献研究院：《十九大以来重要文献选编》（上），中央文献出版社2019年版。

中共中央党史和文献研究院：《十九大以来重要文献选编》（中），中央文献出版社2021年版。

中共中央党史研究室：《中国共产党历史第一卷（1921—1949）》（上、下），中共党史出版社2011年版。

中共中央党史研究室：《中国共产党历史第二卷（1949—1978）》（上、下），中共党史出版社2011年版。

中共中央党史研究室：《中国共产党的九十年》，中共党史出版社2016年版。

《十八大后中国共产党治国理政新方略：深入学习习近平总书记系列重要讲话》，中共中央党校出版社2013年版。

中华人民共和国国家农业委员会办公厅：《农业集体化重要文件汇编

（1958—1981）下》，中共中央党校出版社 1981 年版。

《若干重大决策与事件的回顾》（下卷），中共中央党校出版社 1993 年版。

中共中央宣传部：《习近平总书记系列重要讲话读本》，学习出版社 2014 年版。

《人民论坛》编：《大国治理：大智慧与大视野》，北京联合出版公司 2015 年版。

习近平：《在第十二届全国人民代表大会第一次会议上的讲话》，人民出版社 2013 年版。

中共中央文献研究室：《改革开放三十年重要文献选编》（上），中央文献出版社 2008 年版。

中共中央文献研究室：《改革开放三十年重要文献选编》（下），中央文献出版社 2008 年版。

中央档案馆：《中共中央文件选集》第 18 册，中共中央党校出版社 1992 年版。

《建国以来毛泽东文稿》第 1 册，中央文献出版社 1992 年版。

中央财经领导小组办公室：《邓小平经济理论学习纲要》，人民出版社 1997 年版。

中共中央党史研究室等：《中国新时期农村的变革［中央卷（上）］》，中共党史出版社 1998 年版。

《习近平新时代中国特色社会主义思想学习纲要》，学习出版社 2019 年版。

《认真学习十八届三中全会精神全面深化改革辅导百问》，当代中国出版社 2013 年版。

中共中央办公厅、国务院办公厅：《关于加强和改进乡村治理的指导意见》，人民出版社 2019 年版。

中国共产党中央委员会：《中国共产党农村基层组织工作条例》，党建读物出版社 2019 年版。

《中共中央关于党的百年奋斗重大成就和历史经验的决议》，人民出版社 2021 年版。

习近平：《高举中国特色社会主义伟大旗帜 为全面建设社会主义现代化国家而团结奋斗——在中国共产党第二十次全国代表大会上的报告》，人民出版社 2022 年版。

3. 国内著作类

陈红太：《中国民主政治建设创新案例调研（二）》，中国社会科学出版社 2014 年版。

陈红太：《中国民主政治建设创新案例调研》，中国社会科学出版社 2010 年版。

陈剩勇：《组织化、自主治理与民主——浙江温州民间商会研究》，中国社会科学出版社 2004 年版。

陈晓莉：《政治文明视域中的农民政治参与》，中国社会科学出版社 2007 年版。

陈振明：《政治学——概念、理论和方法》，中国社会科学出版社 1999 年版。

费孝通：《乡土中国》，人民出版社 2015 年版。

关玲永：《我国城市治理中公民参与研究》，吉林大学出版社 2010 年版。

贺小慧：《沿革与变革：政治权力运作体系下的中国乡镇治理》，中国农业科学技术出版社 2013 年版。

贾西津：《中国公民参与：案例与模式》，社会科学文献出版社 2008 年版。

金太军、张劲松：《乡村改革与发展》，广东人民出版社 2008 年版。

金太军：《当代中国政府与政治论稿》，广东人民出版社 2009 年版。

李良栋：《当代中国民主问题研究》，当代世界出版社 2001 年版。

李铁映：《论民主》，中国人民大学出版社 2007 年版。

李图强：《现代公共行政中的公民参与》，经济管理出版社 2004 年版。

梁治平：《寻求自然秩序中的和谐》，中国政法大学出版社 2002 年版。

刘迎秋：《中国梦与浙江实践（总报告卷）》，社会科学文献出版社 2015 年版。

刘作翔：《迈向民主与法治的国度》，山东人民出版社 1999 年版。

陆学艺：《"三农论"——当代中国农业、农村、农民研究》，社会科学文献出版社 2002 年版。

陆学艺：《当代中国社会阶层研究报告》，社会科学文献出版社 2002 年版。

马得勇：《中国乡镇治理创新——10 省市 24 乡镇的比较研究》，南开大学出版社 2014 年版。

马长山：《国家、市民社会与法治》，商务印书馆2002年版。

祁勇、赵德兴：《中国乡村治理模式研究》，山东人民出版社2014年版。

荣敬本：《从压力型体制向民主合作体制的转变——县乡两级政治体制改革》，中央编译出版社1998年版。

施从美：《文件政治与乡村治理》，广东人民出版社2014年版。

石路：《政府公共决策与公民参与》，社会科学文献出版社2009年版。

苏力：《送法下乡：中国基层司法制度研究》，中国政法大学出版社2000年版。

孙哲：《全国人大制度研究》，法律出版社2004年版。

田改伟：《马克思、恩格斯、列宁、斯大林论民主》，中国社会科学出版社2015年版。

王寿林：《社会主义国家权力制约论》，东北财经大学出版社1993年版。

王燕燕：《三农问题与乡村治理》，中央编译出版社2015年版。

徐勇、徐增阳：《乡土民主的成长——村民自治20年研究集萃》，华中师范大学出版社2007年版。

徐勇：《中国农村与农民问题前沿研究》，经济科学出版社2009年版。

阎占定：《新型农民合作经济组织参与乡村治理研究》，中国出版集团2012年版。

杨嵘均：《乡村治理结构调适与转型》，南京师范大学出版社2014年版。

应克复：《西方民主史》，中国社会科学出版社2003年版。

俞可平：《增量民主与善治》，社会科学文献出版社2003年版。

张厚安、徐勇、项继权等：《中国农村村级治理——22个村的调查与比较》，华中师范大学出版社2000年版。

章荣君：《财政困境与乡镇治理》，中国社会科学出版社2012年版。

卓泽渊：《法治泛论》，法律出版社2001年版。

4. 中文译著类

[法] 阿历克西·托克维尔：《论美国的民主》，董果良译，商务印书馆2004年版。

[美] B. 盖伊·彼得斯：《政府未来的治理模式》，吴爱明、夏宏图译，中国人民大学出版社2001年版。

[英] 戴维·赫尔德：《民主的模式》，燕继荣译，中央编译出版社1998

年版。

［日］加藤节：《政治与人》，唐士其译，北京大学出版社 2003 年版。

［美］科恩：《论民主》，聂崇信、朱秀贤译，商务印书馆 1988 年版。

［美］罗伯特·达尔：《论民主》，李柏光、林猛译，商务印书馆 1999 年版。

［美］罗伯特·A. 达尔、布鲁斯·斯泰恩布里克纳：《现代政治分析》，王沪宁等译，上海译文出版社 1987 年版。

［美］达尔：《民主理论的前言》，朱丹译，生活·读书·新知三联书店 1999 年版。

［美］彼得·德鲁克：《社会的管理》，徐大建译，上海财经大学出版社 2003 年版。

［美］乔万尼·萨托利：《民主新论》，冯克利、阎克文译，上海人民出版社 2009 年版。

［美］塞缪尔·亨廷顿：《第三波：20 世纪后期民主化浪潮》，刘军宁译，上海三联书店 1998 年版。

［美］约瑟夫·熊彼特：《资本主义、社会主义与民主》，吴良健译，商务印书馆 1999 年版。

［德］尤尔根·哈贝马斯：《交往与社会进化》，张博树译，上海人民出版社 2004 年版。

5. 期刊论文类

白钢：《中国村民自治法制建设平议》，《中国社会科学》1998 年第 3 期。

蔡武进：《现代行政法治理念下的行政协商——一种诠释现代行政法治理念之行政方式》，《天津行政学院学报》2013 年第 3 期。

陈文兴：《乡村治理环境的变化、问题及对策》，《云南行政学院学报》2012 年第 1 期。

戴昕：《理解社会信用体系建设的整体视角 法治分散、德治集中与规制强化》，《中外法学》2019 年第 6 期。

党国英、卢宪英：《新中国乡村治理研究回顾与评论》，《理论探讨》2019 年第 5 期。

董江爱：《公共政策、政治参与和政治发展——中国农村基层民主的发展逻辑》，《经济社会体制比较》2009 年第 5 期。

甘庭宇：《转型时期的乡村治理机制问题》，《农村经济》2014 年第 11 期。

王金洪、郭正林：《农村权力结构的民主转型：动力与阻力》，《中山大学学报》（社会科学版）2004年第1期。

郭正林：《王阳明的乡村治理思想及实践体系探析》，《华南师范大学学报》（社会科学版）1999年第4期。

郭正林：《乡村治理及其制度绩效评估：学理性案例分析》，《华中师范大学学报》（人文社会科学版）2004年第4期。

何包钢、陈承新：《中国协商民主制度》，《浙江大学学报》（人文社会科学版）2005年第3期。

何包钢、王春光：《中国乡村协商民主：个案研究》，《社会学研究》2007年第3期。

何阳、孙萍：《"三治合一"乡村治理体系建设的逻辑理路》，《西南民族大学学报》（人文社会科学版）2018年第6期。

何增科：《治理、善治和中国政治发展》，《中共福建省委党校学报》2002年第3期。

贺雪峰、董磊明、陈柏峰：《乡村治理研究的现状与前瞻》，《学习与实践》2007年第8期。

贺雪峰：《论民主化村级治理的村庄基础》，《社会学研究》2002年第2期。

贺雪峰：《谁的乡村建设——乡村振兴战略的实施前提》，《探索与争鸣》2017年第12期。

郑风田、李明：《新农村建设视角下中国基层县乡村治理结构》，《中国人民大学学报》2006年第5期。

贺雪峰：《为什么村委会或农民协会不能维护农民利益》，《江苏社会科学》2004年第4期。

贺雪峰：《乡村治理研究的三大主题》，《社会科学战线》2005年第1期。

胡洪彬：《乡镇社会治理中的"混合模式"：突破与局限——来自浙江桐乡的"三治合一"案例》，《浙江社会科学》2017年第12期。

黄承伟：《新中国扶贫70年：战略演变、伟大成就与基本经验》，《南京农业大学学报》（社会科学版）2019年第6期。

黄国华、吴碧君、王小明：《社会主义协商民主体系视域下的基层协商民主研究》，《重庆社会主义学院学报》2014年第6期。

焦方红:《关于扩大有序政治参与的思考》,《社会科学战线》2004 年第 6 期。

金太军、董磊明:《村民自治背景下乡村关系的冲突及其对策》,《中国行政管理》2000 年第 10 期。

蓝志勇、魏明:《现代国家治理体系:顶层设计、实践经验与复杂性》,《公共管理学报》2014 年第 1 期。

李华:《城乡社区治理中法治、德治、自治"三治"融合的制度分析》,《领导科学》2019 年第 8 期。

李华胤:《我国乡村治理的变迁与经验探析》,《毛泽东邓小平理论研究》2019 年第 5 期。

李景鹏:《建立民主恳谈和民主决策的新机制》,《浙江社会科学》2003 年第 1 期。

李里峰:《群众运动与乡村治理——1945—1976 年中国基层政治的一个解释框架》,《江苏社会科学》2014 年第 1 期。

李祖佩:《"资源消解自治"——项目下乡背景下的村治困境及其逻辑》,《学习与实践》2012 年第 11 期。

李祖佩:《项目进村和乡村治理重构——一项基于村庄本位的考察》,《中国农村观察》2013 年第 4 期。

刘金海:《村民自治实践创新 30 年:有效治理的视角》,《政治学研究》2018 年第 6 期。

刘世华、陈晓丹:《论中国民主模式的构成要素及其联动关系》,《理论学刊》2013 年第 5 期。

刘世华:《协商民主广泛多层制度化发展面临的问题及对策论析》,《理论学刊》2014 年第 4 期。

刘永春、刘世华:《论中国协商民主选择与建构的历史逻辑》,《理论探讨》2013 年第 6 期。

龙文军:《构建自治、法治、德治相结合的乡村治理体系》,《农村工作通讯》2017 年第 22 期。

卢海燕:《论发展和完善地方治理体系——浙江省德清县"三治一体"的经验及其改进路径》,《中国行政管理》2017 年第 5 期。

马宝成:《推进新农村建设的几个关键问题》,《国家行政学院学报》2006

年第 2 期。

马池春、马华：《中国乡村治理四十年变迁与经验》，《理论与改革》2018 年第 6 期。

马得勇：《测量乡镇治理——基于 10 省市 20 个乡镇的实证分析》，《中国行政管理》2013 年第 1 期。

马德普：《协商民主是选举民主的补充吗》，《政治学研究》2014 年第 4 期。

马俊军：《服务型政府视野下的乡村公共服务体系构建》，《农村经济》2011 年第 3 期。

马良灿：《乡土重建的社会组织基础——论梁漱溟乡村建设理论与实践的社会学转向》，《社会科学战线》2018 年第 5 期。

宁有才、王彩云：《推进基层协商民主的动力分析》，《山东社会科学》2013 年第 10 期。

潘建雷、李海荣、王晓娜：《权威的构成：乡村治理秩序的古与今》，《社会建设》2015 年第 4 期。

彭大鹏：《村民自治已经没有意义了吗》，《理论与改革》2011 年第 1 期。

彭兰红：《中国基层民主发展概述》，《民主与科学》2005 年第 6 期。

彭智勇、王文龙：《新农村建设中的乡村治理机制探析》，《理论探讨》2006 年第 4 期。

邱新有、邱国良、曹捷生：《村民自治政策实施过程中的悖论分析》，《国家行政学院学报》2006 年第 1 期。

任宝玉：《乡镇治理转型与服务型乡镇政府建设》，《政治学研究》2014 年第 6 期。

申端锋：《新农村建设若干问题研究》，《农业经济问题》2006 年第 2 期。

孙存良：《当代中国基层协商民主实践与社会整合》，《新疆社科论坛》2010 年第 4 期。

覃晚萍、王世奇：《新时代多元主体推进乡村治理法治化路径探讨》，《广西民族大学学报》（哲学社会科学版）2019 年第 3 期。

唐清利：《当代中国村社治理结构及其理论回应》，《管理世界》2010 年第 4 期。

仝志辉、贺雪峰：《村庄权力结构的三层分析兼论选举后村级权力的合法性》,《中国社会科学》2002 年第 1 期。

汪玮:《双轨协商：县级人大监督权改革研究——基于乐清"人民听证"实践探索的理论分析》,《浙江社会科学》2015 年第 3 期。

王国勤:《乡村协商民主的系统化再造——以象山"村民说事"为例》,《浙江社会科学》2018 年第 12 期。

王浦劬:《国家治理、政府治理和社会治理的含义及其相互关系》,《国家行政学院学报》2014 年第 3 期。

王浦劬:《全面准确深入把握全国深化改革的总目标》,《新华文摘》2014 年第 8 期。

吴晓燕、赵普兵:《回归与重塑：乡村振兴中的乡贤参与》,《理论探讨》2019 年第 4 期。

肖唐镖:《近十年我国乡村治理的观察与反思》,《华中师范大学学报》(人文社会科学版) 2014 年第 6 期。

谢小芹、简小鹰:《从"内向型治理"到"外向型治理"：资源变迁背景下的村庄治理——基于村庄主位视角的考察》,《广东社会科学》2014 年第 3 期。

徐晓全:《当代中国乡村治理结构研究：现状与评析》,《领导科学》2004 年第 8 期。

徐晓全:《新型社会组织参与乡村治理的机制与实践》,《中国特色社会主义研究》2014 年第 4 期。

徐勇、吕楠:《热话题与冷思考——关于国家治理体系和治理能力现代化的对话》,《当代世界与社会主义》2014 年第 1 期。

徐勇:《GOVERNANCE：治理的阐释》,《政治学研究》1997 年第 1 期。

徐勇:《村民自治：中国宪政制度的创新》,《中共党史研究》2003 年第 1 期。

徐勇:《县政、乡派、村治：乡村治理的结构性转换》,《江苏社会科学》2002 年第 2 期。

徐勇:《现代国家的建构与村民自治的成长——对中国村民自治发生与发展的一种阐释》,《学习与探索》2006 年第 6 期。

杨春娟:《村庄空心化背景下乡村治理困境及破解对策——以河北为分析个案》,《河北学刊》2016 年第 6 期。

殷民娥:《多元与协同:构建新型乡村治理主体关系的路径选择》,《江淮论坛》2016年第6期。

尹小恩:《后税费时代我国乡村治理的演进与内涵——以2004—2019年中央一号文件为例》,《福建农林大学学报》(哲学社会科学版)2019年第6期。

蒋永穆、王丽萍、祝林林:《新中国70年乡村治理:变迁、主线及方向》,《求是学刊》2019年第5期。

于建嵘:《村民自治:价值和困境——兼论〈中华人民共和国村民委员会组织法〉的修改》,《学习与探索》2010年第4期。

于语和、白婧:《乡村振兴视域下乡贤治村的实践路径》,《原生态民族文化学刊》2019年第5期。

于语和、雷园园:《村民自治视域下的乡村德治论纲》,《山东大学学报》(哲学社会科学版)2020年第1期。

余逊达:《民主治理是最广泛的民主实践》,《浙江社会科学》2003年第1期。

俞可平:《中国治理评估框架》,《经济社会体制比较》2008年第6期。

袁达毅:《村民自治中的问题与对策——北京市第五届村民委员会换届选举后的情况调查》,《北京行政学院学报》2002年第6期。

袁金辉、乔彦斌:《自治到共治:中国乡村治理改革40年回顾与展望》,《行政论坛》2018年第6期。

张良:《"资本下乡"背景下的乡村治理公共性建构》,《中国农村观察》2016年第3期。

张明皓:《新时代"三治融合"乡村治理体系的理论逻辑与实践机制》,《西北农林科技大学学报》(社会科学版)2019年第5期。

张小劲:《民主建设发展的重要尝试:温岭"民主恳谈会"所引发的思考》,《浙江社会科学》2003年第1期。

张新文、张国磊:《社会主要矛盾转化、乡村治理转型与乡村振兴》,《西北农林科技大学学报》(社会科学版)2018年第3期。

张艳娥:《关于乡村治理主体几个相关问题的分析》,《农村经济》2010年第1期。

章可:《〈礼记·王制〉的地位升降与晚清今古文之争》,《复旦学报》

（社会科学版）2011 年第 2 期。

赵霞：《传统乡村文化的秩序危机与价值重建》，《中国农村观察》2011 年第 3 期。

周燕妮：《乡村产业振兴的浙江模式研究——基于合作治理的角度》，《中共南京市委党校学报》2018 年第 4 期。

子志月、高欣言：《我国乡村振兴战略研究的回顾与展望》，《云南行政学院学报》2020 年第 2 期。

6. 报纸类

韩长赋：《国务院关于推进新农村建设工作情况的报告》，http：//www.npc.gov.cn/zgrdw/npc/xinwen/2014-12/23/content_1890469.htm，2014 年 12 月 23 日。

莫纪宏：《深入推进全面依法治国》，《人民日报》2019 年 10 月 24 日第 9 版。

习近平：《中共中央关于坚持和完善中国特色社会主义制度、推进国家治理体系和治理能力现代化若干重大问题的决定》，《人民日报》2019 年 11 月 6 日第 1 版。

央视网：《习近平：饭碗要端在自己手里》，https：//news.cntv.cn/2015/08/25/ARTI1440480842924222.shtml，2015 年 8 月 25 日。

7. 学位论文类

陈朋：《国家推动与社会发育：生长在中国乡村的协商民主实践——基于浙江温岭民主恳谈的案例分析》，博士学位论文，华东师范大学，2010 年。

崔正进：《试论新中国社会主义政治制度的形成和发展（1949—1954 年）》，博士学位论文，中国社会科学院研究生院，2002 年。

李晓：《法治中国进程中的乡村治理问题研究》，博士学位论文，中共中央党校，2017 年。

梁军峰：《中国参与式民主发展研究》，博士学位论文，中共中央党校，2006 年。

施远涛：《中国家户制传统变迁中的乡村治理转型——以印度村社制为参照》，博士学位论文，华中师范大学，2015 年。

孙广琦：《强镇扩权：苏南乡镇治理模式的重构——以苏州经济发达镇为研究对象》，博士学位论文，苏州大学，2014 年。

汪玮:《转型期中国乡镇民主治理研究——新都和温岭民主实践的启示》,博士学位论文,中共中央党校,2011年。

吴茜琴:《转型中的乡镇治理研究》,硕士学位论文,华中师范大学,2014年。

吴兴智:《公民参与、协商民主与乡村公共秩序的重构——基于浙江温岭协商式治理模式的研究》,博士学位论文,浙江大学,2008年。

杨金龙:《新农村建设语境下我国乡村治理研究——国家与社会合作视角》,博士学位论文,吉林大学,2009年。

尹奎:《中国农村基层协商民主研究》,博士学位论文,吉林大学,2015年。

尤琳:《中国乡村关系——基于国家治能的检讨》,博士学位论文,华中师范大学,2013年。

袁松:《富人治村——浙中吴镇的权力实践（1996—2011）》,博士学位论文,华中科技大学,2012年。

张国芳:《社会资本视野中的村庄治理》,博士学位论文,浙江大学,2009年。

赵鲲鹏:《公民参与乡镇治理机制研究》,博士学位论文,华中师范大学,2011年。

朱余斌:《建国以来乡村治理体制的演变与发展研究》,博士学位论文,上海社会科学院,2017年。

8. 外文文献类

Archon Fung and Erik Olin Wright, eds., *Deepening Democracy: Institutional Innovations in Empowered Participatory Governance*, New York: Verso, 2013.

Arnold M. Rose, *The Power Structure: Political Process in American Society*, New York: Oxford University Press, 1967.

Arthur Meier Schlesinger, ed., *History of U. S. Political Parties*, New York: Chelsea House Publishers, 1981.

Benedetto Fontana, Cary J. Nederman and Gary Remer. *Talking Democracy: Historical Perspectives on Rhetoric and Democracy*, University Park: Pennsylvania State University Press, 2004.

Carole Patema, *Participation and Democratic Theory*, Cambridge: Cambridge University Press, 1970.

David Easton. *A Framework for Political Analysis*, Upper Saddle River: Prentice-Hall, 2009.

Grote Jürgen R and Bernard Gbikpi, *Participatory Governance: Political and Societal Implications*, Opladen: Leske and Budrich, 2012.

Harry Harding, "The Study of Chinese Politics: Toward a Third Generation of Chinese Politics", *World Politics*, Vol. 36, No. 2, January1984, pp. 284 – 307.

John D. McCarthy and Mayer N. Zald, "Resource Mobilization and Social Movement: A Political Theory", *American Journal of Sociology*, Vol. 82, No. 6, May 1979, pp. 1212 – 1241.

John Dry Zek, *Deliberative Democracy and Beyond*, Oxford: Oxford University Press, 2000.

John Dry Zek, *Discursive Democracy*, Cambridge: Cambridge University Press, 1999.

John S. Dryzek, *Deliberative Democracy and Beyond: Liberals, Critics, Contestations*, Oxford University Press, 2000.

Joseph M. Bessette. *The Mild Voice of Reason: Deliberative Democracy & American National Government*, Chicago: University of Chicago Press, 1994.

Kevin J. O'Brien, "Implementing Political Reform in China's Villages", *The Australian Journal of Chinese Affairs*, Vol. 32, July 1994, pp. 33 – 59.

Nelson W. Polsby, *Community Power and Plitical Theory*, New Haven: Yale University Press, 1963.

Ralph Miliband, *The State in Capitalist Society*, London: The Merlin Press, 2011.

Robert A. Dahl, *Democracy and Its Critics*, New Haven: Yale University Press, 1989.

Robert Michels, *Political Parties: A Sociological Study of the Oligarchical Tendencies of Modern Democracy*, Washington: Free Press, 1966.

Somjee A. H, *Parallels and Actuals of Political Development*, London: Palgrave MacMillan, 1996.

Vivienne Shue, *The Reach of the State: Sketches of the Chinese Body Politic*, Stanford: Stanford University Press, 1998.